江恩时空操盘技法

——金融市场运行的自然法则

范风军　鹿乔乔　著

地震出版社
Seismological Press

图书在版编目(CIP)数据

江恩时空操盘技法：金融市场运行的自然法则/ 范风军，鹿乔乔著. — 北京 ：地震出版社，2019. 6(2021. 10 重印)

ISBN 978-7-5028-4645-9

Ⅰ. ①江… Ⅱ. ①范… ②鹿… Ⅲ. ①股票交易 – 基本知识 Ⅳ. ①F830. 91

中国版本图书馆 CIP 数据核字(2018)第 121160 号

地震版 XM5061/F(5338)

江恩时空操盘技法——金融市场运行的自然法则

范风军 鹿乔乔 著

责任编辑：薛广盈 吴桂洪

责任校对：凌 樱

出版发行：地 震 出 版 社

北京市海淀区民族大学南路 9 号　　邮编：100081

发行部：68423031 68467991　　传真：68467991

总编室：68462709 68423029

证券图书事业部：68426052 68470332

http：//seismologicalpress. com

E-mail：zqbj68426052@ 163. com

经销：全国各地新华书店

印刷：北京广达印刷有限公司

版(印)次：2019 年 6 月第一版 2021 年 10 月第二次印刷

开本：787×1092 1/16

字数：304 千字

印张：16. 5

书号：ISBN 978-7-5028-4645-9

定价：50. 00 元

知足者富

(代前言)

每个人心中都存在着偏执。

投身市场交易的朋友，多是抱着一颗单纯的心，抱着善良简单的投资愿望进入这个市场，用自己积累的那点血汗钱来投资于自己喜欢的企业，换取资本的增值。单纯的愿望反映着这些朋友内心的光辉：他们厌倦世俗的纷扰，期望透过电子屏幕简单的交易寻一方乐土，没有人事纷扰，没有勾心斗角，只需面对一方屏幕和跳动的数字，来实现自我价值。有些行业稍有波动便会引起社会事端，比如近来的滴滴对出租车行业的冲击，可我们善良的股民从来不会因为自己的亏损而抱怨社会。

我们大部分的中小投资者是如此的善良、乐观、坚毅，让人在谈起他们时，眼角轻易便起丝丝薄雾。

可是，每个个体内心都存有一份偏执，这份偏执无一例外地影响着他们的哲学层次的进步。

每个投资者心中，也有一个解不开的心结，也是他们投资旅途中最大的障碍：偏执于各种研究，试图找寻到投资的终极规律。

当然，这种探寻是可贵的，也是必需的，没有这份精神便谈不上一个合格的投资者，笔者也曾是如此。

可是，一旦形成了一种信仰，以为找到了一种规律性的东西，便可君临天下，东方不败，那就大错特错了，因为投资是瞬息万变的。

大家、小家、股评家，指标、体系、成交量，价值投资、价值投机，左侧介入、右侧介入，K 线、烛线、美国线，这些市场交易者的语言系统里充满了信誓旦旦和自我的固化，他们 90% 以上都是失败者。

为什么？

简单说，在博弈学中，任何指标都是给对手看的，市场流行的，便是最大的陷阱。均线流行则必然均线失败，均线骗线；涨停板战法流行则必然杀涨停板，这是个逻辑悖论。

这类似于量子力学的测不准原理：当你试图去测量一个粒子的时候，你的测量本身就已经改变了粒子的路径。

那么，什么才是永恒？

严格说这个世界没有永恒，但是跳出哲学范畴，相对而言，金融市场还是有不变的东西的。比如，恒心、价值、变化。万变之中存在不变，万骗之中唯一不能欺骗的则只有：价格！

价格在历史长河中流淌，其中的蜿蜒曲折，镌刻于价格的数字流之中。隐藏在价格时间序列后面，隐藏长期波动曲折路径图谱背后，确也存在着一些幽深的数学规律。

如果把价格作为生命的生长，树木的年轮，价格本身一直在变，但价格在时间一维的生长曲线中有其固有的自身的生长法则。

因为，价格不是指标，它只有变化，但无法欺骗。

价值，是企业和商品内在的永恒。作为投资领域“术”层次的东西，着力于研究在时间维度上围绕价值波动的价格变化；但长期而言，价格的生长演化遵循着一些隐秘不为人所知的规律性东西，这涉及自然生长法则，以及分形突变；短期则基本没有(有的话，就是索罗斯所谓的“返身性”，即测不准，量子力学般无法自我测量的悖论)。

本书的大部分篇幅，会从术的层次，揭示这些所谓数学的、规律性的一些东西，并试图在无法把握中、在变化中寻找一些不变的东西，并在此之上，形成一些交易的法则和终极的交易系统。

但，这都是术，都不是核心。

核心是什么？

道！

什么是交易市场的大道？

大道无形，笔者试论之。

专一是道：神意专一，精力专一，专则神聚，聚则不散。神凝则定，定则慧，富决断，致神通；资金守一，资金聚于一端，持仓如战，小仓悄入，余则定守，以现金态，不做他顾；持之以久，则进退自由，减少资金回撤；意志专一能长久，坚持如愚公开山，功可成。

身心修养是道：股票期货外汇，殊途同归，一曰个人修养，二曰纪律，三曰一个良好的测市系统（本书主要内容），三者缺一不可。最基础的是第三，而决定你亏损或者赢利的是第二，但第一条却是你最终成功的关键。技术上成熟后，就是良好性格的修养，良好健康生活习惯的培育。孟子曰：吾善养吾浩然之正气，至大至刚，充塞于天地之间，黄中腠理，于天地合为一体，不动，通天浩气为养，静而不用也；动则浩气冲天，动也，用也。无平时之养，哪来动时之纯净刚毅！

行胜于知：口言而手不行，同不知；行而不坚定，与不知无异；时与意驰，鬓毛将衰，悔之不及。

规律为术。探寻数学规律为术，术乃次。本书中，浪型时空位置为术之要，以时空浪型所处位置为一，基本面及价值为二，主力资金为三，题材之爆发性为四。其他，比如估值、主力、筹码、题材以及作者提出的 NSM、牛熊转折定理等技术性问题乃术之末。

最后，我要告诉大家的是：去爱吧！那才是投资的圣堂。去感受你身边的绿叶、鲜花、小草，感受你的朋友、你的爱人、你的稚童，去感知他们的存在和美好；去感受星辰大海，河图星空，感受宇宙的跳动；去感受太阳下暴晒的沥青、身边坚硬的钢筋森林，甚至脚下卑微的沙砾，原来那小小的沙砾也和我们的心脏同样会跳动，它们也有自己的生命，更何况它们同样高贵的血液里流淌的成分是硅，和水晶是同质的啊，如同水晶一样，和我们人类思维的跳动在同一个频率，我的朋友，我的爱人，他们都遵循着世间、星际间同样的规律，你感受到了吗，你会去爱他们吗？

爱，你便无处不在，无往而不胜；爱、被爱你就充足而富有；充足而知足的你，会告别浮躁、空虚、躁动、沉沦，静而生慧，慧则定，慧即足，足即富。

目　　录

第一部分　理论基础

第二部分　江恩时空操盘系统的数理基础与实战对策系统的建立

第三部分　江恩时空操盘技法及双盲实战

第一部分

理论基础

我们只有明察历史之微

才有可能洞见未来之著

第一章

证券投资分析主要流派及面临的困惑

1602年，世界上第一个股份有限公司在荷兰诞生，证券市场从诞生发展到今天，已经有了400多年的历史，证券市场是人类最充满智慧的发明之一。在一级市场中，人类社会得以在一夜之间筹集到巨额的资金来建设铁路、机场乃至今天的三峡大坝这样的巨大工程，融资便利化极大促进了经济社会乃至人类文明的发展。在二级市场中，随着各种金融衍生品的推出，二级市场的市值已经远远超越实体经济，每天海量的资金在各大交易所流动套利，日交易额远超实体经济进出口交易额。然而，在承担股票交易的二级市场，人类被自己发明的这个怪物搞得头晕脑胀，各大交易所的交易者就像大海中的一滴水，随波逐浪，自以为很聪明地享受着赌博般的乐趣。他们无法看到全局，而每个个体情绪的波动，或者所谓精准交易模式下的程序化交易套利，都构成了波动中最无序的那一部分，然而正是这种无序，却影响甚至决定着波浪的走向。

历史已经走过数个世纪，今天二级市场的投资者面临着证券市场初创时期同样的尴尬。至今仍然很少有人像研究大海潮汐、研究天体运动一样，用科学的态度和理念来研究这种人类自己创造的“怪物”。价值投资、趋势跟随的传统技术分析、新思维下的神经网络科学、耗散理论中的分形研究(甚至引入了高等数学)、乃至占星术、周易等各色手段粉墨登场，对金融市场的波动演化，他们从不同的角度，盲人摸象般阐释着自己看到的“大象”，从宏观角度、依托波动的本质、数学的严谨描述、几何学的精确来规划一整套自然科学研究的数理研判系统，这些方面的研究至今还很少见，与此相对应，由于没有一套科学的、系统的、关于证券市场二级波动的理论学说，我们也没有看到以科学理论研究为基础的实战操盘系统。

作为一种有益的探索，本书将在第一部分，以耗散结构、自相似、分形等科学思想为理论依据，结合二级市场波动的大量K线图形，吸收江恩理论、波浪理论的数理精华，对整个证券市场波动，给出一套系统的、与实战相结合的理论研判系统，以此为依托，在第二部分和第三部分，给出一整套依托时空波浪思想创建的全新的实战交易对策系统和操盘实战详解。

在此之前，让我们对证券市场分析的历史做一简要的介绍。

一、基本分析流派及其面临的困惑

1. 基本分析法的定义

基本分析法又称基本面分析法，以宏观经济形势、行业特征及上市公司的基本财务数据作为投资分析对象，依托经济学、金融学、财务管理学及投资学等基本原理，对决定证券价值、价格的基本要素，如宏观经济指标、经济政策走势、行业发展状况、产品市场状况、公司销售和财务状况等进行分析，评估证券的投资价值，判断证券的合理价位。其内容主要包括宏观经济分析、行业分析、公司分析等，借此来评估和预测证券的投资价值、价格及其未来变化的趋势。

基本面分析法是通过分析上市公司基本的历史财务信息，从而决定股票的买进或是卖出的理论。信奉价值投资的投资者认为，每一个上市公司都有其内在价值，股票价格是公司内在价值的指示器。他们使用一系列估价工具，如市盈率模型、股息贴现模型、托宾Q等来判断一只股票的价格相对其内在价值是高估了还是低估了，从而作出自己的投资决策。基本分析理论认为，一只值得投资的价值型股票的典型特征是低市盈率、高股息和低负债率。本杰明·格雷厄姆被称为基本分析法的价值投资之父。1934年，他把在母校哥伦比亚大学开设的课程讲义整理出版，即《证券分析》，该书第一次把客观理性引入到股市的激情文化之中。用格雷厄姆的话说：“买股票就像买车一样，要踢踢轮胎，看看引擎”。其基本理念是：深入的研究才能得出正确的判断；系统的方法能够作出明智的决策；合理的价格才能获得丰厚的利润。20年间，他投资管理的私人户头资金，每年的获利约为20%。1976年本杰明·格雷厄姆去世后，他曾经的雇员兼学生沃伦·巴菲特成为基本分析投资法的泰斗。在他40多年的投资生涯中，有90%以上的年份击败了标准普尔500指数，总赢利近3000倍。巴菲特成功的投资记录仍无人能够撼动，这充分说明了基本分析理论的生命力的强大。

2. 基本分析法的缺陷

实际上，人类对金融市场研究的基础着重于价值投资，这是相对正确的研究方向，因为内在决定外在，价值决定价格。但最大的困惑在于，如何研判长期的趋势拐点进而指导资金的进场和出场，这依然要借助于时间节点和价格节点的研判。近年来流行的所谓戴维斯双杀（意思是如果某上市公司业绩出现向上拐点又碰上大盘出现向上的牛市拐点，那么，此上市公司的二级市场股价将出现加速井喷走势。反之，会使得二级市场股价出现加速暴跌走势），也是将时间因素引入研究内容，将基本面和大盘的涨跌时空共振作为研究方向，把握突变的时间节点的另一种表述方法而已。因此，基本分析法实质上是对某个证券交易品种的内在价值进行比较科学的界定和评估，但其完全忽略了外在因素，比如货币金融形势，交易心理等，对证券交易品种日常定价的影响。不涉及日常波动研究，因此它是一套静态的价值分析方法，对于“价值”评估的研究有效而深入，而对二级市场“交易价格”的界定，或者说对波动的研究，显得苍白而无力。他的缺陷主要体现在两个方面：

（1）基本分析的数据具有时效性，预测的时间跨度导致对短线投资者的指导作用比较弱。

在价值投资的精准分析中，他们对企业某一年的财务报表、企业的未来发展的成长性乃至宏观的经济形势的利好都可以分析到完美和极致，但归根结底是一个静态的判断，所有的指标，所有的宏观经济形势都是动态的，在这个动态的变化中，价格每时每刻都处于波动之中，对这种波动的把握，价值分析法显然是无能为力的。首先，基本面分析必须考虑供求关系中供给和需求两个方面受到的诸多影响因素，但现实中，知识有限、精力有限、信息渠道有限、很难面面俱到。其次，基本面分析要求拥有全面而准确的数据、可靠的信息，但是，数据的统计和整理难免延时或者误差失真，直接影响基本面分析的时效性和正确性。再次，仅有数据还不够，还需要有科学的统计和处理方法。一段时间内，基本面数据和供求态势的结论是相对确定的，但是行情价格却是动态变化的，如何判断和把握期货价格在行情底部和顶部之间运行时所处的不同阶段及对应的基本面状况，对于没有受过专业训练和缺乏交易经验的人来说，仍旧是一道难题。最后，在众多的影响因素中，有些因素是无法量化的，有些甚至是无法预料的，比如，突发性的重大自然灾害和政治事件。

(2)预测的精确度相对较低，无法解释近年来的新的估值困惑。

近年来价值投资者更大的困惑来自于新科技革命所带来的无限憧憬导致的投资风格和市场思维的深刻变化，低市盈率的传统现金牛企涨幅远远不如新经济的股票，市梦率(1000倍以上的市盈率在创业板也屡见不鲜)股票层出不穷，他们也不得不亦步亦趋地修改自己对“价值”的定义，价值投资派生的长线投资也闹出许多笑话来，在投机风盛行的沪深A股市场，几倍市盈率以下的地产、银行股就是不涨，“炒股炒成股东”，表达了市场对那些迷信伪价值投资而长期套牢者的轻蔑和冷酷的嘲笑。1997年买入至今持有当时最大的价值投资品种四川长虹的投资者十余年未能解套，就是最好的明证。

二、技术分析主要流派及其面临的困惑

1. 技术分析法概述

技术分析是从证券的市场行为来分析证券价格未来变化趋势的方法。证券的市场行为可以有多种表现形式，其中证券市场的价格、成变量、价量的变化以及完成这些变化所经历的时间是市场行为最基本的表现形式。技术分析的理论基础是建立在3个假设之上的：①市场的行为包含一切信息；②价格沿趋势移动；③历史会重复。技术分析

理论的内容就是市场行为的内容。粗略地进行划分，可以将技术分析理论分为以下几类：K 线理论、切线理论、形态理论、技术指标理论、波浪理论和循环周期理论。

技术分析法是蒙昧时期的股票投资理论，它是精明的投资者对股票价格进行长期观察并积累经验，逐步归纳总结出来的有关股票市场运动的若干个所谓的“规律”。技术分析法普遍认为，股票价格受着某种神秘力量或神秘数字的支配，按照自身独特的方式运行，只有少数专业人士才能领悟股市的规律并预测其未来趋势。技术分析法遵循两个基本原则：一是任何能对市场产生影响的信息，都会立即反映到市场价格中，股票的历史价格中包含有对市场未来趋势的提示；二是股票价格喜欢沿着已经形成的趋势变动。

2. 主要流派

经过长期发展和演变，技术分析流派形成了众多的门类，其中有代表性的是道氏理论和波浪理论。

道氏理论的基本观点是：股票价格虽然变化多端，但总是遵循一定的趋势而发展变化的。股票价格变动的各种状态可以归纳为三种趋势，即主要趋势、次级趋势和日常波动。股票价格的日常波动是不重要的，也是无法预测的。次级波动可以预测主要趋势的变化，而主要趋势才是股价分析的核心，是最重要的。1929 年 10 月 25 日，道氏理论大师汉密尔顿发表了一篇题为“潮流的转变”的评论文章，预言股票市场看涨趋势已结束，看跌趋势已经开始。果如所料，从此美国股票市场进行了为期 3 年的下跌。道氏理论因此而闻名于世。

艾略特波浪理论是美国会计师艾略特创立的一种观测股价变动趋势的理论系统。艾略特对过去 80 多年的股市波动进行多年研究之后，发现股市是受宇宙中一种神秘自然法则的影响下按一定的规律波动的。1946 年，《大自然的规律》发表，标志着波浪理论正式成熟。波浪埋论认为，股票市场按照神秘的斐波那契数列，以“5 个上升浪和 3 个下跌浪”不断重复的规律，周尔复始，不断推进。研究表明，波浪理论可以解释美国 40 年代以前的一切市场行为，曾经准确地预测了道琼斯工业指数在随后几十年的大多头。1985 年 9 月，美国波浪理论专家罗伯·波克特准确地预测出美国股市将在1987年底见顶回落。

3. 技术分析流派面临的主要困惑

随着世界金融交易系统越来越复杂，影响股价运行趋势和价格的外在因素越来越多，博弈理论的出现以及大家同时运用某种分析理论而导致的分析同质化以及超级主力对传统理论的反向运用，特别是近年来各种衍生金融品种越来越多，传统技术分析流派面临越来越多的挑战，有些技术指标不仅存有先天缺陷，甚至波浪理论也陷入千人千面的尴尬。近些年来新的研究成果层出不穷，但令人遗憾的是，至今没有人把波动当作一门科学来研究，跟随趋势成为技术分析的主流思维和理论基础。可是趋势是时刻在变化的，证券市场唯一不变的就是变化。由于缺乏科学的、宏观的理论体系，技术分析一度成为人们的笑谈，不仅如此，在全世界证券市场出现以来数百年的投资历史中，价值投资学派的信徒相对于那些在市场中，终日追涨杀跌的技术分析流派的所谓短线高手，投资战绩要好得多。传统技术分析学派多年没有新的发展，停留于修改均线参数这些雕虫小技上，已经逐步走入了死胡同。

(1)艾略特波浪理论研究的发展方向及误区。

艾略特对于波浪形态演化的研究已经比较深入，他把证券市场波动归结为5浪上升，3浪下降的基本形态，从而形成包含8浪的完整周期，如图1-1所示。

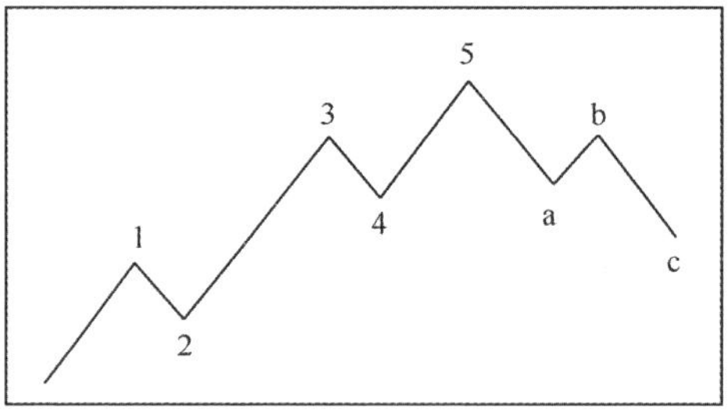

图1-1 艾略特波浪理论基本图谱

波浪理论最大的尴尬在于，波浪定性千人千面。所谓千人千面就是我们定性波浪的时候，在不同的宏观时间周期、不同的历史跨度上，波浪的定性模棱两可，公说公有理婆说婆有理，没有准确的定义标准，缺乏确定性，所以艾略特理论研究者在后期也加入了许多诸如延伸形态变形的研究，被动地“与时俱进”，否则他无法概括这个市场。波浪理论的缺陷概括起来主要有：

①波浪理论研究者对现象的看法并不统一。每一个波浪理论研究者，包括艾略特本人，都会受一个问题的困扰，就是一个浪是否已经完成而开始了另一个浪，有时甲看是第 1 浪，乙看是第 2 浪。差之毫厘，失之千里。看错的后果可能十分严重。一套不能确定的理论用在风险奇高的股票市场，运作错误足以使人损失惨重的。

②怎样才算是一个完整的浪，也无明确定义，在股票市场的升跌次数多数不按 5 升 3 跌这个机械模式出现。但波浪理论研究者却曲解说有些升跌不应该计算入浪里面。数浪完全是随意主观。

③波浪理论有所谓的伸展浪，有时 5 个浪可以伸展成 9 个浪。但在什么时候或者在什么准则之下波浪可以伸展呢？艾略特却没有明言，使数浪这回事变成各自启发，自己去想。

④波浪理论的浪中有浪，可以无限伸延，升市时可以无限上升，都是在上升浪之中，一个巨型浪，一百几十年都可以。下跌浪也可以跌到无影无踪都仍然是在下跌浪。只要是升势未完就仍然是上升浪，跌势未完就仍然在下跌浪。这样的理论有什么作用？能否推测浪顶浪底的运行时间甚属可疑，等于纯粹猜测。

⑤艾略特的波浪理论是一套主观分析工具，毫无客观准则。市场运行却是受情绪影响而并非机械运行。波浪理论套用在变化万千的股市会十分危险，出错概率很大。

⑥波浪理论不能运用于个股的选择上。

(2)江恩的数理理论。

江恩理论高大精深，至今投资界无人能够全部解读并将其投入实战应用，从已出版的书籍和相关研究看，江恩理论是比较接近事实真相的，例如其关于数学比例和个股高度的研究，如图 1-2 所示。

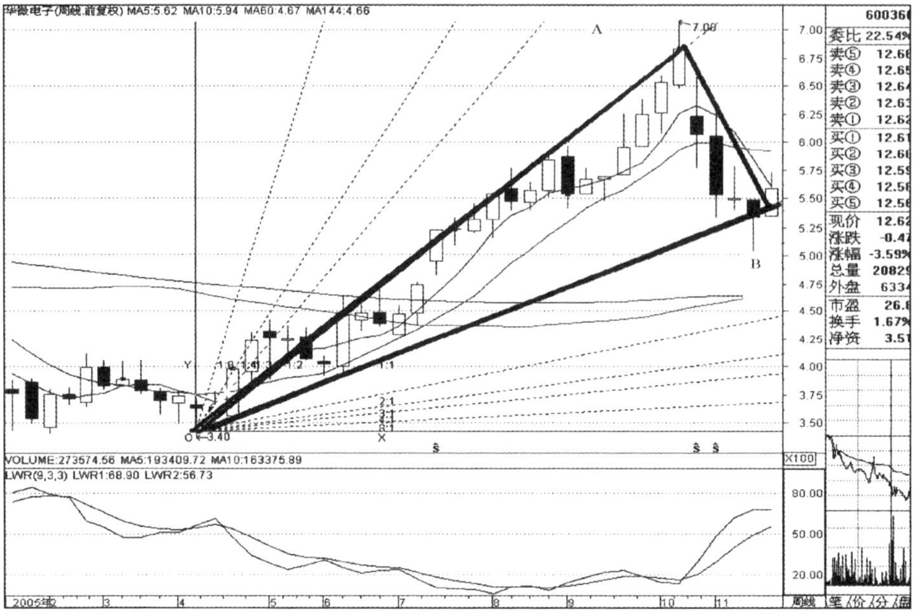

图 1-2　江恩角度线的神奇预测作用

华微电子，在经历了一个较长时间周期的上升后，其回调的时间和幅度完美止跌于1∶1线。它下跌的时间和空间，已经被提前严格的界定并被预知。从此后的发展看，股价果然在这里产生了一个比较强的反弹，感兴趣的读者可以打开软件进行验证，这种例子比比皆是，这也是笔者深入研究江恩角度线最初的触动点。这种对股价的提前的预测作用是其他的理论望尘莫及的。

系统地利用江恩理论应用于操盘，这方面的研究各种著述相对较多，但面临的问题更大。首先遇到的最基本的问题是，取点和终点的确定，也就是所谓的波动率的确定。仅仅一个江恩角度线起点的确定问题以及波动率问题，已经让相关研究者至今无法解释清楚。而江恩时间周期理论的研究就更加离谱，一个基本的困惑就在于诸多时间周期相互叠加，再加上起点的不同，导致时间周期点多而庞杂，根本无法用于实战。更深入的研究者如四方图的应用等，更加是盲人摸象，无法得窥尽其真谛，但真正能够得心应手使用的方法没有一个系统地得到验证。

(3)均线理论的尴尬。

均线研究是大家应用最多的一种方法，这里不做过多阐述，但在应用中，很多时候会被骗线，比如明明是金叉了，一买就套。我们看一个长期均线骗线的例子，如图 1-3 所示。

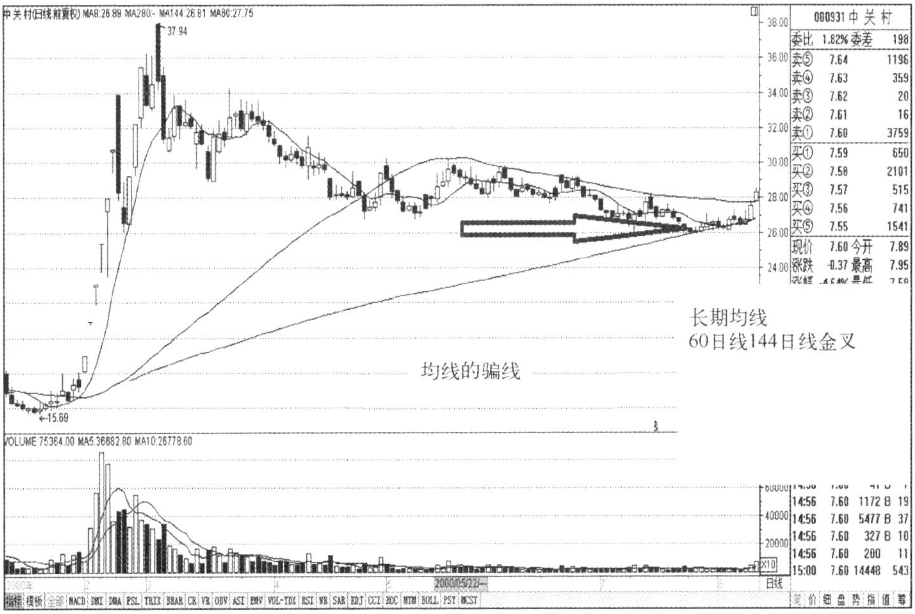

图 1-3　60 日线和 144 日线的完美金叉

注意图 1-3 中演化到图的末尾，120 日均线与 60 日均线形成完美的金叉，这种金叉已经过滤了短线波动的因素，应该说是比较符合均线理论中完美上升图形的，但是此后股价的发展演化却让人大跌眼镜，如图 1-4 所示。

在图 1-4 中，股价形成完美金叉。套牢最后一批看好该股票的投资者，然后一路向下，绝尘而去。

我见到一些比较成熟的投资者，对均线的研究转向参数的调整，多均线共振乃至均线流等，略有所得，欣喜有加，秘不外传，在大牛市驱动浪中还略有所得，遭遇突如其来的熊市主驱动浪，则输的体无完肤，只好“关灯吃面”。

毋庸讳言，均线理论是当今对价格波动演化阐释比较深入、具有

图 1-4　金叉后的骗线

很多优点的一种市场分析工具，但是由于主力也就更加注重对均线骗线使用的频率，总能利用市场波动的形态骗到一些迷信均线的投资者，被一些超级主力内部戏称为“出货利器”。

三、当代数学、物理学研究成果在证券投资领域的应用及最新进展

20 世纪初，法国数学家刘易斯·巴切利写了一篇探讨股票市场价格的博士论文《投机的数学理论》，开创了使用学术理论特别是数学工具研究股票市场的先河。在当今高等教育普及程度极高的投资实业界，该流派的人士已经占据绝对主导地位。其中学术分析流派的有效市理论和投资组合理论值得我们做一简要介绍。

1. 有效市场理论

有效市场理论认为，市场价格的变动是不可预知的，谁也不能确定某一时刻的价格是涨是跌。20 世纪中叶，尤金·法玛总结了股票

价格不可预测的理论，正式提出有效市场概念。法玛认为，当证券价格能够充分地反映投资者可以获得信息时，证券市场就是有效市场。在有效市场中，无论选择何种证券，投资者都只能获得与投资风险相当的正常收益率。

法玛将有效市场分成三个层次：弱式有效市场、半强式有效市场和强式有效市场。三个层次市场中的信息，分别指所有市场信息、所有公开信息、所有信息（公开信息和内幕信息）。如果弱式有效市场假设成立，技术分析法无效；如果半强式有效市场假设成立，基本分析法无效；如果强式有效市场假设成立，内幕操纵将变得无利可图。

2. 投资组合理论

1952 年，25 岁的马尔柯维茨发表了名为“投资组合管理”的简短论文，提出了投资组合理论，引起了股票投资理论的革命。在马尔柯维茨以前，广大投资者都是随意构建自己的投资组合，并没有科学的理论做指导，他们关注的焦点是回报而不是风险。马尔柯维茨的投资组合理论第一次强调了风险的重要性，认为风险因素和预期回报在整个投资过程中是同等重要的，并且论证了分散投资的精髓在于个别资产相对于其他资产的绩效表现形态。

1963 年，他的博士生夏普对其理论进行了简化，提出了单指数模型，也称为市场模型或对角线模型。夏普首先将统计学上简单回归分析中的两个系数 α 和 β 引入股票投资分析中。β 系数反映某个股票（或投资组合）对市场组合方差的贡献率，用来衡量该股票的系统风险。α 是某个股票的非系统性风险，它主要用于检验某个股票或投资组合是否具有异常收益。后来，他们二人共同获得了诺贝尔经济学奖。

3. 新兴流派

主要包括神经网络理论、金融物理学理论、依托于混沌理论以及高等数学的分形研究等等。这些新兴流派近年来发展异常迅猛，其方法不一而足，但其共同的特点是，都试图依托不同领域现代科学研究的最新成果，系统、科学地解释证券波动后面隐藏的数学、几何学、物理学规律为己任，出现了许多新的研究成果。

综上所述，最新兴起的一些研究思潮和前述几个理论不约而同地将数学和物理学研究引入金融波动研究领域，但时至今日，对证券市场运行根本规律这头大象“躯干”的宏观波动规律的系统性、科学研究依然不多，笔者认为，对金融市场运行形态的自然科学属性的研究，仍处于一个蒙昧阶段，但已经有了很好的开始。我们不是否定传统理论，这些理论都从不同角度对市场的某个方面、某个枝节、某个角度进行了深入地观察、研究、描述，但大家都只看到了局部。比如艾略特看到了框架，整体的外表，江恩看到了比例和周期。这些研究，正在靠近局部事实的真相。

作为一个交易者，我们需要的是在每时每刻、随着 K 线的生长，得到此刻对未来的股价相对正确的预期及相应的无差错交易对策。所谓相对正确的预期是指在股价上升的时候，能够明确知道此时此刻处于主上升驱动之中，并敢于坚决持仓。在股价主下跌驱动中，能够清晰地知道这个危险的长期性和可怕性，而坚决长期空仓、微仓。而在股价发生突变的时间节点，研判系统能够将突变这个因素考虑进去，对策系统能及时准确无遗漏地迅速给出反应，改变原来的交易策略。这种相对正确的研判系统和无遗漏的对策系统必须具备几何属性下的时间和价格上的准确性、及时性、预警性和同步性，这正是本书要追求的一个方向。

为此，我们需要用科学的态度，使用像研究星系运动一样的手段、方法，创立新的确定性的定理、定律来科学描述全时空的股价波动，来量化描述证券市场这个“怪物”自身的运行规律，并在此基础上给出交易对策系统。这样的研判系统和交易对策系统还必须经受住历史和未来的检验，经受住使用后的研判、双盲验证、历史数据概率统计等科学研究的方法来验证、质疑、检验甚至推翻的考验。

幸运的是，笔者经过 20 年的实战、研究和探索，用大量的教训、汗水、血和泪，将这 20 年孤独探索的经验写出来，与朋友们分享，如果能够给朋友们带来一点帮助，起到了他山之石的效果，那也是我莫大的荣幸。

来吧，我的朋友，让我们的心随同宇宙跳动，去抚摸那自然法则的神秘触角。读完此书你会发现，金融市场的波动不是人们认为的那样，是随机的，是测不准的，只是这个自然规律至今仍未被人们认识，正如牛顿的力学理论发明以前，人们不知道卫星和月亮的运行是遵循客观规律的，是可以被预测的。

我们发现：证券市场运动是一个典型的耗散结构，其自然科学属性，或者说数学属性，正在被我们逐步揭开，这是任何交易系统必须解决的一个首要问题，也是至今所有学术界梦寐以求、孜孜不倦所要探寻的东西，请你跟随笔者的脚步，在本书的第二部分："江恩时空操盘系统数理基础与实战操盘对策系统的建立"中直接回答，并在此基础上给出依托于自然法则的交易对策系统。

第二章

艾略特波浪理论基础

艾略特将他的著作命名为《自然法则——宇宙的奥秘》不是偶然的，他所发现的波动基础形态理论已经被大量的金融市场波动历史所证实，自然波动自有其内在的自然法则，这如同星系的生长，螺线法则让我们的宇宙星系图看起来美轮美奂。探究金融市场波动遵循的自然法则是任何科学交易系统的根本基础。

本书将在之后的两个章节中，对艾略特波浪理论和江恩理论以及电脑分析软件使用的基础方法做简要介绍，在此基础上，给出作者苦心孤诣研究 20 年，将实战和理论研究有机结合在一起，对金融市场波动研究中取得的一些震撼性成果：将江恩角度线和艾略特波浪理论有机结合在一起的时空波浪理论，以及以此为基础的实战交易系统。

一、波浪理论的主要内容

拉尔夫·纳尔逊·艾略特(Ralph Nelson Elliott)，1871 年 7 月 28 日出生在美国密苏里州堪萨斯市的玛丽斯维利镇。在《自然法则——宇宙的奥秘》(Nature's Law—The Secret of The Universe)等一系列著作中，他提出了一个具有划时代意义的论点，即：社会、人类的行为在某种意义上呈可认知的形态。股价结构性形态，反映了自然和谐之美。在市场上这些形态重复出现，但是出现的时间间隔及幅度大小并不一定具有再现性。尔后他又发现了这些呈结构性形态之图形可以连接起来形成同样形态的更大的图形。这就是久负盛名的艾略特波动理论。在投资界，有一种观点认为，“艾略特波浪理论”是本世纪最有价值的发现之一。本书的部分思想就来源于波浪理论，现将和本书相关的部分内容总结如下。

1. 五升三降是波浪理论的基础

艾略特指出，股市呈一定的基本韵律和形态，5 个上升波和 3 个下降波构成了 8 个波的完整循环。3 个下降波作为前 5 个上升波之调整，如图 2-1 所示，5 个代表上升方向的推进波和 3 个调整波。五浪形态的四个重点：①浪 2 永远不会运动超过浪 1 的起点；②浪 3 永远不是最短的一浪；③浪 4 不会进入浪 1 的价格领地；④任何时候，市场都处于更大浪级趋势的 5 浪模式的某个位置。

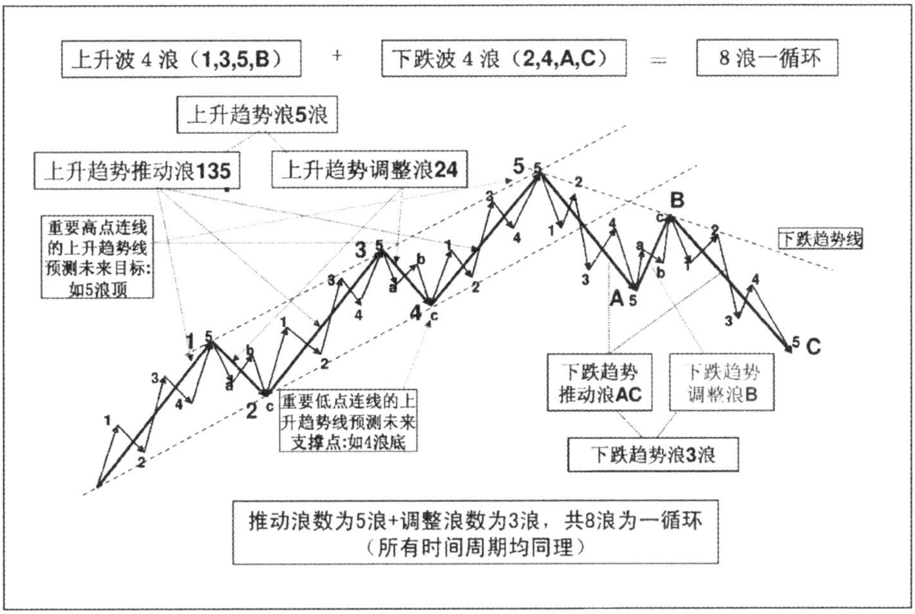

图 2-1　波浪理论数学结构图

2. 波浪理论的几个基本思想

(1) 一个运动之后必有相反运动发生。

(2) 主趋势上的推进波与主趋势方向相同，通常可分为更低一级的 5 个波；调整波与主趋势方向相反，或上升或下降，通常可分为更低一级的 3 个波。

(3) 8 个波浪运动（5 个上升，3 个下降）构成一个循环，自然又形成上级波动的两个分支。

(4)市场形态并不随时间改变。波浪时而伸展时而压缩，但其基本形态不变。

在实践中，每一个波浪并不是相等的，它可以压缩、延长、简单、复杂、总之，一切都以形态为准。

3. 波浪的特性

每一种波浪的特性，都可以显示出该浪的级别。每一种浪的性质，可以帮助研判波浪在前进市场中的位置，以及预先告知在下一个波浪序列中要期待什么，波浪的性质使你得以正确研判更大模式的波浪。

第一浪，是打底过程中的一段，因此常被浪 2 大幅调整。

浪 1 和先前反弹浪相比，技术上更有结构性，幅度轻度增加，但是此时大量卖空显而易见，因为大多数人确定大势向下。50%的第一浪，从先前调整浪形成的大底涨起，或从下跌失败涨起。这样开始的第一浪非常有力，仅有略微的回撤。

第二浪，常回撤第一浪大部分，所以第一浪的大部分利润会在第二浪消失。第二浪常以非常低的成交量和波动性结束，表明卖压已经消失。

第三浪，强劲且幅度大，因为趋势准确无误，而且大部分是延长浪。这时候，会产生突破、持续跳空、趋势的印证、失去控制的价格运动等。根据走势，会产生巨大的小时、日、周、月、年盈利。

第四浪，第四浪的深度和形态是可以预测的，因为根据交替规律，与第二浪不同。第四浪往往呈现横向走势。

第五浪，一般而言，第五浪幅度比第三浪小，而且速度变化较慢。如果第五浪延长，则第五浪中的第三浪速度可能超过第三浪的价格变化速度。寻找较少成交量是第五浪的规则，而不是第三浪的规则。长期趋势尽头不会出现喷发走势，即使是第五浪延长，第五浪中的第五浪也不会出现。在上升的第五浪中，尽管力度减弱，反弹增加，但是投资者的乐观情绪仍然极度高涨。

A 浪：A 浪期间，投资者一般确信这是反弹调整，而不是驱动浪。A 浪为随后的 B 浪定下了调子。A 为五浪，则 B 为锯齿形调整浪。A 为三浪，则 B 为平台或者三角调整。

B 浪：B 浪是赝品，通常只集中于少数股票，技术上也极少强势，而且注定要被 C 浪完全回撤。如果市场出问题了，有可能是 B 浪。总体观察，中浪级和浪级更低的 C 浪通常成交量萎缩，但是大浪和浪级更高的 B 浪成交量放大，说明大众的广泛参与。

C 浪：下跌 C 浪的摧毁性极强，有第三浪的大部分的属性。除了现金，无处可藏。C 浪持续时间长，幅度大。大熊市中，向上调整浪中的 C 浪同样强劲有力，当它以 5 浪展开，可能被误认为新的上升的开始。

D 浪：除了扩展三角形，所有 D 浪，成交量放大。可能是因为 D 浪是部分调整和第一浪的混合物。在调整浪中的 D 浪和 B 浪一样是赝品。

E 浪：作为终结浪的 E 浪和第五浪一样非常情绪化。大多数市场观察者看来，是新的下跌趋势的开始。而作为市场参与者，应准备反方向的交易。

4. 几个重要规则

如图 2-2 所示，波浪理论的三个重要规则：①浪 2 不可以回撤浪 1 的 100%以上；②在浪 1、浪 3 和浪 5 中，浪 3 不是最短的浪；③浪 4 不能回撤到浪 1 的领地，即浪 4 不能与浪 1 重叠。

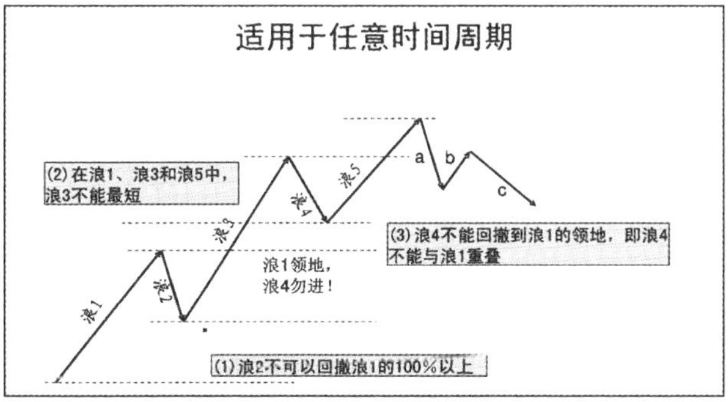

图 2-2　波浪理论三个重要规则

二、传统波浪理论的缺陷

艾略特的预测是“对价格运动过程的描述、揭示”这一命题的研究比道氏理论深入许多。就其分析价格上涨趋势结构而言，把上涨趋势分为5浪上升，然后把随之而来的调整分为3浪下跌，细化了价格趋势运动过程，也充分反映了价格趋势运动的复杂性，而且把上涨与下跌视为一个整体看待，两者有机结合，构成一个完整的涨跌周期，这就相当于在一定程度上揭示了金融市场价格涨跌运动的内在联系。在这个整体中，以价格上涨趋势为例，上涨是主导的，具有空间与时间方面的明显优势，一个完整的上涨趋势有三个主升浪、两个调整浪，一个处于上涨趋势的涨跌周期中，即5浪上升之后的回调或调整也只有三个波浪组成，如此空间与时间方面的优势构成一个价格上涨趋势运动的重要特征。

波浪分析的难点在于性质与浪级。艾略特认为波浪的基本形态是五浪结构，其实这五浪结构就是一个推动浪结构，是相对比较容易识别的，但划分波浪的指导方针过于繁杂，过多的是一种经验归纳，缺乏一种统一的核心的思想作为指导，总想把所有的波浪都数清楚，结果是重术而轻道，主次不分，化简为繁，本末倒置。另外一方面是调整浪相比推动浪要复杂得多，其模式也多变多样，总是难于判断其起止，并且一轮波浪中多数时间是调整浪。

第三章

江恩理论基础知识

威廉·江恩(Willian D. Gann)是20世纪最著名的投资家之一。在股票和期货市场上的骄人成绩至今无人可比，他所创造的把时间与价格完美结合起来的理论，至今仍为投资界人士所津津乐道，倍加推崇。在其投资生涯中，成功率高达80%~90%，他用小钱赚取了巨大的财富，在其53年的投资生涯中从市场上共取得过3.5亿美元的纯利。最为人瞩目的是1909年10月美国“The Ticketr and Investment Digest”杂志编辑 Richard . Wyckoff 的一次实地访问。在杂志人员的监察下，江恩在10月份的25个市场交易日中共进行286次买卖，结果264次获利，22次损失，获利率高达92.3%。江恩的事业高峰期，他共聘用25人，为他制作各种分析图表及进行各类市场走势研究，并成立两家走势研究公司：江恩科学服务公司及江恩研究公司，出版多种投资通讯。在他每年出版的全年走势预测中，他清楚的绘制出在什么时间见什么价位的预测走势图，准确性甚高。江恩相信在股票、期货市场里也存在着宇宙中的自然规则，市场的价格运行趋势不是杂乱的，是可以通过数学方法预测的。江恩的数学方程并不复杂，实际就是价格运动必然遵守支持线和阻力线，也就是——江恩线。

江恩理论主要包括两个部分：一是行情分析及预测理论，包括但不限于时间周期理论、江恩角度线、轮中轮等等。二是交易策略部分，这部分内容往往被投资者所忽视，现分述如下。

一、江恩角度线

江恩角度线(Gann Fan)，又称作甘氏线，是国内投资者较常见的技术分析工具，角度线是江恩理论系列中的重要组成部分，它具有非常直观的分析效果，根据角度线提供的纵横交错的趋势线，能帮助分析者作出明确的趋势判断。因而，角度线是一套物美价廉的分析方法，任何人花很少时间都可以轻松学会。在谈到角度线的意义时，江恩宣称："当时间与价位形成四方形时，市运转势便迫近眼前。"表明角度线并非一般意义上的趋势线，根据时间价格两度空间的概念而促成独特的分析体系。因而有分析人士指出，角度线是江恩最伟大的发明，它打开了时间与价格不可调和但密不可分的格局，从操作的角度说，这是技术理论中最有价值的一部分。

1. 传统画法

制作江恩线要有一个四方形的概念，所谓四方形亦为正方形，以对角线出现的45°作为四方形的1/2，它代表了时间与价位处于平衡的关系，若根据某一模式的时间、价位同时到达这一平衡点时，市场将发生重大震荡。江恩线由时间单位和价格单位定义价格运动，每条江恩线由时间和价格的关系所决定。

绘制江恩角度线首先要决定时间与价位之间的单位比例，江恩认为每一种股票或商品都有其特定的比率，要按其波动率做决定。一般而言，时间与价位的比率是以整数为主，最常用的是10的倍数或其分数，常用的比例如下：月线图，一月代表1000点或100点；周线图，一周代表100点或10点；日线图，一天代表10点；小时图，一小时代表1点。

2. 江恩角度线的应用

(1)江恩1X1线。

江恩角度线的意义是时间与价位的平衡，江恩的1×1线，表示时间运行的幅度，与价位的运行幅度一样。根据江恩的理论，价位在1×1线之上，表示趋势向上，在1×1线之下，表示趋势向下。只要价位一日在上升1×1线之上买卖，趋势基本上仍然属于强势。每次市价接近上升1×1线时，投资者可趁低买入，而止蚀位可设于江恩线之下。若市场处于下降1×1线之下，走势则属弱势，每次市价反弹接近下降1×1线将作为趋势好坏的分水岭。

(2)1×1 通道。

市场是根据某个时间价位比例运行。其中一个重要的江恩线分析法是以市场时间价位比例的通道运行，最常用的是 1×1 通道及 1×2 通道。

(3)江恩扇形线。

根据 1×1 线的比例，可以由一个市场重要高点或低点延伸出来多个角度线，例如：1×1，1×2，2×1，1×3，3×1 等，而这些角度线所组成的，成为江恩的扇形线。以下按 1×1 线的比例为每天上升 10 点，再以相应的角度，列出其他重要的江恩角度线，角度越高者反映趋势越强，相反则反映趋势越弱：

应用江恩角度线时，通用方法十分简单，若市价下破一条上升江恩线时，市价将下试下一个角度的江恩线支持。相反，若市价上破一条下降江恩线，市价将进一步上试更高角度的江恩线。

(4)由零开始的江恩线。

江恩线的起点，一般是以市场重要的顶部与底部开始制作，但对于一些长期的走势而言，由零开始的江恩线往往起着决定性影响。

(5)江恩线汇合的力量。

在应用上述分析时，除了江恩线的支持及阻力的应用外，两线相交的力量不容忽视。在很多时候，上升江恩线与下跌江恩线相交所引发的力量经常能扭转趋势的方向。

二、江恩循环周期理论

江恩的循环周期理论是对整个江恩思想及其多年投资经验的总结。江恩把他的理论按一定规律展开的圆形、正方形和六角形来进行推述。这些图形包括了江恩理论中的时间法则、价格法则、几何角、回调带等概念，图形化的揭示了市场价格的运行规律。

江恩认为较重要的循环周期有：短期循环、中期循环、长期循环等。30 年循环周期是江恩分析的重要基础，因为 30 年共有 360 个月，这恰好是 360° 圆周循环，按江恩的价格带理论对其进行 1/8、2/8、3/8……7/8 等，正好可以得到江恩长期、中期和短期循环。10 年循环周期也是江恩分析的重要基础，江恩认为，10 年周期可以再现市场的循环。例如，一个新的历史低点将出现在一个历史高点的 10 年之后，反之，一个新的历史高点将出现在一个历史低点之后。同时，江恩指出，任何一个长期的升势或跌势都不可能不做调整的持续 3 年以上，其间必然有 3~6 个月的调整。因此，10 年循环的升势过程实际上是前 6 年中，每 3 年出现一个顶部，最后 4 年出现最后的顶部。

上述长短不同的循环周期之间存在着某种数量上的联系，如倍数关系或平方关系。江恩将这些关系用圆形、正方形、六角形等显示出来，为正确预测股市走势提供了有力的工具。

关于时间周期，则不能不提神奇的斐波那契数列 1、1、2、3、5、8、13、21、34、55、89、144……，这组数字之间的关系，有专门著作做详细论述，本文不再赘述。由于它也是波浪理论的基础，波浪理论与周期理论也颇有渊源，在运用周期理论、波浪理论斐波那契数列的时候，要注意它们都是以群体心理为基础的，也就是说市场规模越大，参与的人数越多，就越符合上述理论，比如股指远比个股符合上述理论，况且波浪理论本意也是应用于股市平均指数的。此时，我们就会发现，前面述及的神奇数字就越发神奇。

三、江恩波动法则

江恩认为，市场的波动率或内在周期性因素，来自市场时间与价位的倍数关系。当市场的内在波动频率与外来市场推动力量的频率产生倍数关系时，市场便会出现共振关系，令市场产生向上或向下的巨大作用。

回顾历史走势就会发现：股票走势经常大起大伏，一旦从低位启动，产生向上突破，股价如脱缰的野马奔腾向上；而一旦从高位产生向下突破，股价又如决堤的江水一泻千里。这就是共振作用在股市之中的反映。

1. 共振

共振可以产生势，而这种势一旦产生，向上或向下的威力都极大。能引发人们的情绪和操作行为，产生一边倒的情况。向上时人们情绪高昂，蜂拥入市；向下时，人人恐慌，股价狂泻，如同遇到世界末日，江恩称之为价格崩溃。

因此一个股票投资者，应对共振现象充分留意。如下情况将可能引发共振现象：

(1)当长期投资者、中期投资者、短期投资者在同一时间点，进行方向相同的买入或卖出操作时，将产生向上或向下的共振；

(2)当时间周期中的长周期、中周期、短周期交汇到同一个时间点且方向相同时，将产生向上或向下共振的时间点；

(3)当长期移动平均线、中期移动平均线、短期移动平均线交汇在同一价位点且方向相同时，将产生向上或向下共振的价位点；

(4)当金融政策、财政政策、经济政策等多种政策方向一致时，政策面的共振；

(5)基本面和技术面的共振；

(6)当某一上市公司基本面情况、经营情况、管理情况、财务情况、周期情况方向一致时，将产生这一上市公司的共振点。

共振并不是随时都可以发生，而是有条件的，当这些条件满足时，可以产生共振，当条件不满足时，共振就不会发生。共振是使股价产生大幅波动的重要因素，投资者可以从短期频率、中期频率和长期频率以及其倍数的关系去考虑。江恩还认为，市场的外来因素是从大自然循环及地球季节变化的时间循环而来。共振是一种合力，是发生在同一时间多种力量向同一方向推动的力量。投资者一旦找到这个点，将可获得巨大利润和回避巨大风险。

2. 江恩波动法则中的数学与音乐

江恩波动法则包含着非常广泛的内容，但江恩没有给出明确的波动法则定义，这也就造成了以后研究江恩理论的分析家对波动法则的不同理解。

(1)音符的共振。

音节的基本结构由七个音阶组成，在七个音阶中，发生共振的是C与G及高八度的C，即10%及一倍水平。也就是说，音阶是以1/2，1/3，1/4及1/8的形式产生共振，因此频率的一倍、两倍、四倍、八倍会产生共振。而上述比例及倍数与江恩的波动法则有着密切联系，也就是江恩的分割比率。

(2)分割比。

江恩的分割比率是以8为基础的，也就是江恩的分割比率是50%(1/2)，其次是25%(1/4)和75%(3/4)，同时，江恩波动法则还非常强调倍数关系和分割比率的分数关系。从市场的重要低位开始，计算1/2，1/4，1/8的增长水平，及一倍、两倍、四倍、八倍的位置，将可能成为重要的支撑和阻力。在低位区，走势常受到1/8的阻力，波动小、时间长，在低位区，走势常受到1/8的阻力，波动小、时间长，走势反复，一旦产生有效突破，阻力减少，走势明快。在市场的重要高点，计算该位置的1/2、1/3、1/4及1/8，常为调整的重要支撑。将股指或股价的重要低点至高点的幅度分割为八份，分割的位置都是重要的支撑和阻力。对于时间循环，可将一个圆形的360°看作市场的时间周期的单位，并用1/2，1/4及1/8的比率分割，分割为180°，90°，45°，包括月份，星期，日期的周期单位，分割的位置常成为市场周期的重要转折点。

四、江恩轮中之轮

江恩认为，既然在自然定律中，有四季交替，主次阴阳之分，那么在股票、期货、外汇市场中，必定也有短期、中期、长期循环以及循环中的循环，正如圣经所述的“轮中之轮”。

江恩根据这一理论，设计了市场循环中的轮中之轮，将市场上的短期、中期和长期循环加以统一的描述并将价位与江恩几何角也统一起来。因此“轮中轮”是对江恩全部理论的概括总结。

江恩理论中的江恩轮中轮，才是交易赢利的终极技术。江恩轮中之轮是一张圆形数位图，其中数位从1延伸到360。这张数位图可用以预测市场支持和阻力水平及市场的逆转时间。

1. 轮中轮的制作

轮中轮将圆进行24等分，以0°为起点，逆时针旋转每15°增加一个单位，经过24个单位完成第一个循环，依此类推，经过48个单位完成第二个循环……最后经过 360 个单位完成第 15 个循环，即一个大循环，形成江恩“轮中轮”，如图 3-1 所示。

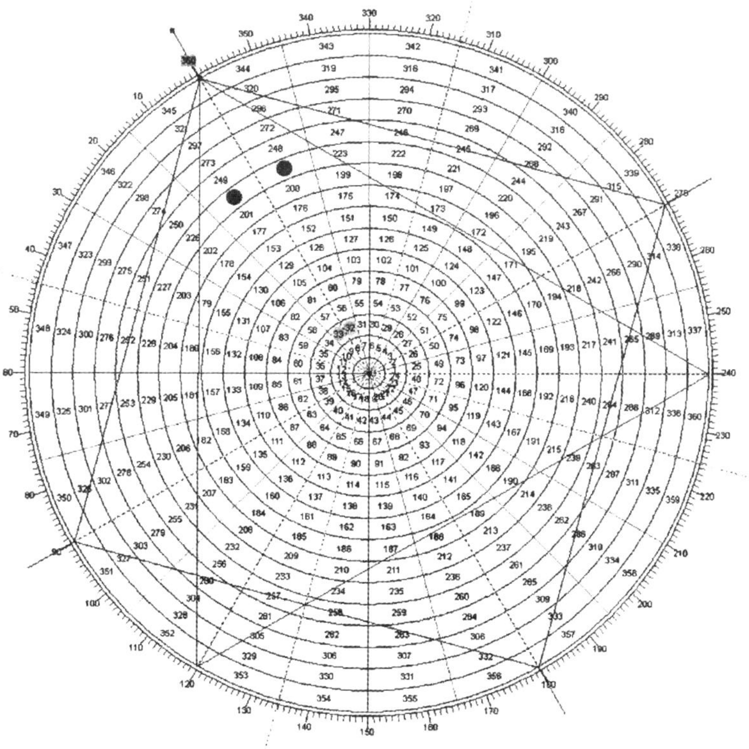

图 3-1 轮中轮的画法

江恩轮中轮上的数字循环既是时间的循环也是价格的循环。例如，对时间循环而言，循环一周的单位可以是小时、天、周、月等，对价格循环而言，循环单位可以是元或汇率等。

江恩“轮中轮”的关键是角度线，市场的顶部、底部或转折点经常会出现在一些重要的角度线上，如 0°、90°、180°等。通过“轮中轮”，我们可以预制知市场的价位，以便安全、有效的运用资金。

2. 轮中轮的用法

(1) 对照轮中的数字，将游标一选定所要判断的目标股或指数的最低点或最高点。

(2)上涨时游标二逆时针旋转，价位或点数将在45°、90°、120°处遇初级阻力，在180°处遇强阻力，在225°、270°处遇超强阻力，在315°、360°处遇特强阻力。

(3)下跌时游标二顺时针旋转，价位或点数将在45°、90°、120°处遇初级支撑，在180°处遇强支撑，在225°、270°处遇超强支撑，在315°、360°处遇特强支撑。

五、江恩交易策略

江恩理论是以研究测市为主的，通过数学、几何学、宗教、天文学的综合运用，建立起自己独特的分析方法和测市理论。由于其分析方法具有非常高的准确性，有时达到令人不可思议的程度，因此很多江恩理论的研究者非常注重江恩的测市系统。但在测市系统之外，江恩还建立了一整套操作系统，当测市系统发生失误时，操作系统将及时地对其进行补救。江恩理论之所以能达到非常高的准确性，就是将测市系统和操作系统一同使用，相得益彰。

1. 止损

江恩说，大多数人在股市中输钱主要有三个原因：

(1)交易过度或买卖过于频繁；

(2)没有设置止蚀单(Stoploss Order)；

(3)对市场知之甚少。

不设置止蚀单也是投资人常犯的错误。江恩在书中的建议是止蚀单设在买入价之下3%~5%。考虑到中国股市波动幅度比较大，投资者可以适放宽止蚀单的范围，例如5%~10%。

投资者要谨慎遵守以下规则：

(1)永远不要过度交易，每次交易的时间只可以使用少量的资金。此种做法实质是“留得青山在，不怕没柴烧”，其稳健程度，可想而知。当今投资者动不动就大胆杀入，满仓操作，有失稳健。

(2)止蚀单极其重要，无论是盈是亏。设置止蚀单后不要随便撤消。

(3)投机之道乃顺势而为，不要逆市操作，如果你无法确定趋势，就不要入市买卖。分红、股价的高低、摊平成本等都不是入市的好理由。

(4)加码、补仓、斩仓、空翻多或多翻空都必须小心谨慎。如果理由不充分，就保持现状。

(5)当你赚了很多钱之后要及时休息，避免增加交易。

(6)不要因小失大。投资股市如果为3%～5%的收益，很容易导致较大的亏损。投资应当把握股市的主要趋势。江恩认为，跑差价的人赚不到钱。

投资(投机)制胜之道，在于稳健。没有一个成功的投资者由于冒进而赢得巨额利润。绝大部分成功的投资者都不去做高难度动作。成功者看重的是高利润而非交易技巧。

2. 如何持盈保泰，战胜市场

(1)知识。

对获得知识我不想说得太多。你不可能不花费时间研究而获得知识，你必须放弃寻找在证券市场中赚钱捷径的企图。当你事先花费时间学习得到知识后，你将会发现赚钱是容易的。在获得知识上花费的时间越多，以后赚的钱也就越多。你必须学以致用从中获益，通过应用学到的知识，在合适的时候行动和交易以获得利润。

(2)耐心。

这是在股票市场中获得成功最为重要的资质之一。首先，你必须有耐心等待确切的买入或抛出点，机会到了后才决定入市。做交易时，必须耐心地等待机会及时地离开市场，获得利润。必须在结束交易获得利润之前就决定趋势确实已经变化。这是对过去市场变化研究之后的唯一结果。从中获得所需的合适知识。

(3)灵感。

你可以获得世界上所有的知识，但是如果没有灵感去买或抛，就不可能获利。知识给人灵感，使他有勇气在适当的时候采取行动。

(4)健康。

除非这个人是健康的，否则不可能在任何生意中获得巨大的成功。因为一颗聪明的心不能在虚弱的身体下工作。如果你的健康受到了损害，将不会有足够的耐心或足够的灵感。当你处在不良的健康状况之下，会有依赖性，会失去希望，有太多的恐惧，你就不能在合适的时间采取行动。

我从那些年的交易经历中学到了很多。当自己健康状况差时我倦于交易，总是导致失败，但是精力好的时候，我在正确的时候入市，取得了成功。如果你的健康状况不佳时，最重要的就是让自己尽快地恢复到健康的最佳状态，健康才能致富。

(5)资金。

当你获得了所有在证券交易中取得成功的资质后，就必须有资金。但是如果你有了知识或耐心，便可以开始以少量的资金进行交易。建议你使用止损位，减少亏损和避免透支交易。

记住永远不要背离趋势。在你决定市场趋势时，随其而动。遵守准则以决定趋势，不要以猜测和希望来做交易。

3. 江恩二十一条操作守则

当我们从整体上研读江恩时便可发现，预测大师的江恩与市场高手的江恩虽然是同一个人，但他却是清清楚楚、冷静异常地将自己的预测理论与实践操作分开——买卖规则重于预测！这就是江恩获胜的真正秘诀。

然而，至今还有许多股市投资人以为江恩是纯粹凭其神奇理论赢得了市场胜利，于是光顾着去研究挖掘江恩的理论体系，期望一旦握到了江恩的那片金钥匙，便可像江恩一样从此在股市中百战百胜了。而这，实在是一个认识上的偏误。

江恩的二十一条股票操作买卖守则：

(1)每次入市买、卖，损失不应超过资金的十分之一；

(2)永远都设立止损位，减少买卖出错时可能造成的损失；

(3)永不过量买卖；

(4)永不让所持仓位转盈为亏；

(5)永不逆市而为。市场趋势不明显时，宁可在场外观望；

(6)有怀疑，即平仓离场。入市时要坚决，犹豫不决时不要入市；

(7)只在活跃的市场买卖。买卖清淡时不宜操作；

(8)永不设定目标价位出入市，避免限价出入市，而只服从市场走势；

(9)如无适当理由、不将所持仓平盘，可用止赚位保障所得利润；

(10)在市场连战皆捷后，可将部分利润提取，以备不时之需；

(11)买股票切忌只望分红收息(赚市场差价第一)；

(12)买卖遭损失时，切忌赌徒式加码，以谋求摊低成本；

(13)不要因为不耐烦而入市，也不要因为不耐烦而平仓；

(14)肯输不肯赢，切戒。赔多赚少的买卖不要做；

(15)入市时落下的止损位，不宜胡乱取消；

(16)做多错多，入市要等候机会，不宜买卖太密；

(17)做多做空自如，不应只做单边；

(18)不要因为价位太低而吸纳，也不要因为价位太高而沽空；

(19)永不对冲；

(20)尽量避免在不适当时搞金字塔加码；

(21)如无适当理由，避免胡乱更改所持股票的买卖策略。

第四章

电脑交易软件绘图基础知识

为了让读者能够顺利使用电脑绘制各种角度线，方便以后章节的阅读，本章概略介绍免费股票分析软件的下载与使用、在电脑上收集历史数据、绘制江恩角度线等基础知识。

一、免费股票分析软件的下载与使用

随着社会经济的日益进步，电脑已经进入普通百姓的家庭。作为投资理财、看盘交易的必备工具，网上看盘技术分析软件、交易软件的使用，成为我们的必备知识之一。本章用简短的篇幅给初级入门者一些基础的软件使用知识，资深投资者可以直接略过本节进入下一章。

1. 免费看盘软件的下载安装

这里给大家推荐的是一款终身免费软件，供初学者参考使用。在搜索引擎对话框内搜索“通达信”，进入通达信官网，http：//www. tdx. com. cn/，下载通达信，进入如图 4-1 所示的页面。

点击其中的“普通下载”按钮，即可进入如图 4-2 所示的下载界面。

下载完毕，点击安装按钮进入如图 4-3 所示的安装界面。

点击“下一步”，直到安装完成，即可得到如图 4-4 所示的运行界面。

图 4-1　通达信看盘软件的下载

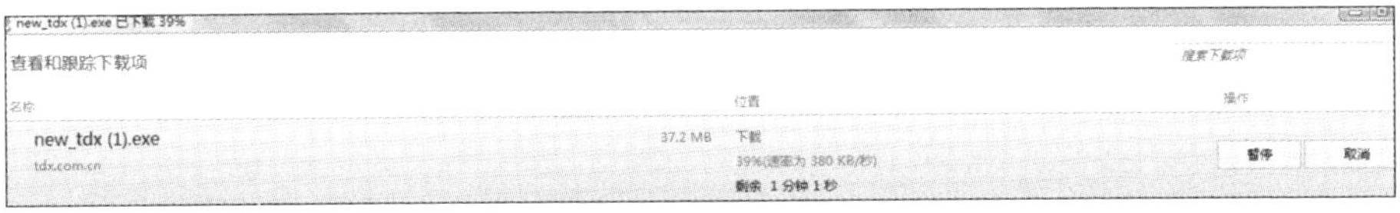

图 4-2　下载界面

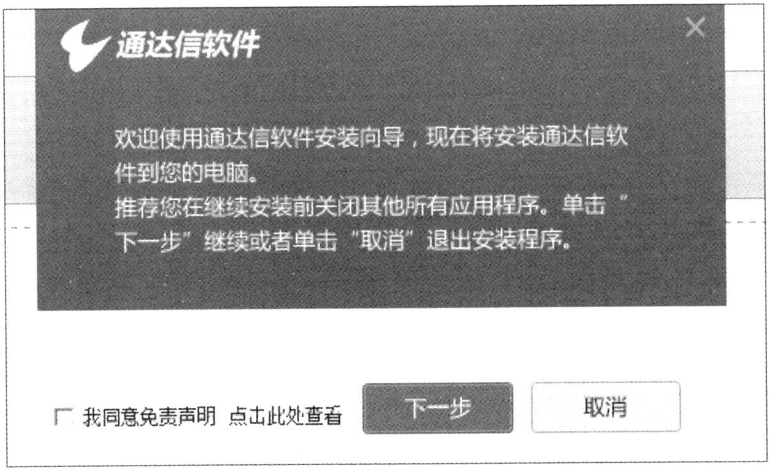

图 4-3　安装界面

图 4-4　运行界面

选其中的“免费行情登陆”，点击登录，一款免费看盘软件即告安装成功可以使用了。

2. 软件的使用

登录后首先看到的是如图 4-5 所示的功能界面。

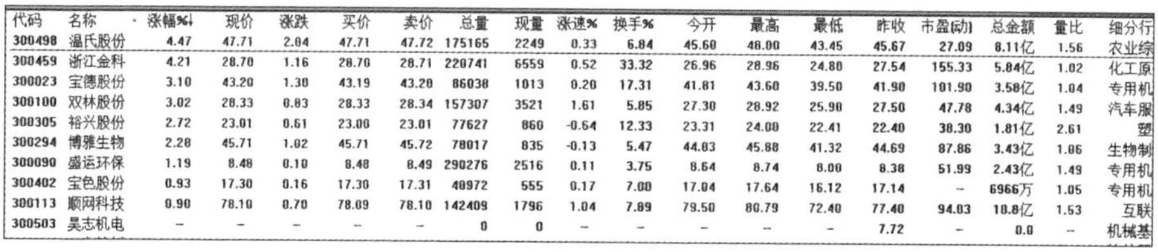

代码	名称	涨幅%↓	现价	涨跌	买价	卖价	总量	现量	涨速%	换手%	今开	最高	最低	昨收	市盈(动)	总金额	量比	细分行
300498	温氏股份	4.47	47.71	2.04	47.71	47.72	175165	2249	0.33	6.84	45.60	48.00	43.45	45.67	27.09	8.11亿	1.56	农业综
300459	浙江金科	4.21	28.70	1.16	28.70	28.71	220741	6559	0.52	33.32	26.96	28.96	24.80	27.54	155.33	5.84亿	1.02	化工原
300023	宝德股份	3.10	43.20	1.30	43.19	43.20	86038	1013	0.20	17.31	41.81	43.60	39.50	41.90	101.90	3.58亿	1.04	专用机
300100	双林股份	3.02	28.33	0.83	28.33	28.34	157307	3521	1.61	5.85	27.30	28.92	25.90	27.50	47.78	4.34亿	1.49	汽车服
300305	裕兴股份	2.72	23.01	0.61	23.00	23.01	77627	860	-0.64	12.33	23.31	24.00	22.41	22.40	38.30	1.81亿	2.61	塑
300294	博雅生物	2.28	45.71	1.02	45.71	45.72	78017	835	-0.13	5.47	44.03	45.88	41.32	44.69	87.86	3.43亿	1.06	生物制
300090	盛运环保	1.19	8.48	0.10	8.48	8.49	290276	2516	0.11	3.75	8.64	8.74	8.00	8.38	51.99	2.43亿	1.49	专用机
300402	宝色股份	0.93	17.30	0.16	17.30	17.31	40972	555	0.17	7.00	17.04	17.64	16.12	17.14	–	6966万	1.05	专用机
300113	顺网科技	0.90	78.10	0.70	78.09	78.10	142409	1796	1.04	7.89	79.50	80.79	72.40	77.40	94.03	10.8亿	1.53	互联
300503	昊志机电	–	–	–	–	–	0	0	–	–	–	–	–	7.72	–	0.0	–	机械基

图 4-5　功能界面

在这个界面里，可以实现以下许多的功能。

（1）查看行情：直接输入股票代码，比如 300104，或者股票字母的首拼，如乐视网，直接输入 lsw，点击回车即可进入看盘界面。

（2）按回车键，可以切换查看当日的行情和历史 K 线图。

(3)按 F8，可以切换日线、周线、月线和分时 K 线，比如 60 分钟线、30 分钟线、5 分钟线。

这个功能是很有用的，我们过去收集一个品种的历史数据，需要跑很多趟图书馆，比如铁矿石历史数据，很难找全，但是在这里轻点鼠标，即可实现。需要指出的是，收集全部历史数据，是本书进行分析的一个基本手段，大家务必做到熟练使用。

二、如何在通达信软件中绘制江恩角度线

1. 打开软件绘图工具

如图 4-6 所示，在 A 字母处，点击“工具”，将其中的“工具栏”处的小勾点选，就会在右侧 B 处看到一个小铅笔模样的绘图工具图标，点击它，界面上就会出现 C 处的绘图工具栏，好了，我们需要的工具已经具备。

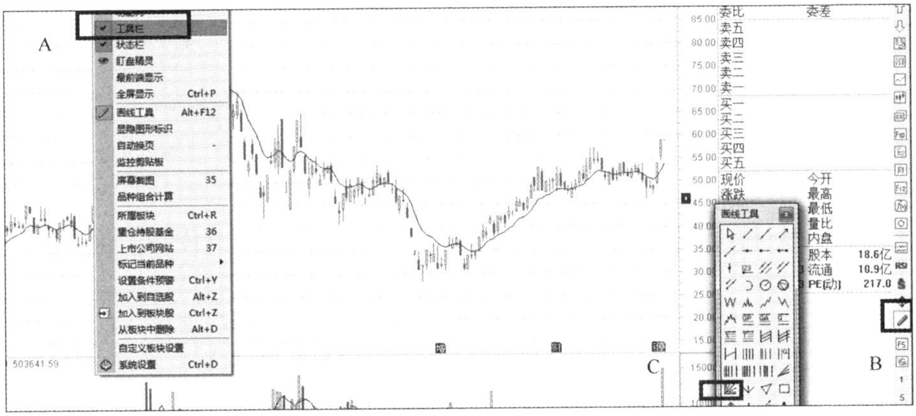

图 4-6　绘图功能键在软件中的位置

2. 绘制江恩角度线

如图 4-7 所示，在图中字母 P 处有一个射线状的绘图图标，点选它，图标会凹下去，同时界面上会出现一个小手状的图标，随着鼠标晃动它可以随处移动，将这个小手移到我们期望画图的起点，比如图中 Q 处的明显局部高点，点压住鼠标左键不松手，将鼠标向右下拉动，这时屏幕上 Q 点固定，同时会出现一个小黑点随同你上下左右拉

动鼠标而移动，当直线 QR 落到你想要的位置时，松开左键，整组射线便会固定在你想要位置。

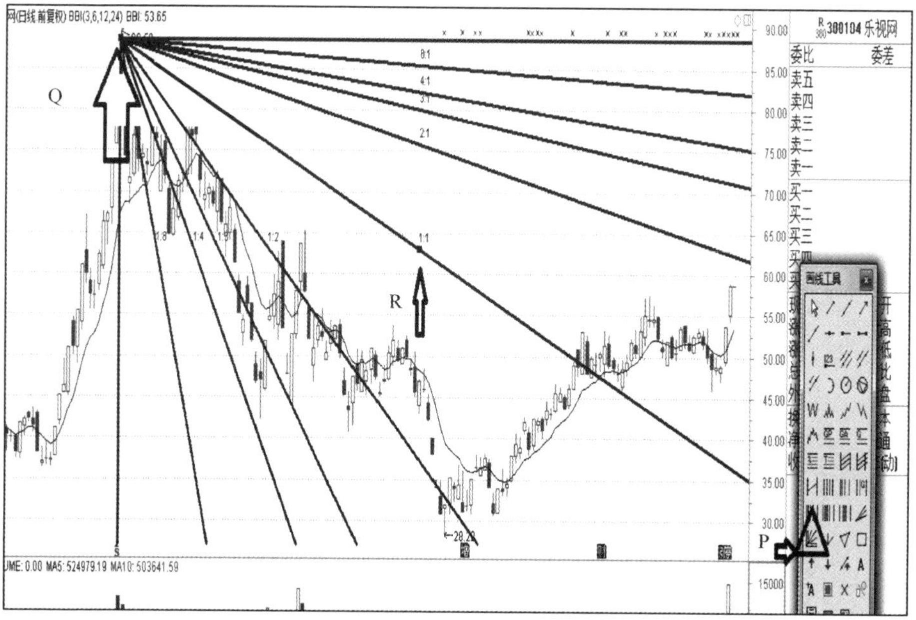

图 4-7　如何制作江恩角度线

三、江恩角度线的压缩与放大不影响其中的比例关系

如图 4-8 所示，图 4-7 绘制完成后，点按键盘上的“↓”键，该图会整体被压缩，但是图中已经确立角度线的比例关系不再变化。

同理，点按“↑”键，整体图形会被放大，但比例关系不变。这为我们未来的深入研究提供了技术基础。

具备上述基础的技术知识后，让我们首先进入对金融市场波动内在规律的探索，尤其是对波动曲线连续生长运行的几何模式和自然法则的探索。

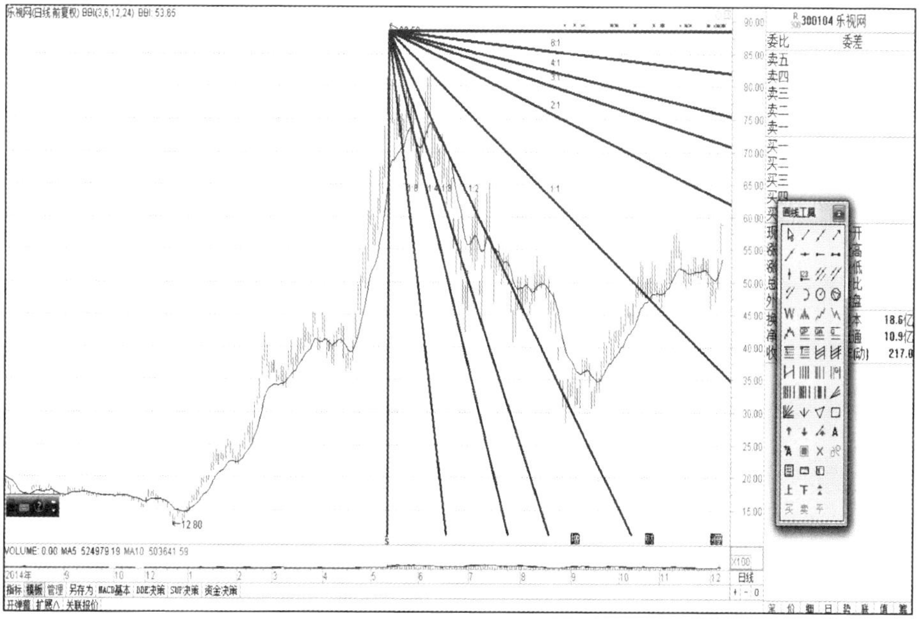

图 4-8　江恩角度线不随界面压缩放大而变化

第二部分

江恩时空操盘系统的数理基础与实战对策系统的建立

江恩曰：当时间和价格形成正方，转市就在眼前

研究表明：这不是文学语言，是数学定理

第五章

时空因子的发现

好了，亲爱的读者，在接下来的章节，让我们首先走进一个神奇的探索之旅，我们以最基础的、人们耳熟能详的日常 K 线图形为基础，去观察、研究市场在漫长的交易历史中各个复杂的波动形态，研究其中有没有一些可以用数学描述、并且经常重复出现、可以对我们操作起到指导作用的规律性东西。这些规律性东西被挖掘出来之后，我们以此为依托，建立起江恩时空操盘对策系统。

为完成这个奇妙的探索过程并建立起一套独特的，和以往任何理论都具有质的区别的市场分析理念和以此为基础的全新的交易对策系统，让我们先抛开技术指标、价值分析那些传统的市场分析理念，将大脑“格式化”。在这里，您只需具备一点儿江恩角度线方面的基础知识、一点儿艾略特波浪理论的基础知识、一台装有证券接收系统、能够比较方便看到历史交易数据的电脑(见本书第一部分)，当然，还要有思考的头脑。

一、一些奇异现象的发现以及时空因子概念的引入

打开看盘软件，我们随机去打开几张 K 线图，会观察到一些神奇的现象(注意，是随机选取，而不是刻意去寻找的固定的某几个品种，也不是某个品种的固定的某个历史时段)。

1. 上证指数的神奇巧合

让我们打开 K 线图，从头浏览，或许你第一个打开的是上证指数图谱(图 5-1)，让我们从 1993 年 2 月的最高点 1558 点做下降江

恩线，使得 1∶2 线的第二点在 1994 年 7 月 29 日的最低点 325 点上（线 AB），即用前历史高点和此后的极限低点先固化一组江恩角度线。

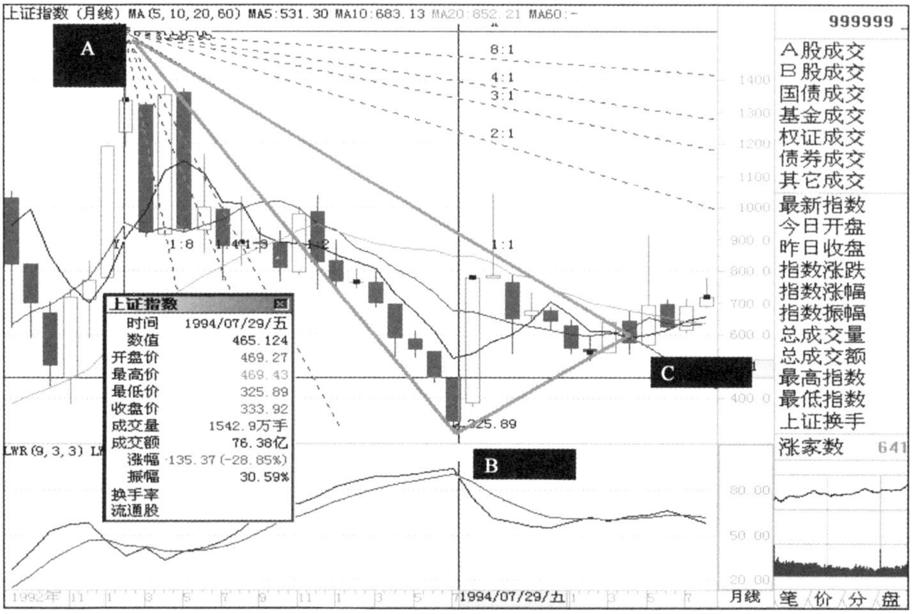

图 5-1　巨幅反弹的压力位与江恩角度线

这两点的选取遵循了以下原则：任何人在研究历史品种的杂乱波动时，只要遵循了同样的规则，选取到的点是一致的，以下所有的品种研究都遵循了这个原则。

我们发现，接下来的强反弹，上涨完美到达 1∶1 线，并在这里结束（图 5-1 中的 AC 线）。

2. 豆粕主升浪的高度与角度线

再看一个期货市场的例子。

看图 5-2 的豆粕长期趋势图，连接此前的历史低点 Q 和阶段低点 A，将 QA 确定为江恩 1∶1 线，10 个月后，股价完美到达 1∶2 线，并从这里构筑一个月线级别的顶部后，开启了一个大的下跌周期。

值得说明的是，这里取点的原则和图 5-1 是一样的，取点、画线

图 5-2 豆粕主升浪高度与角度线

不因研究者的不同而不同。任何人、任何时候来研究，结果都是一样的，而且同样具有长远的预测性。

建议读者打开电脑及看盘软件，对书画图，对图质疑书中的观点(后面的图同样符合这些原则，不再重复)。

3. 棉花

图 5-3 为看棉花的长期图谱，将历史高位的 H 点和阶段性新低点 A 点连接，定义 HA 为 1∶1 线，在经历一年半漫长的盘整后，股价刚触及 2∶1 线，时空一旦到达，便开始了一段创新低的流畅下跌过程。

4. 外汇：美汇加元

再看一组汇市的例子：图 5-4 为美汇加元的月线图，定义图中 LH 为 1∶1 线，股价在 2∶1 线支撑线，走出一段流畅上升行情。

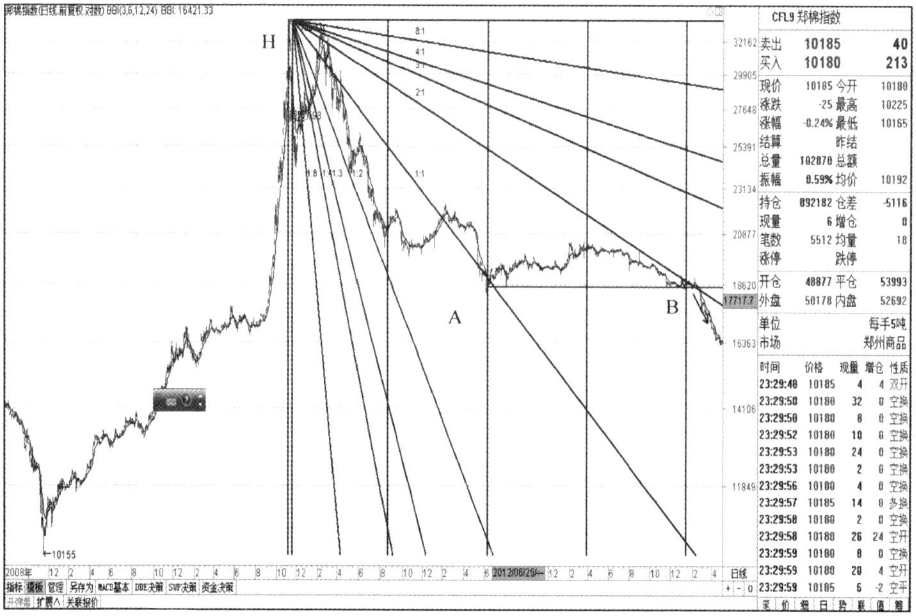

图 5-3　郑州棉花长期指数图

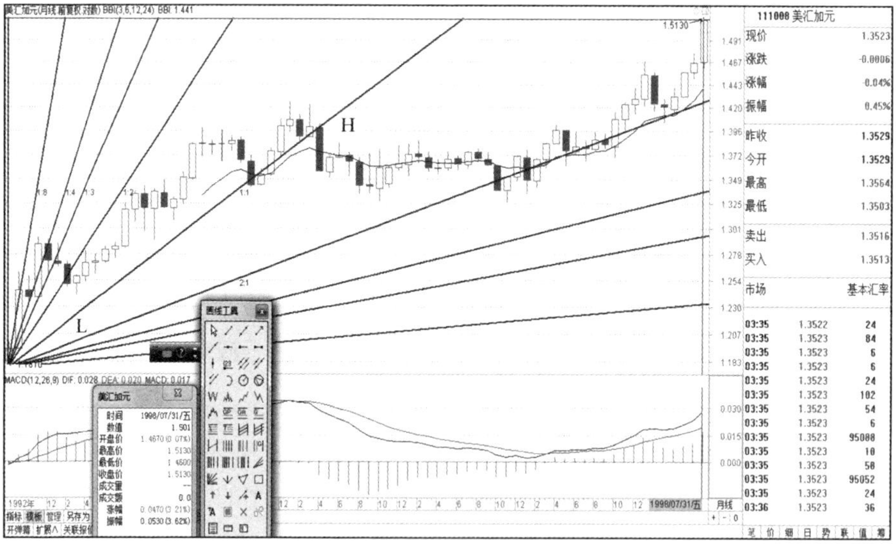

图 5-4　汇市盘整的时间与角度线

心急的读者可能已经发现，图中这些简单的江恩角度线已经具备了神奇而强大的预测作用，即：我们只要确认了两个关键点，就可以预知未来。单独的这一个发现，加上足够的耐心，你就已经有了一个神奇的尺子丈量未来，并在市场中获利，而且是巨大的获利。但是这些只是问题和秘密的冰山一角，特别是起点的选取和 1：1 线如何确定，必须建立起最宏观的数学框架才能解决，这些将在后面的实战章节进行深入阐述。

二、无时不在、无处不在的“尺子”

以上的发现带来了更多的问题。我们现在关注的是，这种预测作用是偶然的现象，还是普遍存在的真理。因为这不仅具有实战的价值，更深入的意义在于对自然规律的认知。因为科学家和大部分的研究者都认为，证券市场是一个随机地市场，具有不可预测性。

真的存在一个脱离人类现有科学的认知，在存在与演化之间，确实存有可以计算的数学路径吗？这个自然法则是到处都存在的吗？如果存在，在其他的巨型系统的演化生长中，是不是遵循同样的规律？

根据笔者的研究，答案是肯定的，在稍后的章节，我们可以看到，应用江恩线，可以对 2000 多年来中国人口增长曲线图进行分形，可以提前数百年，精确预测到清朝鼎盛时期的人口数。

这和传统认知是矛盾的，是具有颠覆性的。

如果是，这个数学框架的理论依据是什么？又能否应用到市场的交易实战呢？

为揭开这个谜团，我们的研究实际上才刚刚开始。

我们再看一些不同分时 K 线的例子，特别是从大周期全数据的月线，直到 1 分钟 K 线的例子。

1. 月线级别的高度预测

图 5-5 为菜粕上市后的月线图，图中 2：1 线确立后，1：1 线完美预测了 10 个月后的高点。

2. 分时周期下的神秘巧合之一：5 分钟 K 线图

接下来看小级别上的情况。图 5-6 为广利科技。在 5 分钟 K 线图中，以 QH 为 1：1 线，由 H 点提前 34 根 K 线预测到了重要低点

LOW，这里适时介入，在一个交易日后获利在15%以上。

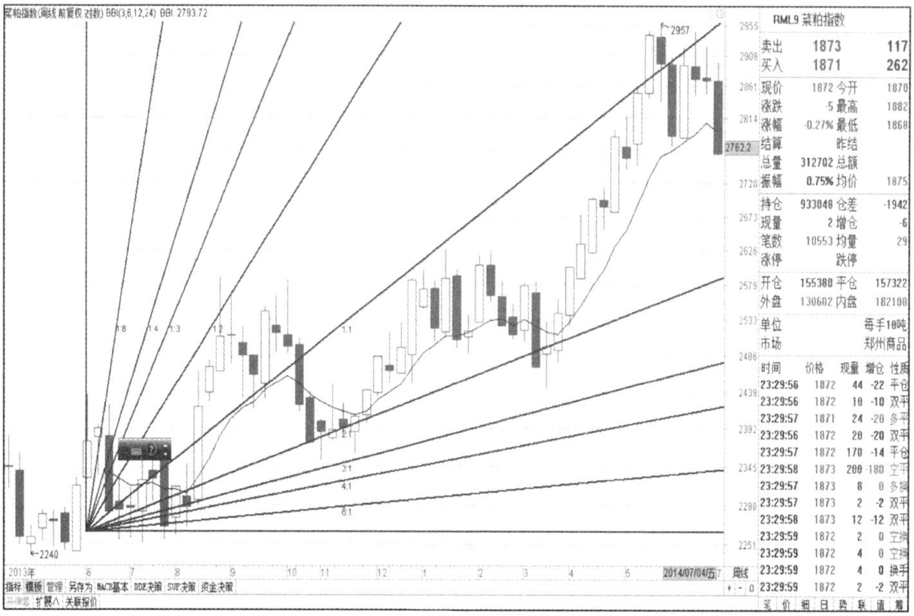

图5-5 菜粕月线的高度与江恩角度线

图5-6 5分钟回调的深度与角度线

3. 分时周期下的神秘巧合之二：1 分钟 K 线图

再看更细微级别的，图 5-7 为秀强股份 2016 年 2 月 23 日 14：52 分至 2 月 25 日 10：00 点的 1 分钟 K 线图。

图中，H1 点是上次反弹的阶段性高点，唯一而且确定，连接前高点和 H1 点，构成 1∶1 线，在此后创出新低后，1∶2 线完美预测到了止跌位。

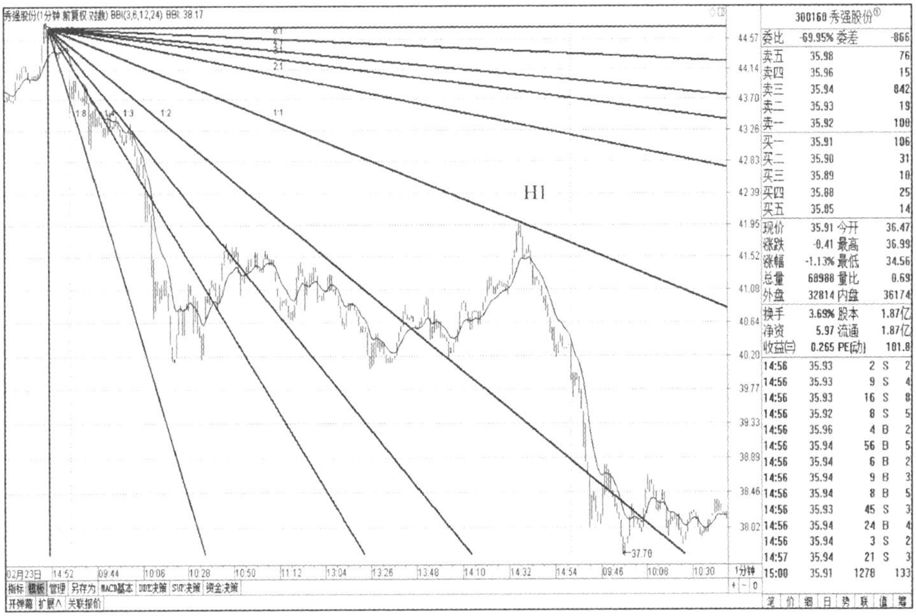

图 5-7　1 分钟级别下跌的深度与角度线

综上所述，我们发现，这些奇异现象不仅存在于不同品种，而且存在于不同时间周期，不同细分级别 K 线之中。

三、无生命运动的自组织形态——时空有序

我们观察到了一种有序性。

在时间和空间的比例上，从图形演化生长中拐点出现的时间上，从图形演化的时空比例上（见下一章），我们似乎看到一种神秘的相似性，看到了不断重复演化的时空重演，看到了某些特定条件下的

"时空有序"。

这些现象似乎和耗散结构、和无生命复杂系统在时间、空间维度上的生长演化具有某些相似性，有着千丝万缕的联系。

1. 贝纳德水花

1900年，法国学者贝纳尔德(Benard)观察到：在一个平坦的锅里盛上一薄层水，在锅的下面慢慢均匀加热，开始时，锅内会出现一些不规则运动的小气泡，随着热量的增加气泡增多，当达到一临界值的时候，原来不规则运动的气泡突然变成了有规则的、呈六角型翻转的花纹，而这些花纹又组成一个美丽的图案，这就是著名的贝纳德水花，如图5-8所示。

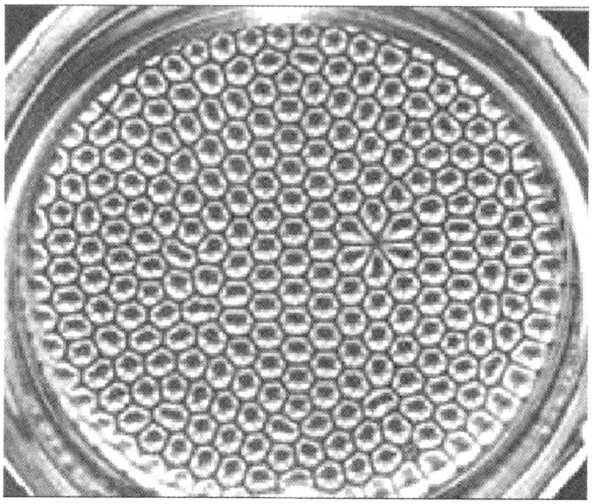

图5-8 贝纳德水花

表面上看来，贝纳德水花并没有多大的惊奇之处。但如果我们深入思考，是什么力量让这些无数的无生命的水分子突然间"自发地"出现了规则运动呢？各处的液体分子怎样协调它们的动作，造成规整的上升区和下降区交替排列的图案呢？这些无生命的东西为什么会出现了一些有生命的特征呢？当给水加热的时候，它的水花也应当是杂乱无章的。那么，当你看见那些水花突然自发的出现了规则的图案，并且呈有序运动，你是否会惊奇，并认为那是上帝的杰作，是否看到了生命中最原始的基因呢？这个实验似乎让我们看到了无数水分子后面那无形的自然之手。

2. 云街

在一般情况下，云团的运动是杂乱无章的，是无序的运动。但在一定条件下，平常无规则的云团突然会像步兵排队一样，形成整齐的“队列”，形成有序结构，如图 5-9 所示。

图 5-9 云街

在水蒸气、空气分子和某些大气环流的推动下，在这个存在“非常非常多”的个体(空气分子)、而且每个个体相互影响的开放系统中，个体和整体之间出现了相互关联的因果联系；它们之间的相互影响导致了庞大群体自身无序运动在宏观上出现了有序，自发地出现了有序的结构，如同存在“上帝之手”，无数的个体在外在结构上，出现了“自组织”和时空有序。

那么，在金融市场的交易环境下，在无数交易者个体组成的相互影响、开放的交易体系中，会不会也因为个体和整体之间出现了相互关联的因果关系，导致出现了一定时空比例下的时空有序演化生长？

而以上看到的在角度线之间生长演化的股价图表，会不会也仅仅是如同云街般，在宏观大尺度上观测到的有序结构呢？

在“存在”和“演化”之间，探寻由相互影响的、庞大数量个体的宏观运动的规律这个层面，股市也仅仅是这种有序结构的一个特例吗？

如果证券市场波动的生长演化和云街一样，具备一个开放系统的基础条件，是不是也会遵循同样的规律呢？

这个猜想，无疑具有巨大的挑战性和辉煌的研究价值以及实用价值，鉴于本书以实战为导向，相关内容这里只做简要介绍。读者需要知道的是，金融市场正是一个典型的、精致的复杂运动的例子。以耗散结构为代表的一批理论模型开创的对复杂运动的研究活动是20世纪所开创的最伟大的科学活动之一。目前正是方兴未艾之时，有着十分广阔的前景。它是揭示生物进化、社会进化、宇宙进化和一系列化学、物理进化的强大的科学工具。现代人类社会对复杂运动研究的成果集中体现在了获得诺贝尔奖的普里高津先生提出的耗散结构理论。

人们清楚地知道：普里高津所创立的耗散结构理论对于整个自然以至社会科学产生的划时代的重大影响，远远超出了一次诺贝尔奖的价值。

普里高津和他的同事建立的“耗散结构”理论，准确地抓住了如贝纳尔水花、云街、化学振荡反应以及生物学演化周期等自发出现有序结构的本质，首次提出了“自组织”的概念，并且用该概念描述了那些自发出现或形成有序结构的过程，从而在**“存在”和“演化”的两种科学**之间，在两种文化之间构架了一座科学的桥梁。

耗散结构理论除了在化学、物理学、生物学以及其他自然科学中都有重要的应用外，甚至对社会科学的发展产生了重大的影响。美国著名未来学家A·托夫勒(Toffler)在他的《第三次浪潮》一书中指出，耗散结构理论“直接打击了第二次浪潮的假设，是第三次浪潮引起的‘思想领域的大变动’的重要标志之一”。他甚至认为，耗散结构理论可能代表了下一次科学革命。

金融市场的耗散结构特性正逐步被人们认识。

为了观测这个复杂的耗散结构的“运动外观”，我们有必要引入一个类似云街中的“一条街”、或者贝纳德水花中的“一环”、那种具有时空生长演化的全部时空比例、可以用来描述和标注这个运动的一个度量、一个单位、一把尺子，我们暂且把它叫作时空因子。

云街中白蓝相间的时空，我们称其为云街的一个因子。

一环规则排列的水花，我们称其为贝纳德水花的一个因子。

我们把一根角度线到下一根角度线之间所经历的时间和空间综合在一起，把它当作距离测量中的“米”，角度测量中的“度”，这样，我们就拥有了一把测量金融市场波动的“尺子”，我们把它叫作证券市场波动的一个时空因子。

四、时空因子的引入

我们将对立统一思想引入到股市，将一个起和落作为一个整体来研究。像观察云街一样，把漫长的 K 线分段研究，将“时空有序”中的“一起一落”，作为云街的一个街、历史中的一个朝代来研究；用我们新发现的“时空因子”这把尺子来丈量复杂的股市历史数据，一下子，许多惊心动魄的事实便呈现在我们的面前。

综上所述，我们给出本书最重要的一个、全新的时空因子的定义：当股价在某个趋势上流畅运动，当到达江恩角度线的某根角度线时，运动会出现性质的根本改变，我们把这个上升到下降或者由下降改为上升，这两段上升和下降综合在一起的全部时间和空间，称为时空因子。

观察上面棉花、豆粕、上证指数的 1∶1 线和 1∶2 线，这些时空因子的上下线似乎具有特殊的能量。在某些空间和时长内，股价当遇到阻力线时运动模式就会发生剧烈而显著的改变，比如由直线上升缓慢下降，缓慢上升改为震荡，或者由缓慢下跌改为直线拉升，等等。

在图 5-1 中，我们定义三角形 ABC 之间股价波动所经历的全部时间和空间称作一个时空因子。

五、时空因子作用及初步应用

关于时空因子的作用，我们再看几只股票的例子。

1. 上证指数时空因子下线的支撑作用

上证指数从 1996 年 1 月的阶段低点 512 点出发，做上升江恩线，让 1∶2 线的上点落在 1997 年 3 月产生的阶段高点的位置，我们发现，1997 年 9 月上证指数在触及 1∶1 线后，沿 1∶1 线(图中的 AC 线)完美上行了 11 个月(如图 5-10 所示，上证指数时空因子下线的支撑作用)。

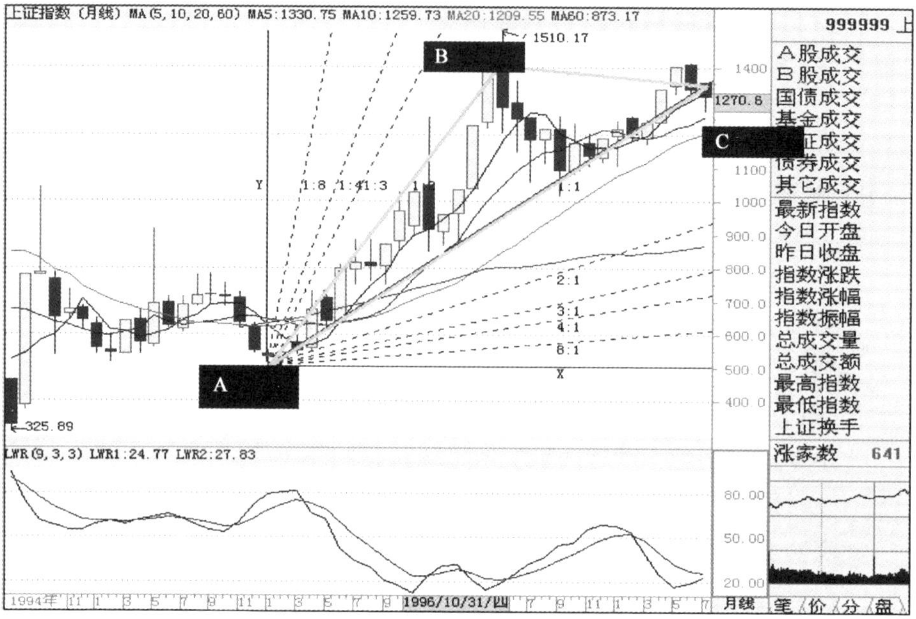

图 5-10　时空因子线的支撑作用

2. 时空因子线的压制作用

再随机地抽取个股作为例子：青岛啤酒(图 5-11)。

从 1994 年 7 月的最低点 A 开始做上升的江恩线，让 1：1 线落在 1999 年 2 月的最低点上(图 5-11 青岛啤酒：时空因子线的压制作用)。

我们再次震撼性地发现，从 B 点开始的上升，直接到达 2：1 线(AC)线，在翻越后大幅震荡并回落到 2：1 线附近，震荡 22 个月之后重新选择向下，并回到 1：1 线附近才选择止跌。

3. 时空因子线对反弹的压制作用

如图 5-12 所示，美元对欧元从 1995 年 4 月的高点 1.435 做下降江恩线，让 1：1 线的低点落在 1997 年 8 月的阶段低点 1.0872，你会发现，在反弹到 2：1 线后震荡 3 个月后继续下行。在漫长的波动中，强劲的反弹遇见时空因子上线便戛然而止。

图 5-11　青岛啤酒：时空因子线的压制作用

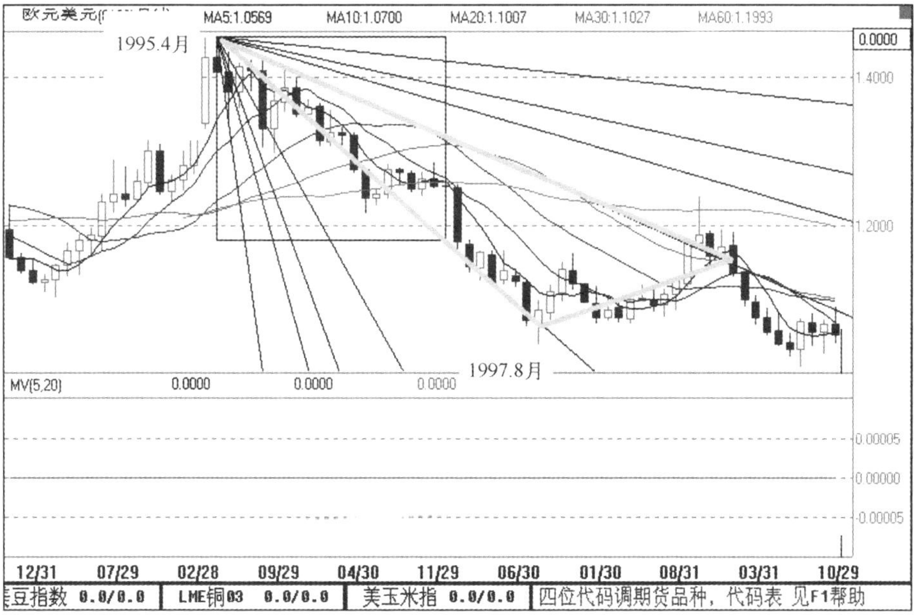

图 5-12　时空因子线对反弹的压制作用

注意：以上这些例子不是个例，也不是某些特定的时段。它普遍存在于各种证券交易品种之中，其广泛性是无股不在，无时不在，无处不在。也就是说，从统计学的角度来看，它们具有以下特征：

(1)每个品种都存在；

(2)每个时刻都存在；

(3)没有脱离开时空因子而独立存在的时间和空间。所有波动的时间和高度，都是某个大型或者小型时空因子的一部分。

当你随意地拿到一只K线图的形态，如果有意识地去观察一下，这样完美地完成一个时空因子反弹，并完美地结束于这里的反弹或者回抽，俯首皆是。

备注：有的使用了收盘价，有的使用了最高价，为什么会做出不同取舍，这个问题将在以后章节中详细描述，并固化之。

第六章

江恩角度线中隐藏的数学秘密

在上一章中神奇的发现，不仅没有解开我们心中关于证券波动的谜团，反而给我们带来了更多的问题，概括起来主要有以下两个方面：

(1)什么是江恩角度线？他是不是胡乱划出的一组趋势线？为什么江恩角度线中 1∶1 线和 1∶2 线之间的时空与股价波动具有那么多巧合，时空因子为什么选取这样一组线而不是其他？

(2)江恩线是客观的，1∶1 线确定后则内部时空比例和延长线对遥远未来有规划和预测作用，那么，为什么其具有如此神奇的预测作用，里面隐藏了什么神奇的力量和秘密？

一、江恩角度线与黄金三角形

时空因子的引入是本书后面所有研究的基础，在此之前，我们有必要先看一下时空因子到底隐藏了什么样的自然秘密，时空因子中隐含了哪些数学的法则。

在第四章中，我们已经简单介绍了江恩角度线的画法，我们也学会了在电脑软件中如何绘制江恩角度线，这里，我们要深入介绍一下江恩角度线的绘制原理。

江恩角度线实质上是一组具有固定数学比例的射线，如图 6-1 所示。最初的角度线是用手工绘制的，横轴代表时间，一根 K 线代表 1 天(即一个周期，为方便说明，使用“天”做例子，下同)纵轴代表价格，一个单位代表特定的价格高度。

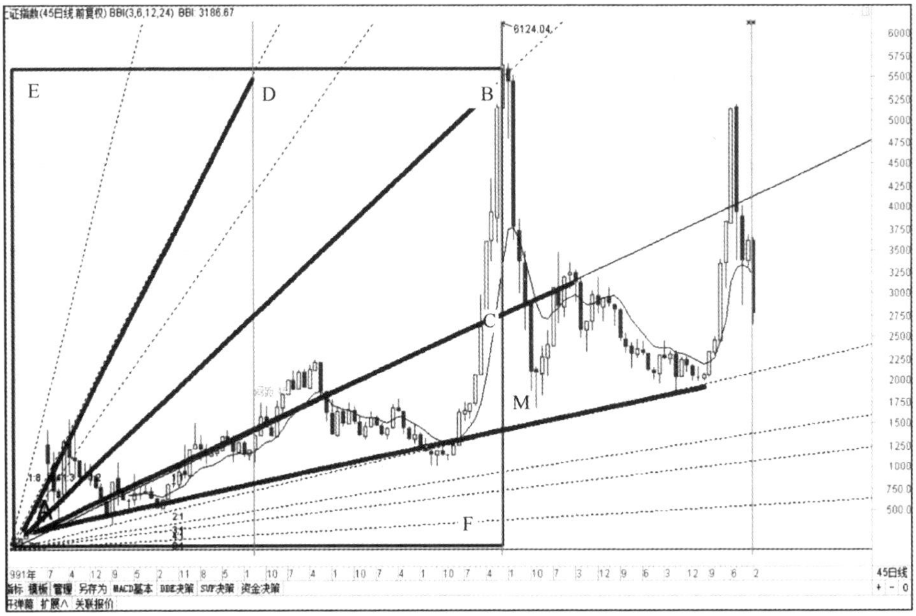

图 6-1　江恩角度线的手工绘制方法

为了直观，图中的 K 线周期为 45 日线。图中的大正方形是正规江恩角度线的基本画法，其中，D 是正方形 AEBF 的上边 EB 的中点，C 是 BF 的中点。

ED=BD，BC=CF。

连接 AC，构成了 1∶1 线；

连接 AB，构成了 1∶2 线；

连接 AD，构成了 1∶4 线；

连接 AM，构成了 2∶1 线。

图中，AEBF 构成了一个正方。

我们用几何的方法，可以计算出几个重要的角度。为节省文字，大家可以用平面几何的公式自己测算一下，这里不再赘述：

角 DAC=角 DAF-角 CAF=CTN(2/1)-CTN(1/2)=36.87°

注意下面两个概念，江恩的时空观里，时间和价格是可以互换的，一旦时间和价格的比率确定，时间和价格具有同等的作用。在这里，时空是一个概念，时间就是空间，空间就是时间，价格就是时间。这样，现在从图中，去掉时间的概念，横坐标也可以看成价格。

再回头看这个角 DAC = 36.86°，约等于 36°；

又因为：AD = AC

故三角形 DAC 构成以 36°为顶角的等腰三角形，其内角分别为 36°、72°、72°，数学上，叫作黄金三角形。

这是国内乃至国际上本书首次提出的一个概念：江恩角度线中隐藏着大量的黄金三角形。

二、黄金三角形的奇妙性质与黄金分割

黄金三角形有许多奇妙的性质，这种三角形既标准又美观。他的底与腰之长之比为黄金比：$(\sqrt{5}-1)/2$。就是我们常说的黄金分割比 0.618。当底角被平分时，角平分线分对边也成黄金比，并形成两个较小的等腰三角形。这两三角形之一相似于原三角形，而另一三角形可用于产生生长形螺线。

三、黄金分割与数之美

“黄金律”历来被染上瑰丽诡秘的色彩，被人们称为“天然合理”的最美妙的形式比例。天文学家开普勒说：勾股定律是科学中的黄金，而黄金分割律可能是科学中的钻石。

黄金分割点的一种方法让我们首先从一个“兔子问题”的数列开始，假定一对大兔子每一个月可以生一对小兔子，而小兔子出生后两个月就有生殖能力，问从一对大兔子开始，一年后能繁殖多少对兔子？这导致了著名的“斐波那契数列”的产生：1、1、2、3、5、8、13、21、34、55、89、144……，这些数被称为“斐波那契数”。特点是：除前两个数值为 1 之外，每个数都是它前面两个数之和。

相邻两个斐波那契数的比值是随序号的增加而逐渐趋于黄金分割比 0.618……由于斐波那契数都是整数，两个整数相除之商是有理数，

所以只是逐渐逼近黄金分割比这个无理数。但是当我们继续计算出后面更大的斐波那契数时，就会发现相邻两数之比确实是非常接近黄金分割比的。不仅这个由1，1，2，3，5……开始的“斐波那契数”是这样，随便选两个整数，然后按照斐波那契数的规律排下去，两数间比也是会逐渐逼近黄金比的。

黄金律不仅是构图原则，也是自然事物的最佳状态。中世纪意大利数学家费勃奈舍发现，许多植物叶片、花瓣以及松果壳瓣，从小到大的序列是以0.618：1的近似值排列的，这即是著名的“费勃奈舍数列”。

现代科学家还发现，当大脑呈现的β脑电波的高频与低频之比是1：0.618的近似值(12.9赫兹与8赫兹之比)时，人的身心最具快感。甚至，当大自然的气温(23°)与人的体温37°之比为0.618：1时，最适宜于人的身心健康，最使人感到舒适。另外，数学家们为工农业生产制度的优选法，所提出的配料最佳比例、组织结构的最佳比例等等，也都大体符合黄金律。

在五角星中可以找到的所有线段之间的长度关系都是符合黄金分割比的。毕达哥拉斯学派成员每人佩带一枚正五角星徽章。今天全世界42个国家的国旗上都有五角星，这种特殊的几何图形具有超越时代和地域的美。

四、黄金分割之静到螺线生长之动——黄金律到自然律

螺线特别是对数螺线的可以用指数的形式来表达：

$$\varphi k\rho = \alpha e$$

其中，α和k为常数，φ是极角，ρ是极径，e是自然对数的底。为了讨论方便，我们把e或由e经过一定变换和复合的形式定义为“自然律”。因此，“自然律”的核心是e，其值为2.71828……是一个无限循环数。

当对数螺线：$\varphi k\rho=\alpha e$的等比取黄金律，即k=0.0765872，等比P1/P2=0.618时，则螺线中同一半径线上相邻及半径之比都有黄金分割关系。事实上，当函数f(X)等于e的X次方时，取X为0.4812，

那么，$f(X)=0.618\cdots\cdots$

因此，黄金律被“自然律”逻辑所蕴含。换言之，“自然律”囊括了黄金律。

黄金律表现了事物的相对静止状态，而“自然律”则表现了事物运动发展的普遍状态。因此，从某种意义上说，黄金律是凝固的“自然律”，“自然律”是运动着的黄金律。

五、大自然中无处不在的螺线生长

1. 宇宙星系的螺线生长演化

星空星际演化的螺线模式（图 6-2）表明，大自然中，按照黄金分割、黄金三角形、螺线法则生长演化，可能是某些开放系统共同遵守的基础法则。

图 6-2 螺线星空

“自然律”是形式因与动力因的统一，“自然律”永远具有不能穷尽的美学内涵，因为它象征着广袤深邃的大自然。正因为如此，它才吸引并且值得人们进行不懈的探索，从而显示人类不断进化的本质力量。

“自然律”一方面体现了自然系统朝着一片混乱方向不断瓦解的

崩溃过程，另一方面又显示了生命系统只有通过一种有序化过程才能维持自身稳定和促进自身的发展的本质。

证券交易市场的生长演化，是不是也遵循这样一些法则，这个给我们留下了无穷的思考。

此外，当代最新的一些研究显示，黄金比率在时空的拓扑结构中也有发现，甚至影响着整个宇宙。这个比率可以将宇宙中的一切事物联系到一起，从时空到化学，再到生物。该研究是由南非比勒陀利亚大学的扬·布因思博士和威特沃特斯兰德大学的弗朗西斯·萨克里博士共同完成的。他们说，可以看出黄金分割率——0.618“不仅与数学方面有关，还与物理、化学、生物及时空的拓扑结构有关”。

2. 植物的螺线生长

许多植物属于一些更为复杂的螺旋结构。它们(从松果到菠萝)的茎、皮和籽实都显示了奇特的螺旋规则，这些规则在数学上极为精确。例如，向日葵的种子都按螺旋形排列，一些呈顺时针，一些呈逆时针。

植物学家发现，在自然界中，这两种螺旋结构只会以某些“神奇”的组合同时出现。比如，21个顺时针，34个逆时针，或34个顺时针、55个逆时针。有趣的是，这些数字属于一个特定的数字列：斐波那契数列，即1，1，2，3，5，8，13，21，34等，每个数都是前面两数之和。

植物怎么能“知道”这个深奥的序列呢？科学家为此苦苦思索了几个世纪。迄今为止最好的解释是在1992年由两位法国数学家伊夫·库代和斯特凡尼·杜阿迪提出来的。他们证明，斐波那契数列使花朵顶端的种子数最多。

3. 动物身上的螺旋

这些螺旋也是自然界中最普通的螺旋。例如，6500万年以前和恐龙一起灭绝的海洋生物菊石就是属于阿基米德螺旋。另一种螺旋称作对数螺线。菊石的现代亲戚、生长迅速的鹦鹉螺，其外形就是一种巨大的对数螺线。

4. 生命的螺旋

将近半个世纪以前，探索生命之谜的科学家发现了所有螺旋中最著名的一个：DNA 的双螺旋结构，也就是人体每个细胞内部的复杂的遗传分子；这些分子中的代码包含了建造、控制、维持生命机体所需的一切信息。

X 光技术显示，DNA 分子是一种呈螺旋状的阶梯结构，阶梯的“栏杆”由碳水化合物和磷酸盐构成，“台阶”则由腺嘌呤、胸腺嘧啶、鸟嘌呤和胞嘧啶(简称 A、T、C、G)四种基本的化学物质结对而成。每个台阶都由同样的化合物组合而成：A 永远与 T 相配，C 则永远与 G 相配。

科学家已经发现，这种搭配方式能够使 DNA 修正关键遗传信息中的缺陷：如果附着在 DNA 一条单链上的四种化合物之一有缺损，检查另一条单链上与之配对的化合物就可以将缺损化合物识别出来；于是，细胞复制出一个新的拷贝，从而减少了畸形的发生。

六、总结

当江恩角度线、时空因子、黄金三角形等全部都和螺线联系起来时，我们就有了新的视野。

我们遵循耗散结构这样一个由存在到演化的科学理论(已经为科学界所证明)，手执一把神秘的尺子(时空因子)，一把包含了黄金比率、黄金三角形这个世间万物生长所遵循的数学比例的尺子，去“测量”金融波动，去观测这个由无数有生命的个体交易、博弈留下来的一条神秘交易曲线，我们的研究正逐步接近这个令人惊悚的神秘的自然之门。

关于螺线生长和黄金分割不是本书阐述的重点。但是，在我们依据耗散理论选取的时空因子这把尺子却和宇宙的生长比率有着某种联系，这些联系是否代表了股市波动的生长演化和宇宙的生长演化都遵循某些共同的自然法则呢？(本部分内容另有专著论述，在附录部分有所涉及，此处从略)这不能不让我们的思维进入一个更大的视野和一个全新的研究方向。

限于篇幅和文字，本书的重点旨在建立一套科学的、不带个人感情色彩的实战预测系统，并在此基础上建立起一套实用的实战交易系统，这些问题暂不在本书探究范围，暂留作悬念吧。

第七章

牛市生命（NSM）系统的建立

市场的规律隐匿在日常庞杂漫长的交易数据之中。时空因子给了我们一把观察和打开这扇神秘大门的钥匙，但他仅仅是把钥匙。

只有当我们用蕴含了黄金分割、螺线比例的时空因子这把尺子去丈量市场的每一个波动时，一扇崭新的大门才真正向我们打开。

一、时空周期

我们先看一些有趣的现象。图 7-1 为华微电子 2005 年启动前后一段时期的周线图谱。2005 年 7 月 1 日前的股价在 1∶1 线的压制下，股价时阴时阳，变换不定，方向不明，阴线多于阳线。小阴小阳捉摸不定的市场氛围明显能感受到熊市低迷的气氛。

2005 年 7 月 1 日以后，股价翻越 1∶1 线，形势开始变得明朗，多空虽然依然争夺剧烈，但明显地能感觉到 1∶1 线是个分水岭，线下的波动隐晦莫测，线上连拉小阳，多头开始信心满满，逐渐活跃。中间虽有 4 周左右的下跌，但阳线已经占据了主导地位，满园春色已关不住，有虎踞龙盘今胜昔之感呼之欲出，黑暗势力和阳光势力在 1∶1线和 2∶1 线构成的漫长时间和空间里展开对决，图 7-1 中的箭头处，就是站上 2∶1 线的瞬间。多方势力开始喷发，空头力量溃不成军，股价如同奔腾的野马，翻江倒海，绝尘而去，这里才是真正的转折。

注意图 7-1 中的这一组江恩角度线，是以 2004 年以前的最高价和此后的历史低点构成的，是固定的，不是人为确定的，就是说，作

图 7-1 华微电子股价在不同时空区间的特征

为研究者，不能因为不同画线取点的随意性而改变。

读者也可以自己找一些例子，由于篇幅问题这里不再赘述，后面的章节还有论述。

综上所述，我们发现，在不同时空因子线构成的区间里，股价波动具有明显不同的性质，在一定时空内，股价只要没有达到质变的奇点，波动特征基本不变，性质基本相同。

这样，我们首先引入时空周期的概念。

所谓时空周期，在几何意义上是指一组江恩角度线中相邻两条线之间的时空区域。包含了一个起点，两根射线，以及两根射线中间确定的无限的扇形空间，涵盖了时间和空间双重范畴，可以理解为某种力量在时间上的累积，持续在一个时空周期内，波动的性质、形态、方向基本相同。

从图 7-2 中可以直观地看出，时空周期中包含着两大要素：一是价格和能量在时间方向上、横轴方向的积累；二是价格驱动力量在空间方向的积累。

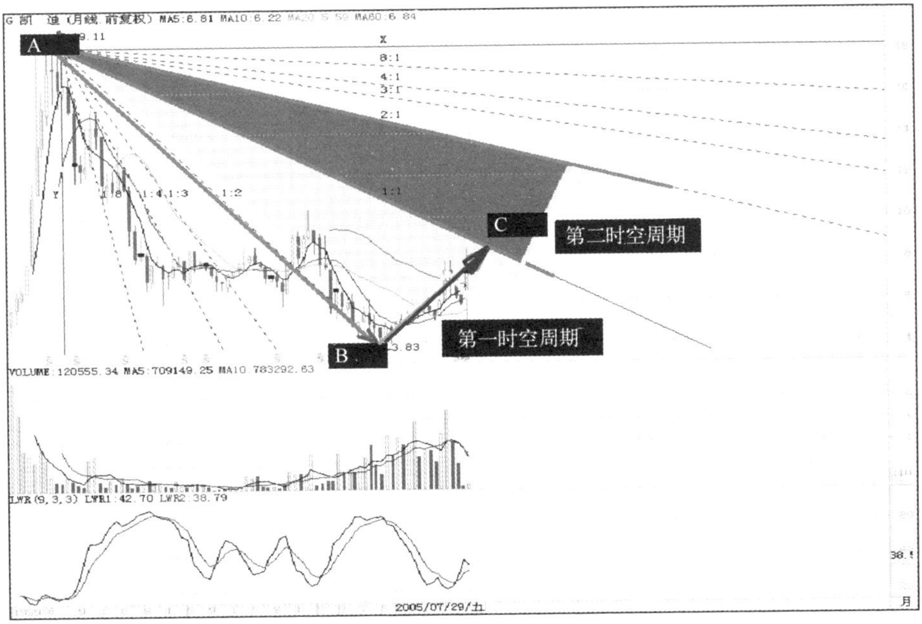

图 7-2 时空周期与扇形空间

换句话说，股价就是多空双方两股力量，在时间和空间的两维区间里斗争所留下的轨迹。

向上的波动，就是我们常说的上升驱动浪，实际上就是在多方力量占据主动时股价向上波动留下的轨迹；其高度，特别是上升的角度和持续的时间代表了多方力量的几何表达。

反之，向下的波动实际上是空方占据主动时留下的痕迹，其高度特别是角度代表了空方力量的几何表达。

震荡则是多空双方胶着在一起，无法分出胜负时段产生的杂波。

实际上，股价未来的发展趋势，就是多空双方两股力量在方向和强度上在未来的合力。

如何求合力呢？

在理论力学中有一个简单而著名的求合力公式，叫作平行四边形法则，如图 7-3 所示。

理论力学告诉我们，两个力合成时，以表示这两个力的线段为邻边作平行四边形，这两个邻边之间的对角线就代表合力的大小和方

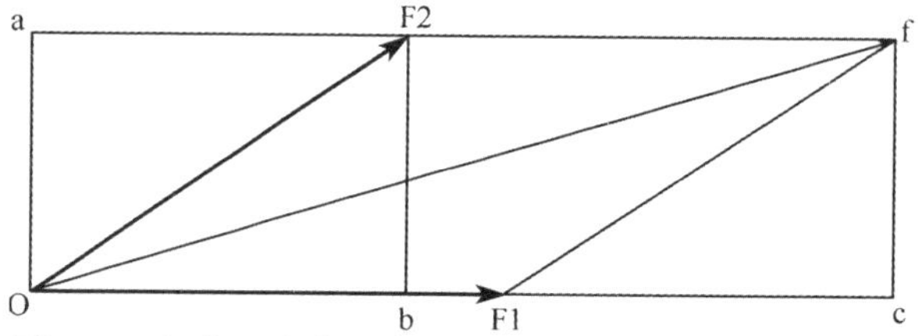

图 7-3　经典理论力学中求合力公式：平行四边形法则

向，这就叫作平行四边形法则。

图 7-3 和我们的江恩角度线形成了极为罕见的巧合，如果角度和江恩角度线的角度一致，将线段变换成射线，谁能说上图的力学平行四边形法则中的 OF1、OF、OF2 不就是一组江恩角度线的中的 1∶2、1∶1、2∶1 这样的三条射线呢。

实际上当初始角度 $<F_2OF_1$ 等于 36°时，合力 Of 正是江恩关于角度线中的 1∶1 线，也正好组成一个黄金三角形。

理论力学的合力法则，为我们的角度线能够预测股价未来的发展方向，提供了一次的理论依据。本部分内容不是本书实战部分的核心，另一部书中将有专题论述，此处从略。

一个时空周期中，反方向能量的汇聚和积累达到临界点时，便会产生质的突破，进入新的时空周期，并且会具有完全不同的运动性质，这和分形研究的某些成果是一致的，因此，我们把一个时空周期内的波动定义为证券市场波动的基本因子，在同一个时空周期内，波动基本具有同样的性质。

时空周期基本包含以下三种类型：

(1)上涨周期，具备阳刚的正能量和攻击性；

(2)震荡周期，反复无常，举棋不定、阴柔而反复；

(3)下跌周期，充满负能量，剧烈的破坏性。

二、时空周期线的应用——建立牛市生命线(NSM)系统和熊市生命线(XSM)系统

市场能量的持续如同生命一般，会坚持自己的方向和风格，为了一个趋势能够持续下去，股价的波动将具有边际和底线，一旦波动出

轨，则可能开始了新的质变，旧的趋势被打破，新的趋势已经产生。

为了能够用数学和几何的量度对趋势进行规划度量和描述，我们下面将引进牛市生命线系统这一个崭新的市场规划系统。

顾名思义，牛市生命线系统（NSM 系统），就是牛市维持所必须坚守的底线。构建这样一个系统是一个异常艰巨的任务，因为这意味着日常波动定量化研究的开始，意味着你破解了某个波动的高度和未来。

传统研究者很可能马上想到了趋势线。如果你仅仅是随意画了一根或者一组趋势线，那说明你很可能并不能理解市场真正的含义，也就是说，如果市场跌破了某趋势线，你也不知道市场是出现了质的变化还是依然仅仅是系统内正常的波动。

这是困扰趋势交易者的一个基本问题。

江恩虽然留给我们的是千古之谜，我们无法完全破译，构建这样一个系统也无法照抄照搬前人的系统，但是江恩角度线本身已经给出了我们一把功能强大的钥匙。

我们如果要想取得超越市场的成就，则必须不拘泥于古人，不唯书，不唯古，只唯是。由继承到创新发展才是更宝贵的财富，才是我们进步的唯一正确之门。

破译角度线和江恩波动率不是本书的主要内容，甚至不是我们的目标。在本书中，角度线也仅仅被我们用拿来主义的思维，作为一个基础工具而使用，用它的科学成分做我们系统的一个小小的基石，在本书最后的章节中给出了波动率的数学表述。

应当讲，在本书所阐明的江恩时空交易对策体系里，角度线是一个最常用、最基础的工具，但它的作用也仅仅是个手段，而不是目的，所有研究者不可不察。

我们的目的是建立一套对市场所有运行都能够进行数学规划的、对于不同走势位置、走势特征、时空浪型，系统都有它自己交易对策和仓位控制体系。

破解江恩波动率是我们这个系统的一个副产品而已。

任何交易系统必须构建在科学的数学系统基础之上、与市场的走势高度吻合，才能够取得我们预期的效益。而角度线、时空区间仅仅是这个数学系统的一把尺子和小小的边缘性内容。

简单说，仅仅只是个工具。

但是，当我们仅仅将这个小小角度线中的科学成分发掘出来之后，我们发现，用这把尺子中所蕴含的科学成分来构建我们自己的系统，来丈量、分析所有的波动，最诡异的秘密即将被我们挖掘出来。

深入的研究发现：时空周期和时空区间，就是多方或者空方力量延续或者衰竭或者即将被替代的分水岭，就是分形面临的重要奇点。

这个数学概念有望让我们将趋势、杂波、浪、上升浪、下降浪等一系列文绉绉、空洞而无法把握的日常概念数字化，构筑一套崭新的数学语言。

注意，在后面阐述的江恩时空交易对策系统里，所用的浪、趋势等词汇仅仅是一般意义上描述，和此前任何专门研究所做的定义都没有联系，内涵也完全不同，包括艾略特先生的波浪理论。之所以强调这点，是因为在你应用这套系统时，除了吸收一些必要的基本规则外，必须把传统的思维都暂时放在一边，你才能理解这套系统的核心。

附带说明的是，我们在此后的内容里，将使用一定的篇幅对艾略特波浪理论进行数字化，这个宏大的课题将在后面略有涉及，未来有专著论述。

如果说本书有一定价值，这个价值也许仅仅在于此：那就是它提供了一把新的尺子，这把尺子可以和其他理论相互结合，相互印证，去寻找波动生长的内涵和自然法则，并在波浪生长前行的每一个时点，给出正确率较高、实用性很强的交易动作和仓位控制的建议。

下面，让我们应用新引入的时空区间、时空周期这样崭新的研究工具，来建立我们自己的天罗地网系统：牛市生命系统（NSM 系统）和熊市生命系统（XSM 系统）。

1. 构建牛市生命线系统（简称 NSM 系统）

多方进攻或者说牛市的延展时，由于此时此刻牛熊力量对比的不同，其角度和高度必然不同。这时，我们选取这波上升开始的 A 点为起点，并取某个阶段性高点为第二点 B，确定为牛市 1∶1 线，命名为牛市生命线系统的中间线(简称 NSM 线)，并以此为核心，规划这个上升的牛市生命系统，如图 7-4 所示。

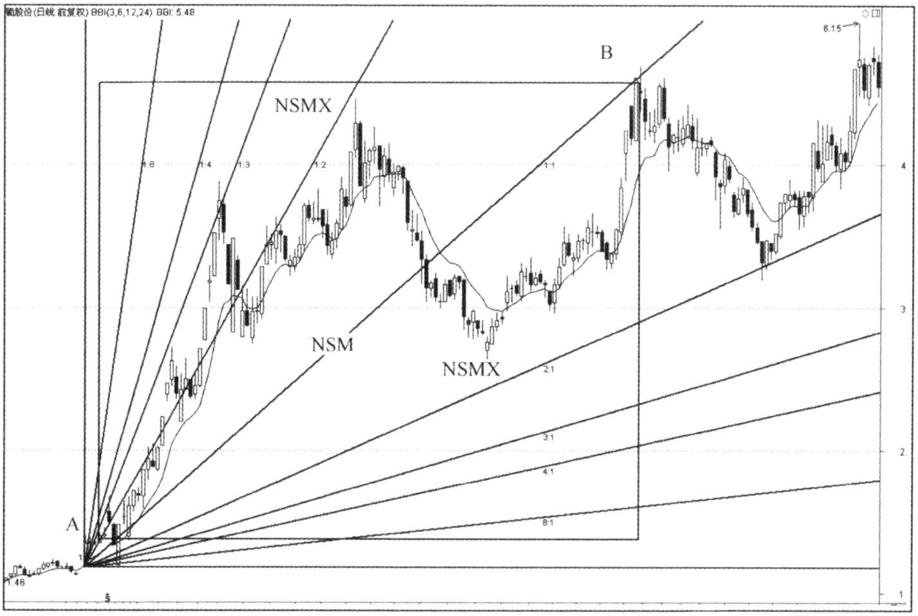

图 7-4　牛市生命系统

这个射线系统之所以称之为牛市生命线系统，是因为只要这个上升的内在原因和力量还存在并处于主导地位，占据矛盾的主要方面，这组上升的几何射线性系统的支撑就不能破，破了就进入其他的分形，具有了截然不同的性质，即辩证法所说的质变。

牛市发生质变后，其方向有两种：震荡和熊市。

至于这组射线哪根是核心线，如何应用，在此后的章节再详述。

2. 构建熊市生命线系统(简称 XSM 系统)

熊市生命线系统(XSM 系统)是指，在下降市场中，以阶段高点和阶段低点画一组下降的江恩角度线：一个阶段高点 A，一个阶段低点 B，即可确定一个下降的熊市生命线系统。其原理和画法与 NSM 系统相同，只是画法颠倒而已，如图 7-5 所示。

图 7-5 熊市生命线系统

(1)公理一：驱动力定律。

每个再微小的驱动浪的力量(牛市主升浪或者熊市的主下降浪，下同)都有维持自己生命的时间系统，都有自己主驱动力在时间一维上延展的能力，都有其终结时刻，也都有其作为依托、并作为表述的某条江恩角度线来代表这个力的方向与强度。

(2)公理二：黄金定律。

在我们的 NSM 系统中，取 1∶1 为 NSM，这个 NSM 系统的三条线的两个小角度合成后构成一个角度：NSM = 36.86° = 36°。上条边 NSMS 构成黄金三角形的一个腰，NSMX 构成黄金三角形的另一个腰。NSM 系统的 NSM 和 NSMX 之间的角度等于 36°。

演化到这里，我们已经有机地将自然的法则纳入到我们自己建立的尺度之中。用黄金三角形这个充满了宇宙生长各个角落的工具，来丈量我们市场的生长，新的秘密即将揭开。

很骄傲地说，这个 36°是一个比黄金分割更有价值的神秘概念，神秘在于其黄金三角形里面到处充满黄金分割和等式，平方，SQUARE。这是我们的发明，全国第一个，说不定也是世界第一个，36.86°。

时空是一致的，如果加入勾股定理，用空间(价格)和波动率取代时间，在一个流畅进行的主驱动浪内部，所有的高点、低点，高点的时间、低点的时间都可以用代数的方法计算出来。

这是一个大课题。

三、NSM、XSM 系统的用途

在实战中，NSM 系统如何精确定位、有什么用途，如何使用呢?

简单而言，通过这两个系统，对所有的波动进行规划，对市场的性质和时空波浪位置进行确定，这是其最基本的功能。本书后面章节对如何构建将有大量讲解，其强大的功能和应用也将在后续章节详细阐释，这里先举一个例子。

我们知道，当股价上升时，它的均线系统随同向上发散，一个趋势会持续相当长的时间，在传统分析方法中，一般以均线死叉来判断行情的结束，K 线理论中用断头闸刀的形容来研判一个行情的结束，这为主力骗线(图 7-6 均线和 K 线断头铡刀形成的双重骗线)提供了最好的工具，普通投资者越相信的图形其偏偏反其道而用之，让投资者造成惨重的损失。

可是，当我们构建了自己的牛市生命线系统后，再精巧的骗线也欺骗不了我们。如图 7-7 所示，在 B 点处，在 NSM 线处，它的向下的震仓甚至给我们留下了绝好的买入机会。

图 7-7 是图 7-6 的后续演化，NSM 系统甚至给出了完美的启动点 B，对未来高度的规划也提前了几周甚至几个月，而且几乎是在正好到 NSM 线时，拉升戛然而止。

有的读者曾惊叹，是不是主力手里有和我们一模一样的系统来指导他如何遵循自然法则来拉升、启动、结束?

这个问题不急于回答，大家在对 NSM 系统深入了解后，你会感觉到，找到了关键节点，熟悉了分形的特质，也许你就是市场主力。

图 7-6　均线和 K 线断头铡刀形成的双重骗线

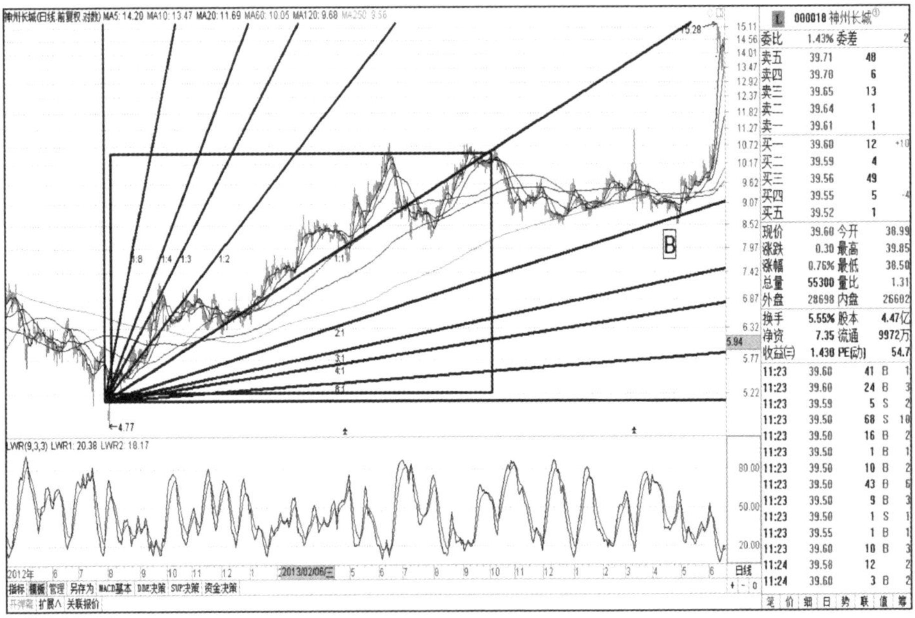

图 7-7　NSM 系统对骗线的识别及对启动时间、高度的预测

简单说，NSM 系统就是牛市所遵循的轨道系统。反过来讲，只要牛市在持续运行，那么，关键的 NSM、NSMX 线就不能实质性被打破。因为如果被打破，主力再次启动所消耗的能量将产生巨大的变化，市场运行的形态也将发生质变。没有主力傻到愿意改变自己的操作周期，耗费新的资金来逆市场而动，使资金遭受更长时间的风险敞口。

本系统是超级主力运作市场时，资金、能量最节约的做盘系统，控盘主力自觉或者不自觉地遵循着以上数学的最根本法则，他们即使有这样的一套数学系统也是绝对不愿公开的(本书在 2006 年内部版问世时，有私募基金的朋友内部使用，我们不敢说个别品种的市场图形是被刻画出来的，但留下的漫长股价轨迹却逐步印证了我们的判断)。

包括对道琼斯工业指数的判断。

自然的法则就在市场之中。

这个系统被主力利用后，市场将变得更加陡直，盘整也更加诡异，但区间、时空周期依然故我，自在地在 NSMS、NSMX、NSM 构筑的天罗地网中潇洒前行。

因为这是自然的法则。

这个系统的使用是建立在一系列法则之上的，其构建以及使用方法是一个有机的整体，从下一章开始，我们将进入本书的核心内容，首先对市场交易给出一些基本的规则和判断，建立牛熊转折的结构学模型和基本数学支撑，在此基础上提出时空临界的概念并运用它对所有交易品种进行分类，对所有交易品种的任何交易时段进行时空浪型定性，在此基础上建立江恩时空交易对策系统的第一部分：几何与数学法则。

第八章

牛熊转折基础——时空临界

时空因子仅仅给了我们一把观察和打开这扇神秘大门的尺子。但是，通过深入的丈量、刻画、分析、比对，一个更令人惊诧的事实正展现在你的眼前，那就是人们梦寐以求地寻找分形点而不得的苦恼，在这里不经意间迎刃而解。时空临界的发现，将震撼到每一位交易者敏锐的心灵。

一、多空临界线是时空内部结构及分形的分水岭

一个时空周期中，反方向能量的汇聚和积累在达到临界点时，便会产生质的突破，进入新的时空周期，会有完全不同的运动性质，而在同一个时空周期内，波动基本具有同样的性质。

时空周期基本包含以下三种形态：

(1)上涨周期，具备阳刚的正能量和攻击性，如牛般坚毅而执着地前行；

(2)震荡周期，反复无常，举棋不定、阴柔而反复；

(3)下跌周期，充满负能量，如熊般横冲直撞，具有剧烈的破坏性。

我们看贵州茅台启动前的图谱，如图 8-1 所示，股价在第二时空周期线(箭头所指处)压制下，常量常态波动，偶尔的放量，阴阳不定，反复无常，举棋不定。

而一旦翻越两个时空周期后(图 8-2)，巨大的成交量跟随放出，股价则加速拉升，股价呈现出非线性加速波动的趋势，以类似于数学上的幂函数的曲率突飞猛进。

图 8-1 股价在第二时空周期线压制下常量波动

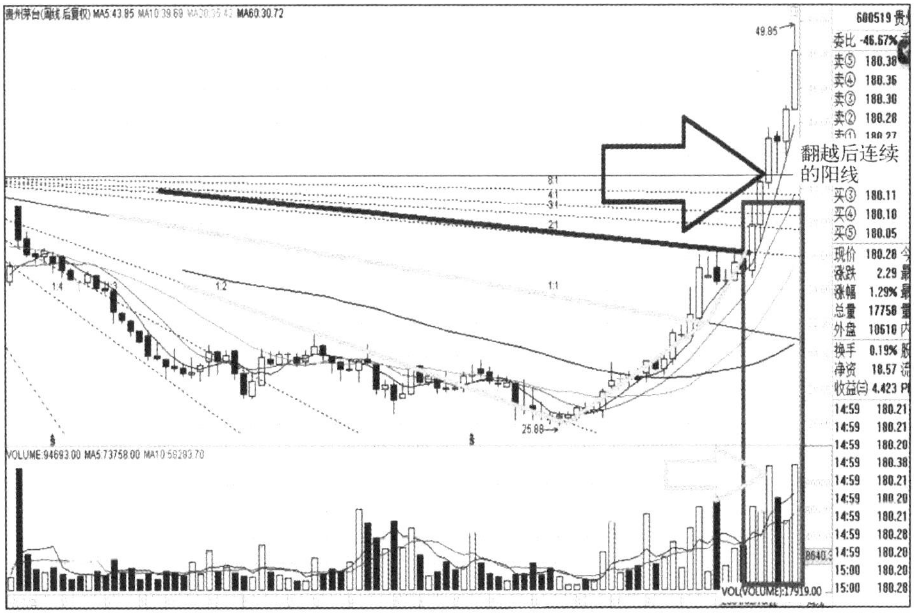

图 8-2 翻越两个时空周期后，股价加速拉升

同样的现象也发生在华微电子身上。如图 8-3 所示，股价在第一个时空周期中，(图中 1：1 线下面的时空周期)时阴时阳，变幻不定，阴阳始终处于剧烈的斗争之中，胜负未分，潜龙勿用。路漫漫其修远兮，让人感觉有创新低的可能。

图 8-3　华微电子的区间特征的重复：不同品种的自相似

在翻越 1：1 线，进入第二时空周期后，形势开始变得明朗，多空虽然争夺剧烈，但异常明显地能感觉到 1：1 线是个分水岭，线下的波动隐晦莫测，线上连拉小阳，多头开始信心满满，逐渐活跃；中间虽有 4 周左右的下跌，但阳线此时占据了主导地位，满园春色已关不住，有虎踞龙盘今胜昔之感。

关键转折发生在图 8-3 中的箭头处，站上第二个时空周期线后，股价如同奔腾的野马，翻江倒海，绝尘而去。

这些现象如果用传统的吸货出货思想去解释，很难说通，且无法去预测其高度。你说这里的巨量是吸货，股价明显已经涨了很多，哪个超级主力会在这里吸货？但如果说这里是巨量下的出货，股价在此后较短时间里又涨了数倍之多，可见，哪种解释都是不通的。而用耗散理论中复杂系统的思想则非常简单而生动，这里仅仅是集体无意识的水滴在飓风形成时的跟随而已，获利的冲动成为大家唯一的共识，疯狂的买入在图标上则显示为自发的时空有序形态。

此后，直到翻过第二个时空周期线，如同百万雄师过大江，阳光的力量已经完胜，此后的形势发展，两岸猿声啼不住，轻舟已过万重山。

我们把第二个时空周期线，图中的 2：1 线，定义为熊市最后的防线，熊市生命线上线(简写为 XSMS)，是空方力量负隅顽抗的最后防线，翻越则意味着空头阵营的失败和完全崩溃。

而将下面低一个能量级的时空周期线，即图中的 1：1 线，命名为熊市生命线中线(简写为 XSM)，也就是原来熊市时期波动率中线，而将股价翻越 2：1 线后才回过头来研究过去波动的行为称为“返身固化”，即返回身来去固化已经过去的某些历史时段的性质特征。这种研究方法将经常用于固化波动率、浪型定性、奇点定性等，大家要高度重视，是本书此后要反复用到的一种研究方法。

返身固化这种研究方法，不是没有意义的简单回头看，而是有着巨大预测作用的行为。因为我们已经拥有了许多规则和建立在之上的定律、法则，比如耗散理论、艾略特波浪理论等，我们还将拥有我们自己的许多确定性规则，而在这些规则引导下，你如果能确定某些特定特征，我们将对未来产生许多有数学意义的指导。比如，我们一旦能够回头固化 2 浪的尾巴，并确认之，那么，你不就已经清晰地知道，我们现在身处 3 浪之中吗？而且这个 2 浪之尾还是新波动新 NSM 系统的重要研究基石。

二、多空临界——量变到质变

让我们回到刚才的思路。有人说，几千只图谱，随便找两个一样的，不是什么规律。那么，我们看连续代码的几只股票：图 8-4、图 8-5 所示，注意图中箭头所指处，此前和此后股价运行特征的质变。

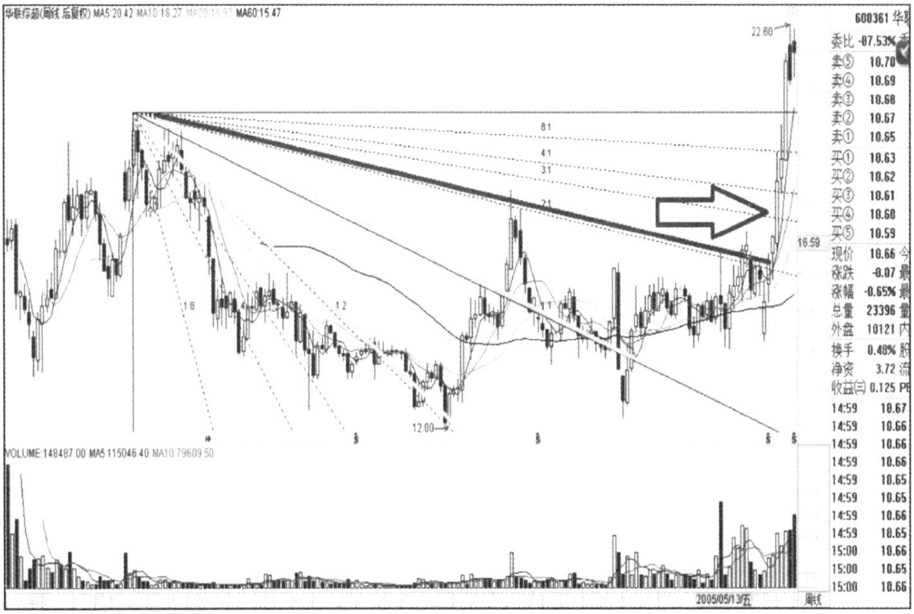

图 8-4　XSMS 压制下股价的徘徊和突破后的流畅

图 8-5　XSMX 压制下股价的徘徊和突破后的巨幅拉升

也许还有人质疑，相同时期类似的图形都会差不多，以上图形都是 2006 年左右的牛市形态，那我们再看看其他时间的，例如晋亿实业，如图 8-6 所示。

图 8-6　XSMS 压制下股价的徘徊和突破后的巨幅拉升

我们再看一下海南橡胶启动后的分时 K 线图形态，如图 8-7 所示。

上面巨量的图形给了我们许多思索：我们看到股价在被熊市长期压抑后，经过第一个时空因子的缓慢混沌的盘整，经过第二个时空因子力量的积蓄，一旦翻越第二个时空因子的羁绊后就会飞奔，因此我们把翻越 50%线并同时翻越第二个时空因子的上线叫作时空临界线。

而股价经过长期的压抑（也就是艾略特波浪之 C 浪），一旦翻越 2∶1线，缓慢爬升就会变成连续巨阳，已经进入牛市的主驱动浪阶段。当然，未来我们定件的时空波浪和艾略特波浪理论是有本质区别的，时空波浪具有数学高度定义，具有固化后的奇点——一个充满神奇的初始生长的点位，一切正确的比率、角度线都源于此。

时空波浪在不同的时空具有不同的运动特性，时而缓慢、时而奔

图 8-7　XSMX 压制下股价的徘徊和突破后的巨幅拉升

腾、时而静如止水、时而奔腾不息，一旦翻越一些重要时空临界，运动性质就产生质的飞跃，变得完全不认识，让人误以为换了只股票，换了个操盘手，实际上，这些不是人为能控制的，是辩证法上波动从量变到质变在图形上的反映。

让我们逐步揭开所用交易品种的面纱，用时空临界线对所有品种、所有时段、所有波动进行分形，对市场做全方位扫描。

三、耗散结构与系统演化的突变

耗散理论揭示了复杂系统的存在与演化之间有某些隐秘的特定规律，而不同的复杂系统研究，又受本系统特殊规律性的制约。金融市场波动是数据记录最全的复杂开放系统之一(人类历史演进的某些数据较全的领域，比如中国历史人口增长内在规律的探索本书也略有涉及)，为研究这些复杂系统的运动演化形态，我们引入新的标尺，来分析观测证券交易二级市场内部的演化进程。

交易品种在刚上市的最初，由于缺乏基本的价值定位和方向的判断，介入其中的资金如同热锅上的蚂蚁，在里面无序冲撞，其运动轨迹全无规律，是一种杂乱无章的运动状态。如同耗散结构理论所指出的，是在高度开放状态下的“混沌态”的无序。但是，当基本面被某些资金搞清楚后，这个资金团体就成为最初的那个有生命有方向的“水滴”。那只亚马逊河上的蝴蝶，向着特定方向运动，而由于“蝴蝶效应”的存在，其他资金就被这种最初“抖动的蝴蝶翅膀”所暗示、激活，由无序冲撞到自发有序并相互影响，产生自发的组织，从而逐步达到空间有序和时间有序，而在潜伏的两边阶段之后，必然进入形态外观完全不同、运行模式由缓慢到激烈、振幅由微小到宽幅的主驱动运行阶段，驱动事物到达新的高度和新的平衡点。

而我们的任务，就是从图形上去发现那只最初的蝴蝶，那只蝴蝶的翅膀最初是个什么样的形态，此后，再去定量分析那只最早介入的导致波动的无形之手，如何引导 K 线随时间生长演进。

下一章开始，给出大型结构转折的数学化定义，开始进入贴近实战的系统构建阶段。

第九章

牛熊转折定理

首先需要说明的是，本书给大家的不是什么预测的秘密公式，而仅仅是一把尺子，在这个市场中每时每刻的波动中，应对每个突发事件，应对每个上升或者下降，你必须有一个护身符，一个自我保护装置，一个熔断机制，一个止赢机制等，以及建立在这个数学基础之前的心理调试、纪律、身心修养等外在的心理层面的准备。

一、纪律、规则与交易系统之间的关系

做股票、期货、外汇以及新兴的衍生品交易，有一些共同的基本的规则。简而言之，一是个人修养；二是纪律；三是一个良好的测市系统，三者缺一不可。最基础的是第三点（就是从本章开始的本书的主要内容），你的这个系统和自然运行生长法则越接近、耦合度越高，你对市场的理解也就越深刻，抓住转折机会进行交易获利的机会就越多，是基础之基础。

但是，最终决定你赢亏的却是第二点，就是对纪律的坚持和心态的调试，持仓与空仓、仓位的轻重调节、坚决的止损等等，这些的执行都需要坚定的意志和执行力，没有对纪律坚定的、毫无例外的坚持，一次黑天鹅事件就会让你片甲无存。

但是，这些还不是最重要的。真正成功的关键却在第一条，它是你最终成功的唯一坦途，无论日内震荡的忍耐力，还是对人生判断的成熟而采取的理智、非赌博性质的家庭资产管理分配模式，都要靠良好的性格修养来保障，靠良好健康生活习惯的培育来坚持。战略上、

技术上成熟后，人格发展成为你走向成功的核心动力，这些包括稳定性、非冲动性、坚韧、守若处子，动若脱兔的果断等等。

孟子曰：吾善养吾浩然之正气，至大至刚，充塞于天地之间，黄中腠理，于天地合为一体，不动，通天浩气为养，静而不用也；动则浩气冲天，动也，用也。无平时之养，哪来动时之纯净刚毅！这些古老的智慧穿越时空，如同深邃无垠的天空之眼注视着你我，给现代投机市场注入冷峻的思索和别样的深刻启迪。

二、交易系统的起步：熊市动态跟踪监测系统

谈选股、选时的文章书籍汗牛充栋，从均线系统，波浪理论到新兴的神经元理论、周易研究等各个领域，都没有谁能够制定一个客观的可测量、可复制的数学化考察衡量标准，能够在数学层面进行实测的数学化公式或者定理，这样的技术系统或者说标准系统的探索研究，这方面的研究公开的报道很少。也许是知者不言，因为证券市场的返身性让真正成功的交易者在公开时会把最关键的保留了起来。也可能是保密性需求，程序化交易者都将自己的思想和数学包裹在程式里，那是他们的心血和财富，谁舍得公开。更大的可能是，对证券交易市场客观规律研究至今仍处于一个黑夜之中，没有系统性的理论产生，没有真知灼见的思想可以反映和跟随交易市场的运行，更别说是科学的交易系统了。

本书试图用数学化的语言将这些模棱两可的概念数学化，将交易对策系统和仓位调控系统精确化。“字字读来都是血”，多年来的实战经验教训，特别是教训，本书将一无保留地暴露出来，把这层窗户纸捅破，开放的心态和科学的研究方法，希望对看到此书的读者特别是小资金有所帮助，善是善者的生活状态，让我们共同的善良铸造我们自己的光明。

市场每天都在生长演化，面对纷繁复杂的市场，我们要跟踪研究这个复杂演化的过程，需要一套动态的监测系统。为了等待熊市的结束并开始介入，我们首先需要建立起一个动态的熊市跟踪系统，而XSM 系统正是这样一套系统，全称是熊市动态跟踪监测系统，简称

XSM 系统。

我们进入市场后要从最宏观的视野和历史时空，收集全品种的时空交易数据。任何一个品种，数据收集全后，其全局的高点和低点是清晰的，历史高点唯一，我们称之为 H，历史低点唯一，我们称之为 L，这个过程清晰而明了，无论任何人寻找，其结果都唯一，是客观的，是可重复的。将前面章节讲述的静态 XSM 系统装换为动态的跟踪系统，就是我们看盘系统的雏形。

我们取历史上最高点 H 为固定高点，此为第一点，我们取演化过程中此后出现的动态历史最低点 L 为第二点，只要市场在演进，我们就跟随，只要市场创出新低，L 点就跟随变化，取新的低点为 L 点，XSM 系统动态跟随调整，这就是我们的 XSM 系统。从本质上讲，XSM 系统是一套看盘系统的雏形。

三、牛熊转折的数学表达及演绎

什么是牛股？什么是强股？基本面上，内在价值是亚马逊河那只最早的蝴蝶，随着它翅膀的扇动，经过系统内部的自我激化，自我组织，终于可以掀起美国那场巨大的牛市飓风。那么，随着内在价值翅膀的扇动，在 K 线形态的演化上将在哪里留下明确的信息？转折奇点在哪里？

面对熊市，为定义熊市的持续或者革命性转折的到来，我们建立的 XSM 系统会长期运转。例如特锐德，在 2012 年 6 月 1 日时，我们寻找到其最高点和最低点，取 HL 线为 XSM 系统的 1∶1 线，我们得到熊市跟踪系统图谱如图 9-1 所示。

在此后漫长的演进中，随着历史低点的变化而不断调整我们的 XSM 系统，只要出现低点，就建立另一个新的 XSM 系统，来取代原来的老的系统，来监测此后的演进，如图 9-2 所示。

到 2014 年 6 月，图谱演进成为图 9-3 的模样，即随着股价创出新低，高点不变，低点同步后移，当时间走到图 9-2 的尾部时，股价首次反弹到一个时空周期的上线，即反弹了一个时空周期，按照定义，这里仅仅当作反弹看待，继续等待，不去操作，观察下一步的演化。

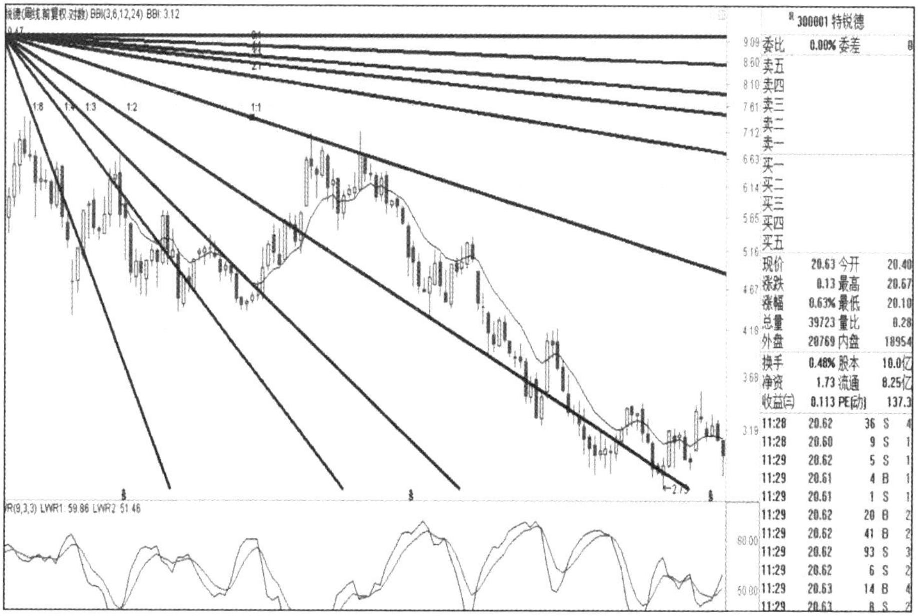

图 9-1 演化形态之一：漫长的熊市

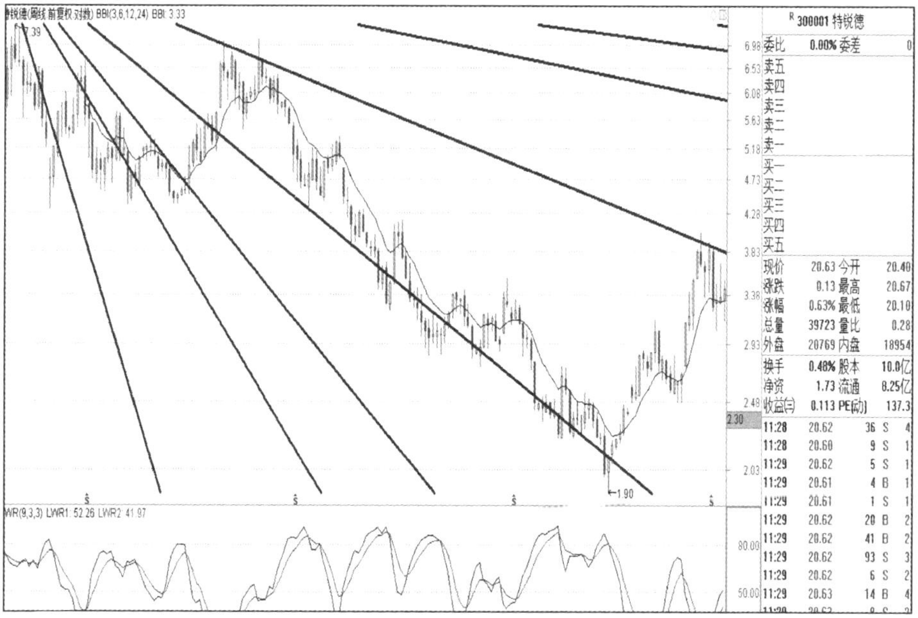

图 9-2 演化形态之二：第一时空周期的晦涩

图 9-3　演化形态之三：临界

直到有一天，图谱演化到图 9-3 的尾部的时，我们说这里是一个重大的时空临界点，无论此前经历的时空多么漫长，演化多么复杂晦涩，但是，我们终于等到了一个重大的时空变盘位。

对这个熊市缓慢演进过程的监测，让我们对市场的结构有了更多直观的了解和敬畏。正如我们之前章节所描述的，如在 XSM 线的压制下市场的缓慢而晦涩，如突破 XSMS 线后的流畅和激情，如图 9-4 所示。

图 9-4 中，突破 XSM 后成交量出现第一次放量，此后在 XSMS 压制下，成交量始终没有巨大变化，表明市场在这个时空时，刚脱离熊市时空，人们还没有从熊市的余悸中苏醒过来，缺乏追高热情，可一旦翻越 XSMS，一切就会变得流畅、有序。

这个流畅，这是质变，相对于这个品种的过去，我们说它出现了质的变化，什么质的变化？通俗地讲，叫作牛熊的变化，牛熊的转折，用新系统的语言讲，叫作进入了新的时空。

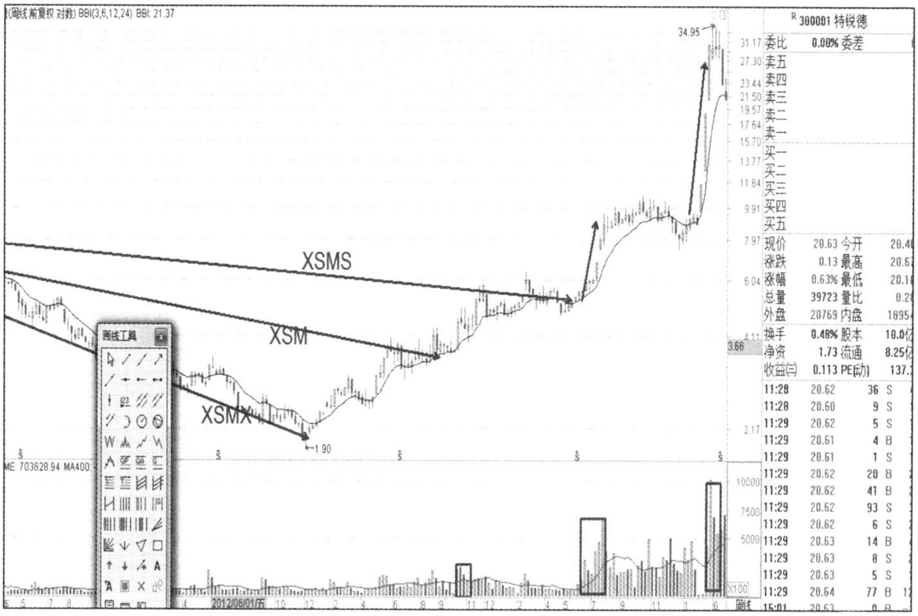

图 9-4 脱离熊市时空的激情

四、牛熊转折定理——牛熊转折的结构学模型

下面，我们直接给出基础定理之一：牛熊转折演化定理，如图 9-5所示。

定理的内容：当交易品种满足以下条件：

A. 符合价值投资的基本原则。

B. 从最高点开始的下跌调整满 3 年，此前没有过巨幅上升牛市。

那么，我们可以根据以下三个图形要点来确认牛熊转市：

(1) 反弹突破了动态 XSM 系统的两个时空周期，即翻越了 XSMS；

(2) 反弹越过 XSMS 的同时越过了回调的 50%线；

(3) 回抽动态牛市生命系统的 NSM 线不破，并且在 NSMX 线完美支撑下站上此前的高点，并迅速脱离此区域。

此时，确认牛熊长期转市。

推论图 9-1：如果不能上破此前的高点，并且此后跌破了 NSM，则演化为失败之 B 浪。同时，定义此前的最高点为新开始的同级别 C

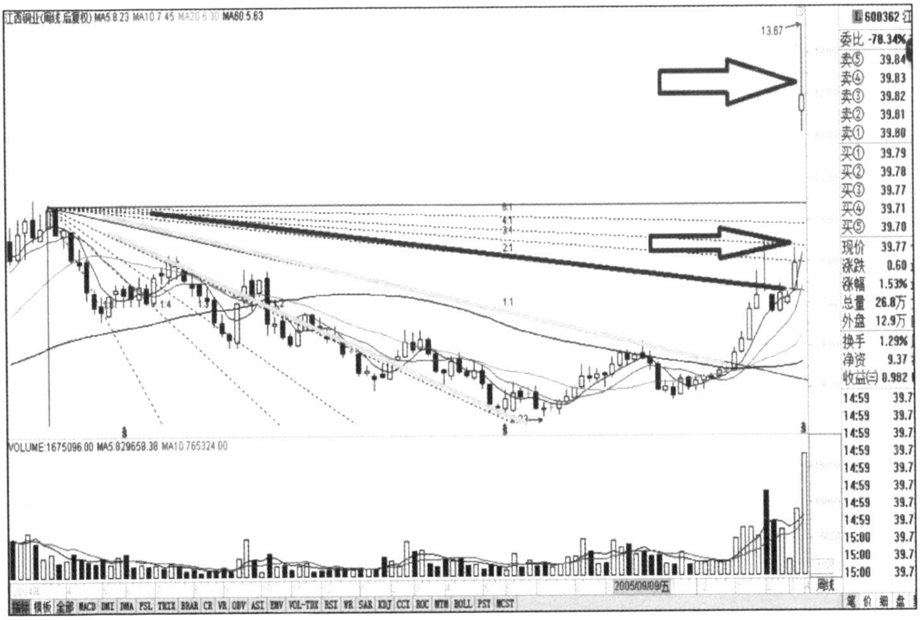

图 9-5 牛熊转折演化定理

浪的正宗起点。

这是个统计学意义上的定理，也有数学上的基本证明，但是这个定理在极个别的情况下会转入大的震荡形态，或者 B 浪品种。

注：NSM 和 XSM 的详细画法后文有详细阐述。

此定理为千金不传之密。

五、牛熊转折演化定理使用时的注意事项及补充图解

再看一个牛熊转折的演化进程。在图 9-6 中，股价在 XSM 以下运行时，和熊市运行模式的外表很难区别，但是股价一旦翻越 XSMS，挣脱了熊市空方力量的束缚，股价演化运行的模式发生了根本改变，已经不再具有原来事物的性质，量能、K 线组合都给人耳目一新的感觉。

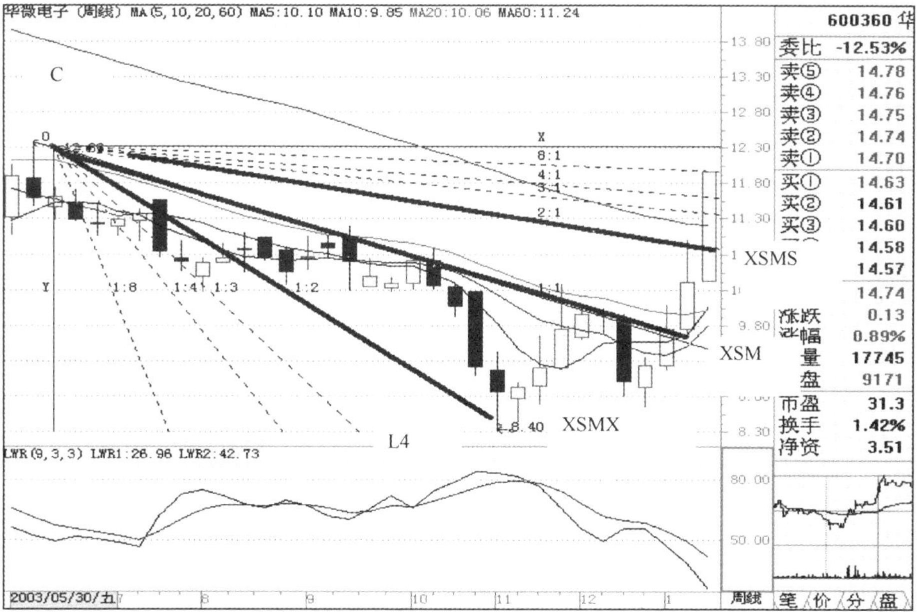

图 9-6　牛熊转化前后运动特征的明显变异

因此，许多时候，当我们对市场的性质无法确认时，只需要冷静地审视一下，问自己一个问题，现在是牛市吗？有牛市的酣畅淋漓吗？如果不是那么很明确，则应该警惕，很可能是伪牛市，是震荡市，抑或熊市的反弹而已。

必须强调的是，这个定理，主要用于研判长线级别的牛熊转市，一般不用于短线级别的买卖，短线级别的买卖我们有更明确的动态系统来规划，这是大家务必注意的。

同样，在研判一个品种的中长期趋势、短线买卖点的确立时，需要划出确定的、不同级别、不同起点、针对不同个浪级的多个 NSM 系统、XSM 系统，都有各自的用途，有判定转市的，有判定高度的。

更重要的在于，不同级别的驱动力量虽然有不同的特征，力度的大小，持续性等，但是任何驱动力量只要确定了它的奇点，其内部演化特征在 NSM 和 XSM 系统的比对规划之下，你会发现都具有惊人相似的内部演化特征。因此，不同的奇点有了严格的性质各异的重要用途。有的点用于长线时空研判，有的点则用于短线交易。同时，研判图与操作图要严格区分，交易预期与实战买入严格区分，止损和止盈要严格执行，这是大家在应用一些定理时要严格注意的。

上述所提各种线的画法，包括：何时画线，不同的研究目的如何画线，这些内容，将在实战交易系统固化并详叙。

在读完第二部分的内容之前，不建议大家将本章所读内容用于实战交易。

第十章

上帝之手——完美驱动定理

辩证法告诉我们，当量变维持在系统内部时，事物从外部看起来均匀而流畅，性质得到维持。但矛盾体内部的多空双方依然在斗争，但斗而不破，事物持续维持其基本的性质和数理特征。

一段主驱动浪得到维持，其数学外表必然遵循姆定理所规划的数理特征。

一、姆定理(即完美驱动定理)的内容

(1)完美驱动定理：任何上升主驱动中，调整的时间和深度只能且完美到达一个时空周期。

(2)定义：完美驱动浪，如果股价在完美驱动定理的规范下，迎来了一个或几个创新高的上升细分浪，这样的连续细分上升所构成的一个总体浪型叫作主驱动浪，这种拉升的形态叫作完美驱动浪。

(3)逆定理：任何下降主驱动中，反弹的时间和高度能且只能到达一个时空周期，接下来将迎来新的创新低的下跌细分浪，这样的连续下跌叫作下跌主驱动浪，这种下跌的形态叫作完美下跌。

(4)逆反定理：任何反弹只能持续一个时空因子。

推论A：反向过程不能到达一个时空周期的反弹或者调整，我们称之为杂波；反弹或者调整一旦超越一个时空周期，则认为完美驱动已经失败，进行中的调整浪属于新的浪型。

推论B是此后波浪简单化的基础定理，也是定型时空波浪的主要依据。

关于以上几个定理的使用方法及内涵，后面有专门的章节展开论述，为保持内容的衔接，下面仅就一个下跌过程，对以上定理的内容展开描述和说明。

二、姆定理的使用方法以及图形演化中的心态调整和交易对策

1. 完美下跌主驱动浪

(1)说明及图谱。

一个大级别的下跌过程内部会很复杂，充满了反弹、骗线、消息，宏观经济形势等多重变数，但是，在主驱动浪内部，唯一不变的，就是姆定理。我们随意选取一只股票，例如华微电子，如图10-1所示。在2001年开始的巨大而复杂的下跌过程。

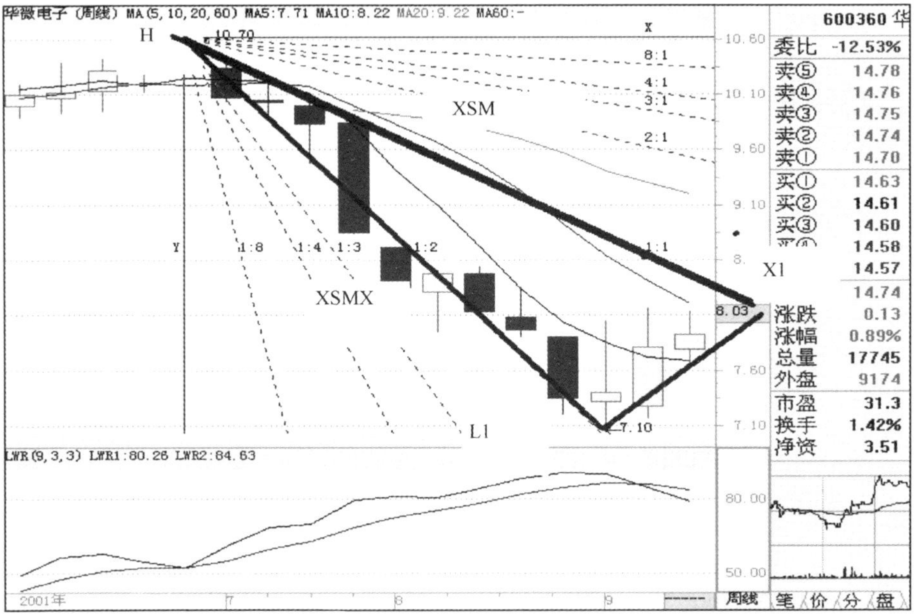

图10-1 完美下跌主驱动浪中的第一次反弹

第一步在周线图上，我们取破位前最后一个高点2001年6月29日的10.7元(前复权)为小级别XSM系统上的H点，我们觉得暴跌后

的7.1元可能成为阶段低点，我们取2001年9月7日的7.1元为动态XSM系统的第二点，就是那个动态点，即图中的L1点，做下降XSM系统。

这个动态系统建立后，根据姆定理的内容，我们马上可以做出第一个判断：那就是在HX1线处，也就是第一个时空因子的上线XSM处，将面临较大压力。在2001年9月21日这周，我们就要建立一个概念，未来数周内见到HX1时将是一个重要临界点，或者说，是一个反弹的结束位置。

这就是根据姆定理进行的一个预测过程，就是说如果熊市主驱动浪在进行中，在HX1线处，反弹必定结束。

(2)用途。

这个结论在操作上会带来巨大的方便，因为在2001年9月7日之后的数周里，我们知道它的反弹不会超越HX1线，图中所指在8.03元处，7元到8元的反弹，这种没有利润的小反弹没有参与的必要，我们的心态完全可以平和的空仓等待熊市反弹的结束。

操作对策则异常简单，就是空仓，不介入。或者拿出5%的微小仓位去寻找一下手感。

注意：这种淡然和淡定会持续4周的时间。

这4周，远离喧嚣而远观市场的感觉，是在没有这个定理之前不敢想象的，但这才是以上定理价值所在。

2. 完美驱动下的新低

接下来，如我们所预期的，在2001年2月12日那一周，当股价刚好触及XSM线，并且完美到了XSM线，市场便产生了一个突然的恐慌性下跌，并创出新低。

注意，我们对这个高点的预测提前了两到三周。

这不算什么。接下来的演化才更显姆定理的神奇。

根据姆定理和动态XSM系统的要求，只要有新低，就坚持高点不变，取新低为第二点的原则，持续构建这种下降的XSM系统。华微电子在10月19日这周股价创出新低，10月26日这周股价出现明显反弹，我们用10月19日这一周所产生的新低点建立新的动态XSM

系统，如图 10-2 所示。

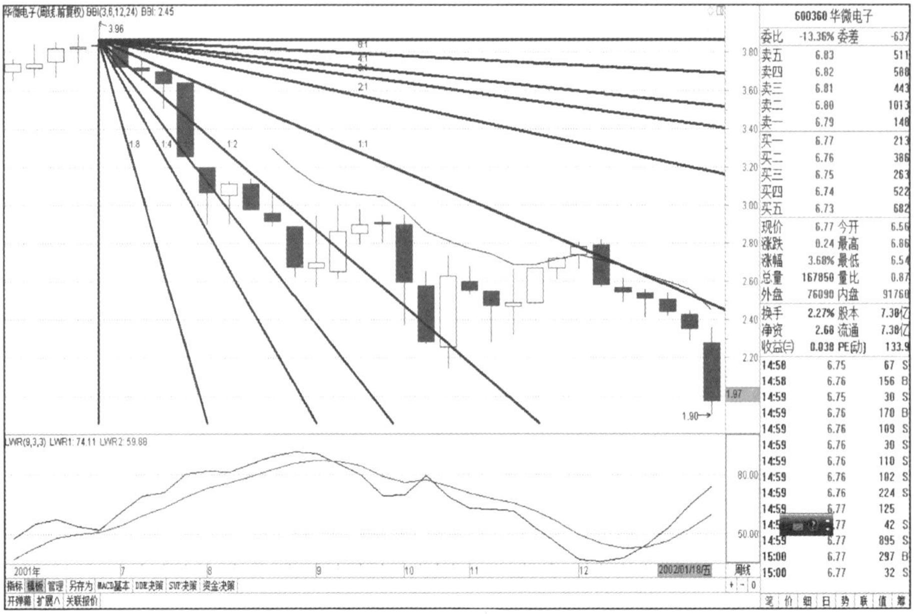

图 10-2　动态 XSM 系统的预测作用

从这一时间点开始，我们又从容淡定了数周（这个时间也是可以提前精确给出的，内容见后文）。我们知道反弹不会翻越 XSM，这个小空间，不需要去刀口舔血。就是说，只要反弹不达到 XSMS 线，则认为主下跌还在持续，操作上，则采取不介入的原则，只需空仓观望。

如图 10-3 所示，2001 年 12 月 7 日，股价稍微触及 XSMS 线，就开始了新的持续下跌，到 2002 年 1 月 18 日股价再创新低。

也就是说，XSM 系统对反弹高度的预测是神奇的，但这不是重点，重点在于，在这个弱反弹阴阳不定的时间周期，我们可以淡定空仓，因为我们知道它的反弹高度和活动的空间，对心态和仓位调整有极大帮助。

三、姆定理及其衍生定理的其他预测作用与使用方法

回调一个时空周期后股价迅速创新高并终止于 NSMS（牛市生命线上线），如图 10-4 所示。

图 10-3　姆定理再次显示强大威力：压制下的新低

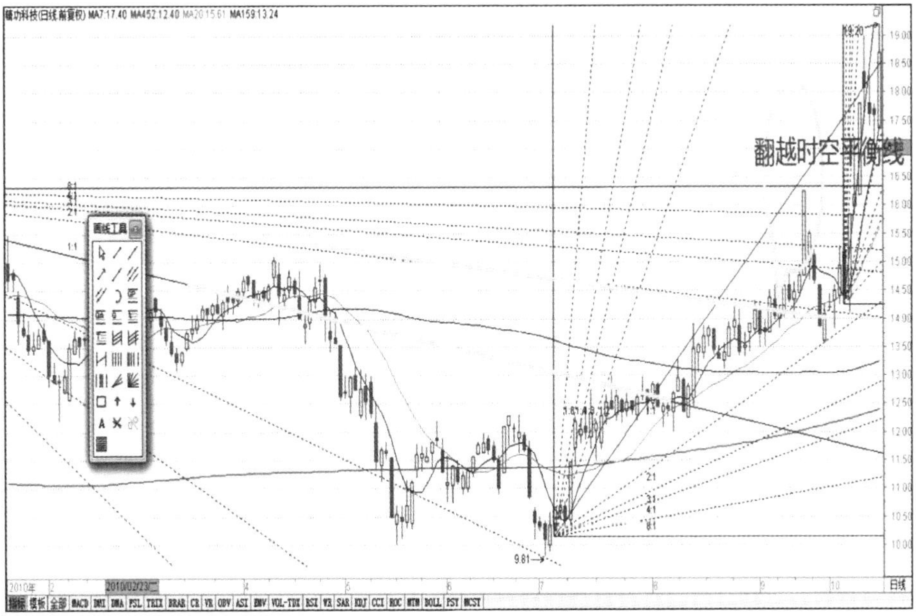

图 10-4　动态 NSM 系统的预测作用之一：第一次拉升的高度

巨型回抽的止跌位，如图 10-5 所示。

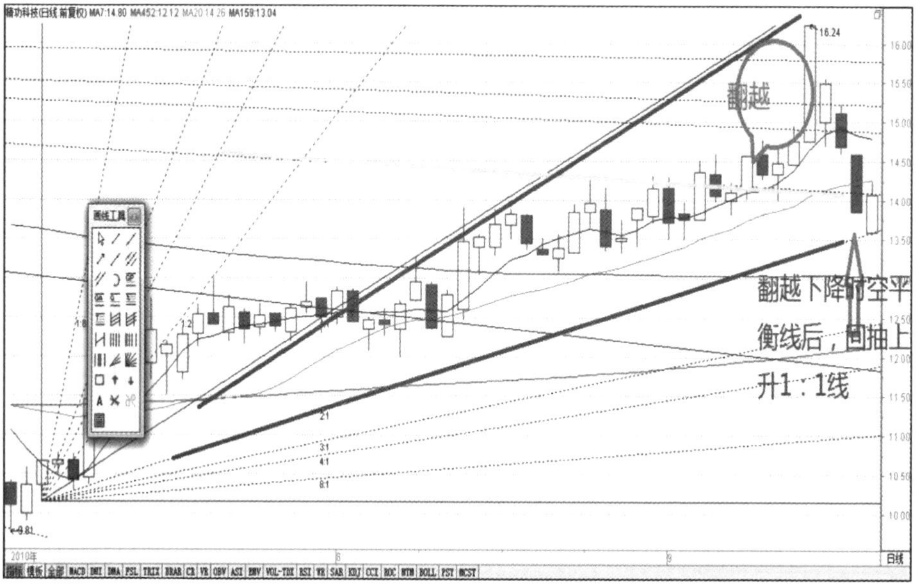

图 10-5　动态 NSM 系统的预测作用之二：对回抽的预期

对拉升高度的预期，如图 10-6 所示。

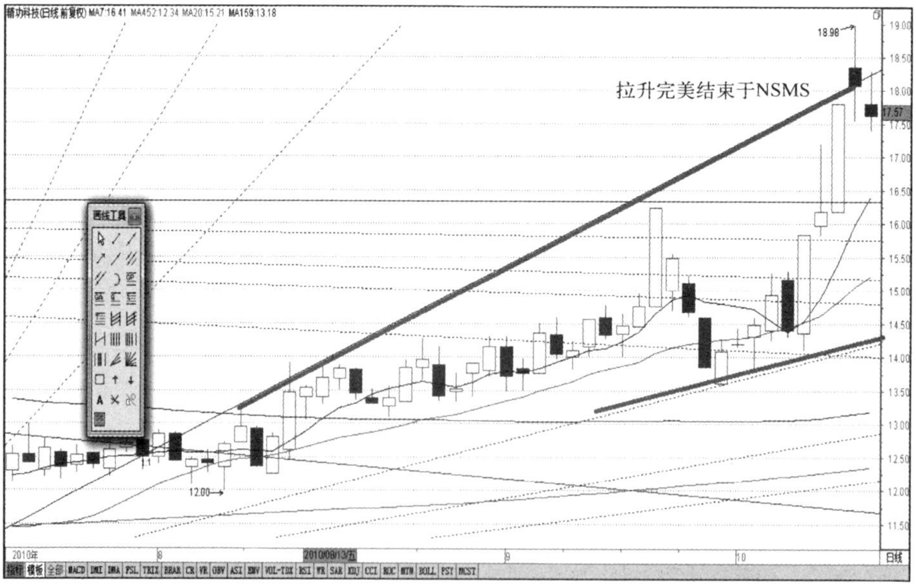

图 10-6　动态 NSM 系统的预测作用之三：对高度的预期

建立持仓保护线，图 10-7 所示。

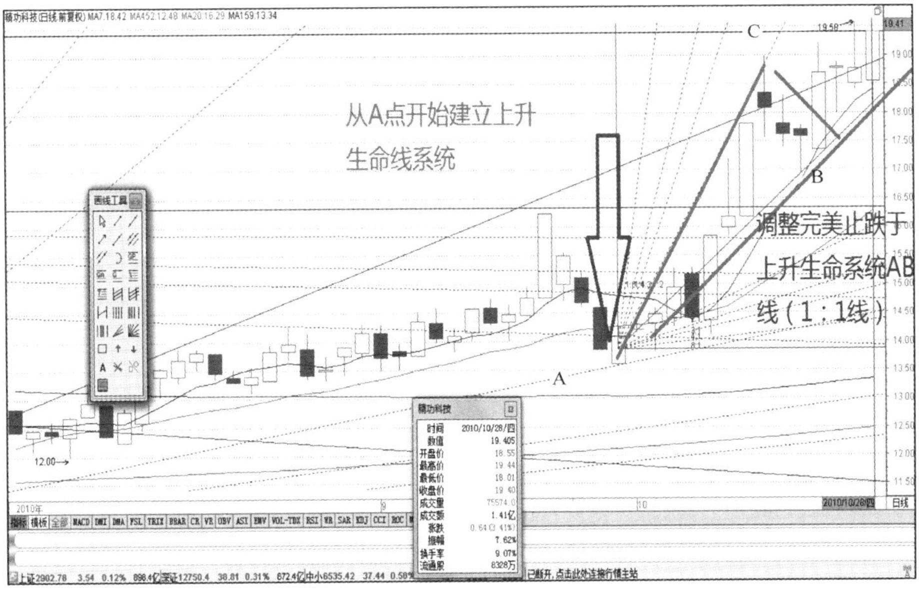

图 10-7　动态 NSM 系统的预测作用之四：AB 作为持仓保护线

上升高度预期之二，如图 10-8 所示。

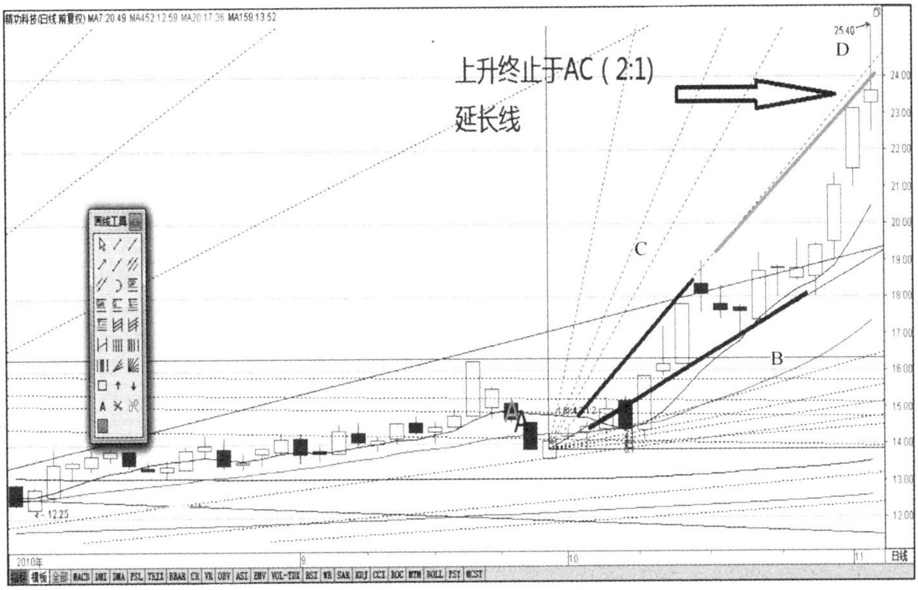

图 10-8　动态 NSM 系统的预测作用之五：拉升的终极位置

上升轨道线上轨，如图 10-9 所示。

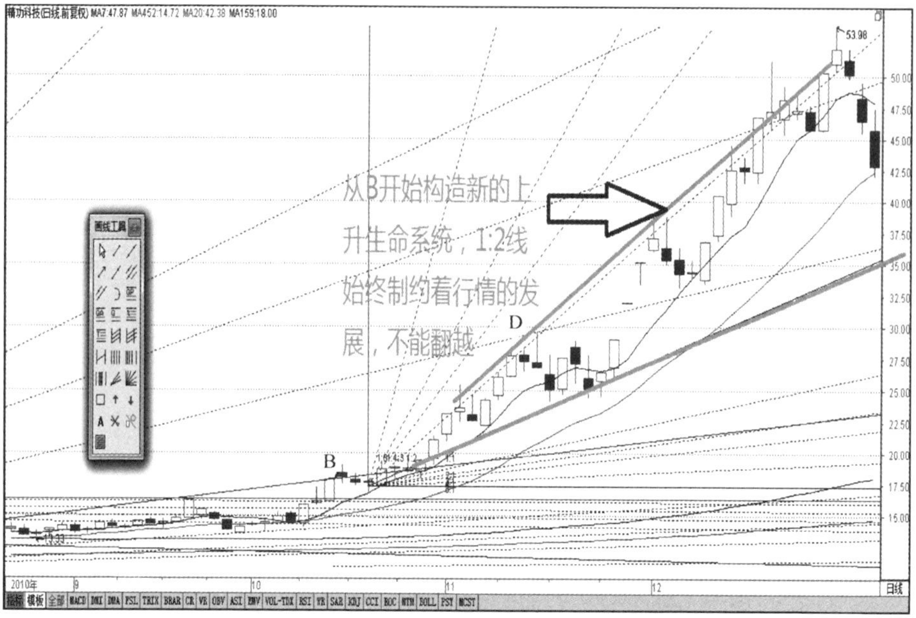

图 10-9 动态 NSM 系统的预测作用之六：翻越即顶

总之，仅仅一个姆定理，就可以给我们带来巨大的操作上的便利，但是，其效用并不仅仅止步于此，运用姆定理及不同时空上涨和下跌的性质，我们可以对全部交易品种最初数理分类，并构筑我们操作的长线选股依据。

第十一章

证券交易品种形态分类

运用时空临界、姆定理等基础“尺子”，我们可以对世界所有交易品种以及包括 GDP 增长曲线在内的经济数列进行分类，一个个隐藏在数据背后的，与时间有关的隐秘规律正在被我们一一揭开其神秘的面纱。

一、有浪可数方去数的几何表述

纵观世界所有金融证券品种的历史走势和正在进行的生长演化，从全部交易数据和时间上看，无非处于以下几种波动形态之中，绝无例外，如图 11-1 所示。

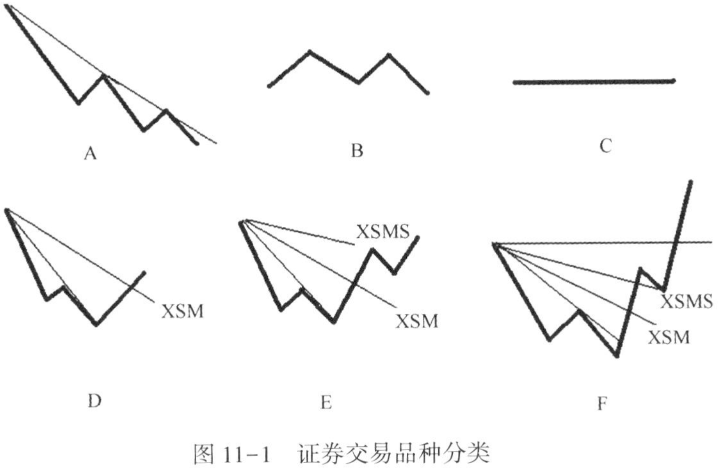

图 11-1　证券交易品种分类

微涨落系统。资金持续流出的品种，包括以下三种形态。

（A）大跌市：反弹永远不超过一个时空周期，一直在直线的下降通道中。

（B）震荡的封闭系统：没有新资金的推动从而形成封闭的震荡系统，基本面没有吸引新资金介入的理由。其他领域如生理学中的心电图等。

（C）直线型：比如管制的价格等。

这三类形态，只有做多才会获利，不具有交易价值。

巨型涨落系统。

（D）下降通道被破坏，反弹超越了一个时空周期（XSM），但最高只能到达第二时空周期上线的品种（XSMS），下降被破坏，已经出现反动信号的未知系统（可观察品种）。

按照姆定理及其衍生定理推论，我们可以知道此类品种的完美下跌通道刚刚被破坏，完美下跌已经结束，市场中上升也还不明朗，甚至还会被颠覆，市场在此时空处于徘徊彷徨之中，等待寻找方向。

（E）下降通道被彻底破坏，反弹超越了两个时空周期（XSMS），已经出现反转信号的未知系统。

根据牛熊转折演化定理，此类品种的下跌已经被颠覆性破坏，市场将根据前面大的形态，未来将走出新的上升主驱动浪，1 浪或者 3 浪，或者伪上升浪—大型反弹之伪上升驱动浪：大 B 浪，甚至创新高之大 B 浪。

（F）反弹出现新高，新的牛市开始后的形态。这种形态，市场已经完全没有了熊市的特征，市场将被上升主驱动浪的乐观情绪所覆盖。

本书将研究重点放在 DEF 三类，而 A 作为演化前的基本形态，虽不具有交易价值，也进行一些基础研究。

当你收集到所交易的品种的全部数据，所有商品、期货、外汇、股票都不能逃出这个分类。

二、有浪可数方去数

未来的操作上，必须忽略杂波品种。所谓有浪可数方去数，莫在无浪品种时段空折枝，这是因为，从前面几章的分析已经看出，许多时空阶段股价处于彷徨之中，涨跌互现，没有持续性和确定性，这也和传统谚语的描述相一致：没有人可以做反弹而致富。

而这种操作理念，是获利的根本，但本书主要精力放在几何和数学的定量研判上，相关内容可以扫描本书书末的公众号二维码，与作者互动。以获得更深入的相关论述。

三、价值投资与价值投机

如果您翻遍股票类交易品种，翻遍历史上的大牛股，您会发现，我们的 DEF 品种总是和价值投资的发掘品种相吻合，内在价值的驱动和资金的介入是投资市场的那只“最初的蝴蝶”；也是下跌主驱动浪被颠覆的唯一内在原因。

价值投机总是在价值投资品种的合适时间窗口跳跃出来，在市场的估值没有被挖掘和显现前，人们将之成为价值投机，而一旦价值和估值显露，业绩转好，股价大多已经走入上升主驱动浪，进入所谓价值投资阶段。

我们要做的就是，在品种的下跌主驱动浪刚刚结束，多空未明时就发现它跟踪它，而一旦出现数学形态上的牛熊转折，我们就在其跳出来的第一时间，抓住它。

用我们的 NSM、XSM 系统，对不同品种、同一品种的不同历史时期，对同一品种的同一时段、但不同细分级别的内部构造进行画图分析，进行描述画像，一些不断重复、清晰而简单的分形结构就会呈现在我们面前。

太阳下没有新的东西，只有古老而简单的重复。

下面，让我们开始一个崭新的跟踪旅程。

第十二章

下降主驱动浪的构建与细分浪形态

下降主驱动浪如何进行几何定义？下降结束如何进行几何定义？内部如何进行演化？本章将构成未来实战交易基础中的基础，核心中的核心，读者应当用学习物理学的精确和耐心，去体悟这个过程的精髓。

在本章，你会看到所有的交易品种，在我们自己尺子(NSM 系统、XSM 系统，时空周期)这面照妖镜下，呈现出惊人的相似，历史总在重复这句话，将以几何学的面目呈现在世人面前。

下降主驱动浪用我们自己的尺子(时空周期和 NSM 系统)去丈量长什么样？何时可以介入？调整会有多深(确定性的数学)，多长的调整时间我们可以期待？读完本章你会有惊人的发现。

有了前述章节的基础定理及定义，我们有了初步的自信和手段来观察市场，用我们自己独特的尺子来丈量市场。我们从这一章开始，对主下跌驱动浪浪、主上升驱动浪内部性质进行初步的研究。

一、研究下降主驱动浪对于实战交易的重要意义

进入市场后先要研究什么？

先研究下降主驱动浪，其次研究未来的上升 1 浪。前面提到的所谓有浪可数尽需数，莫待无浪空折枝，是什么意思呢？

所有的牛股都是按浪操作的，反过来说，没有浪，就不是牛股，有了 1 浪，才可能有 3 浪。既然有了 1 浪(牛熊转折定理得以实现)，那么，NSM 系统就建立起来了(从新的最低点构建上升综合 NSM 总系

统）。

有了 NSM 系统，2 浪的结束也是可以数学定义的，3 浪的高度也是可以预测的。

所以，我们追踪研究的品种，一是要上市 3 年以上经历了时间的洗礼，有明确的 1 浪；二是在某只特定品种上，一年只做 2~3 次交易，其余时间都在观察研究，这样大的框架就出来了。注意我们所说的浪不是艾略特波浪，你可以把它定义为时空浪，不要拘泥于细节浪型，而要注意它最宏观的时空分型。

二、下降通道构建的思想准备和技术准备

规避主驱动浪的下跌、追逐主驱动浪内的巨幅获利，更包括未来的波浪简单化，都离不开对主驱动浪内部细浪演化形态及规则的清晰研究。我们需要明确的是，进入市场后，某一个操作周期内的总体思路。

这个过程和总体思路包括以下几个阶段：

(1) 对所有品种进行分类，把 D、E、F 类型的品种加入自选，A、B、C 类型则坚决放弃，除非有一天，A、B、C 类型的符合了条件进入了 D 类型，才去关注它。

(2) 在 D、E、F 类型中对它的历史数据进行充分研究，研究它的下降驱动浪，并进行细分，寻找下跌因子，其目的是寻找一些重要的转折期，并确认其熊市的终结，真正进入你可操作品种的备选池。

(3) 搜集个股的基本面资料，研究大盘所处位置，确定操作策略。

(4) 在 D、E、F 中进一步筛选后你会发现一些品种已经转折，然后运用后面的知识，寻找波段介入点。

(5) 运用相关知识在阶段头部减仓操作。

(6) 终有一天，你会发现你的交易品种出现了反转，即将进入熊市，坚决离场，结束这个操作周期。

三、对下降驱动浪进行波浪定性的原则

按照上面所列的步骤，第二条研究的下降驱动浪是我们本章的重

点。研究下降驱动的一些原则是：

（1）以历史高点为 H 点，某个波段低点为 L 点，做 XSM，不翻越 XSM，则认为下跌仍在继续。

（2）一旦翻阅这个 XSM（中间也可能有新低），则确认一个下跌浪的结束，同时确认一个反弹已经开始。

（3）从历史高点做 XSM 系统的功能，除却第一个牛市尚未结束时那个反弹（可以定义为下跌一浪）外，每一次反弹到达了一个时空周期，则确认一个大级别的调整浪结束，新的下跌即将开始。

（4）一旦一个下跌大浪结束，则必须实验着对新的反弹定性，马上重新寻找时空平衡点，一般反弹的高点确认为时空平衡点。

（5）从新的时空平衡点重新开始构建 XSM 系统的过程，直到新的 XSM 被翻越，定义为第二次反弹，循环往复

（6）直到从原始最高点开始的 XSM 被翻越（一般第一次触及，第二次翻越），按照牛熊转折定理等待转市。

四、主驱动下跌浪分析：应用举例及核心细节

为了读者更清晰地了解上述过程，下面我们以华微电子为例进行深入讲解。

华微电子在上市后经历了一个 17 周的上涨及横盘区后进入了漫长的跌市，我们如果想介入这个品种，就必须先对其下跌的全程进行一个细致的分析，然后才可以决定是否介入。

1. 寻找历史最高点，并开始建立 XSM 系统

在周线图上，我们取 2001 年 4 月 20 日最高点 11.1 元为极限高点 O 点，取破位前最后一个高点 2001 年 6 月 29 日的 10.7 元（前复权）为小级别 XSM 系统上的 H 点（为什么这里不取最高点而取下跌点的最高点，将在实战部分进行详细的说明，这是个固化 2 浪的问题，固化 2 浪是我们系统的关键内容之一），在 2001 年 9 月 21 日这周 LWR 指标出现了金叉，我们觉得暴跌后的 7.1 元可能成为阶段性低点，我们取 2001 年 9 月 7 日的 7.1 元为 L1 点，做下降 XSM 系统如图 12-1 所示。

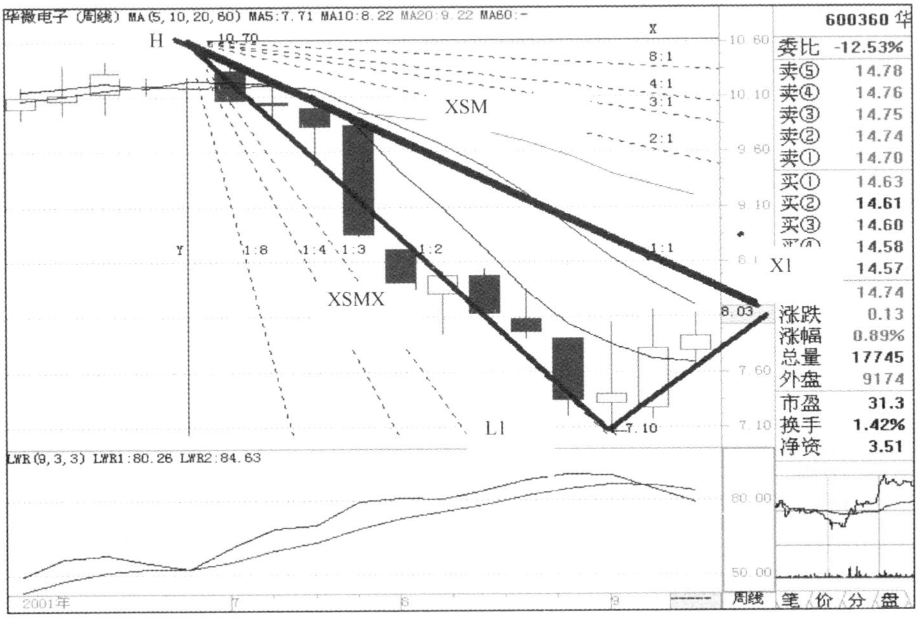

图 12-1 第一个 XSM 系统及用途

这个 XSM 线建立后，我们可以马上确立一个判断，那就是在 HX1 线处，也就是第一个时空周期的上线 XSM 处，将面临较大压力，在 2001 年 9 月 21 日这周我们就要建立一个概念，未来数周内见到 HX1 时将是一个重要临界点。果然，股价在两周后刚好触及 XSM 线，并马上产生了一个恐慌性下跌，如图 12-2 所示。

华微电子于 2001 年 10 月 12 日创出新低，根据完美驱动浪的有关知识(完美细分浪：在主驱动浪的进行过程中，将发生若干次正常的调整，这些反弹如果到达且只到达 XSM 位置，则称这个形成驱动浪的完美细分浪)，我们确认 L1X1 的反弹为本次下跌的一个完美细分浪，接下来的下跌趋势仍将继续，HL1X1 所在的时空周期叫作第一个微下跌时空因子。

果然，华微电子继续下跌，在 2002 年 1 月 25 日出现了一个恐慌杀跌创出 5.1 元的新低后，才产生了一个持续 15 周的反弹，如图 12-3 所示。

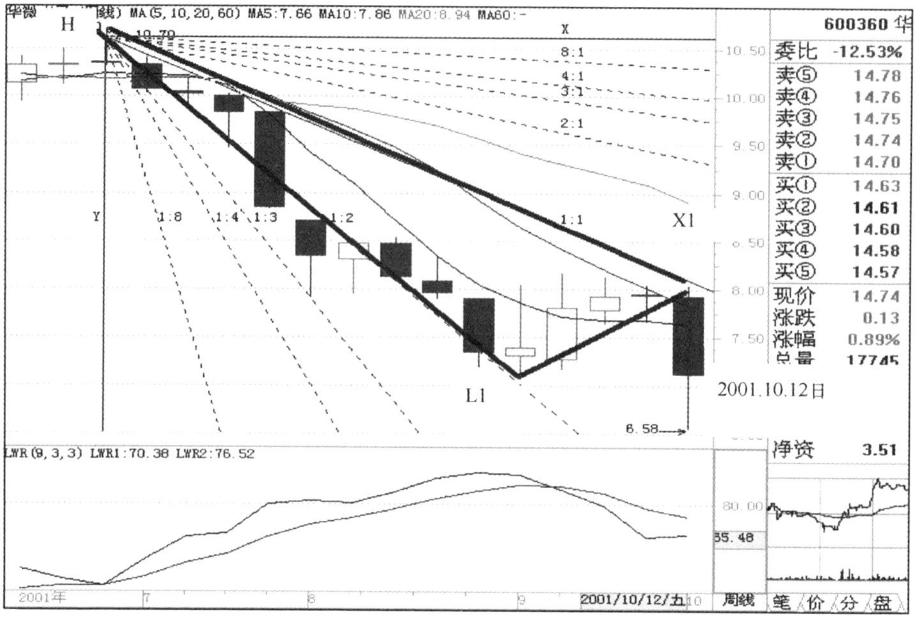

图 12-2　完美驱动浪中恐慌的产生

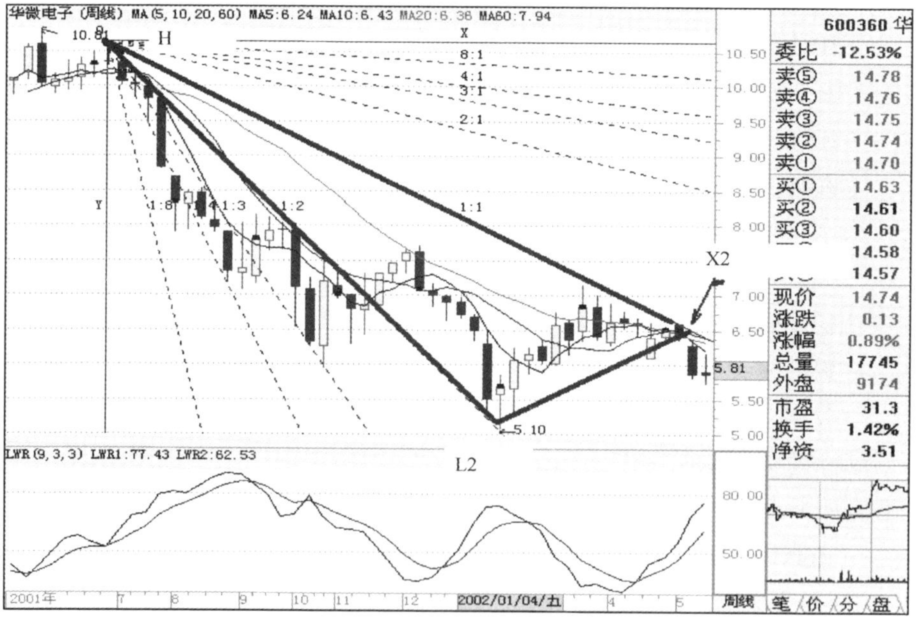

图 12-3　周线级别的反弹：多方的再次恐慌

在图 12-3 中，HL2X2 又正好在 2002 年 5 月 10 日的 X2 处结束，完成了又一次完美反弹，并重新开始新的下跌，我们把 HL2X2 这个时空周期叫作第二个微下跌时空因子。

2. 一旦 XSM 被翻越，则确认一个大级别的反弹开始

前面所有下跌因子共同组成第一下跌驱动浪。2002 年 6 月 28 日发生了一个新情况，从第二个下跌因子结束后开始的下跌，在并没有创出新低的情况下跳空上行收于 B 点(图 12-4)，翻越了下跌时空周期的 XSM 线，根据完美驱动部分姆定理的有关规定(完美调整持续且仅持续一个时空周期；超过一个时空周期的调整则不是原驱动的调整浪，要么其构成更大级别驱动浪的调整浪，要么趋势反转)，说明这次反弹级别将是一个大级别的反弹，或者干脆是反转。而反转必须等待牛熊转折定理来确认，现在到达 XSMS 的位置还很远，那么我们就只能暂时观察，看其是不是更大级别的下降浪的调整浪。

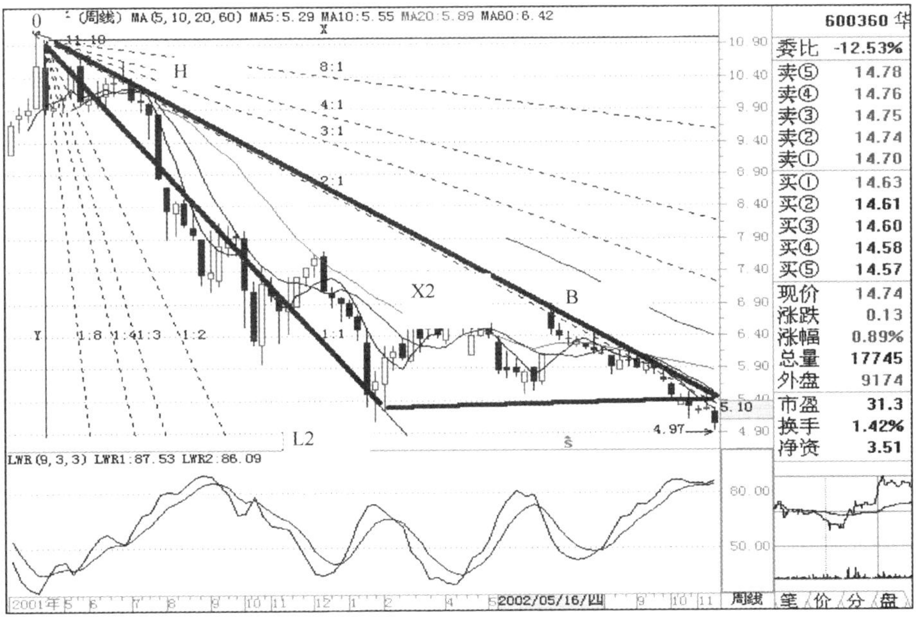

图 12-4　确认反弹结束

2002 年 11 月 15 日创出 4.97 元新低，确认这次反弹结束。当反弹在主驱动浪相反方向运行某一段时间后(一个或两个时空周期)，

随着股价的继续下行，LWR 也将死叉，但只有在创出新低后，方可确认这次反弹结束(简单表述为：新低确认反弹结束，新高确认调整结束)。图 12-4 中的末尾，我们认为从 L2 开始的反弹结束，并在此时为这次反弹定性。

我们发现，从 L2 到 B 的反弹正好在从历史最高点 O 点开始的 XSM 系统的 XSM 线上，并完美结束于 XSM 线，因此，我们定义 L2 到 B 点的反弹为下降浪 OL2 的反弹(而不是 HL2 这个下跌的反弹)。

此时，我们方可定义固化 H 点为时空平衡点，H 为时空下跌 1 浪(注：为了以后更好的对艾略特波浪进行数学定义并便于区别，从本章开始，所有的浪均指时空波浪的下跌或上升浪，下同)的起点。OL2B 为第一下跌驱动浪，固化 B 点为反弹浪的终点，新的下跌浪开始的时空平衡点。

3. 从新的时空平衡点开始建立 XSM 系统，重复原来的过程

从 B 点做新的 XSM 系统，从 2003 年 1 月 10 日开始的反弹，又一次完美地完成且仅完成一个时空周期，结束于 XSM 位置，形成从 B 点开始的下跌浪的第一次完美细分，然后下跌继续，如图 12-5 所示。

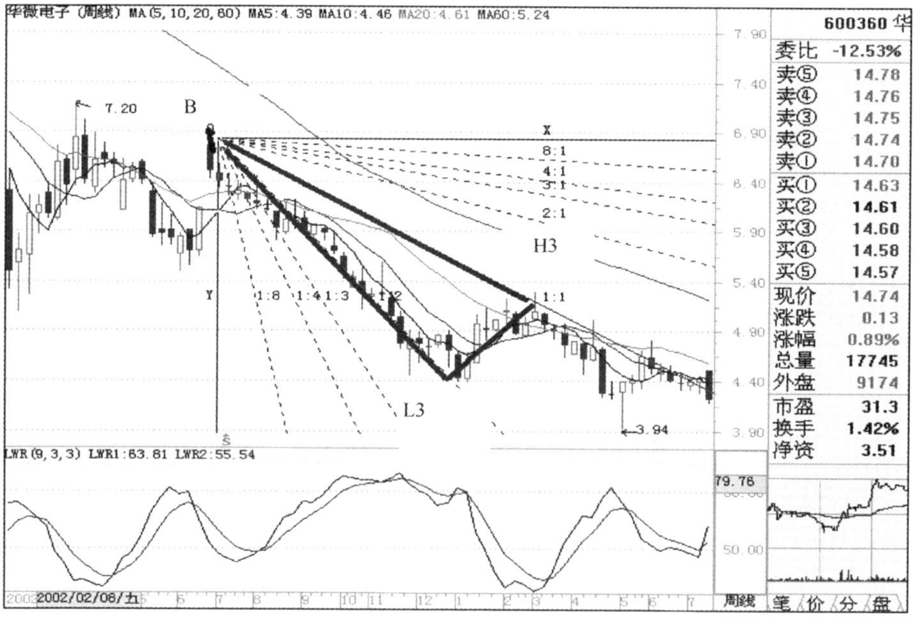

图 12-5　主下跌浪规划研究的第二阶段：新的重复

2003 年 9 月 5 日，华微电子以横盘的方式突破从 B 点开始的 XSM 系统，我们确认自 B 点开始的下跌结束，定义 BL3H3 为第二下跌时空驱动浪，如图 12-6 所示。

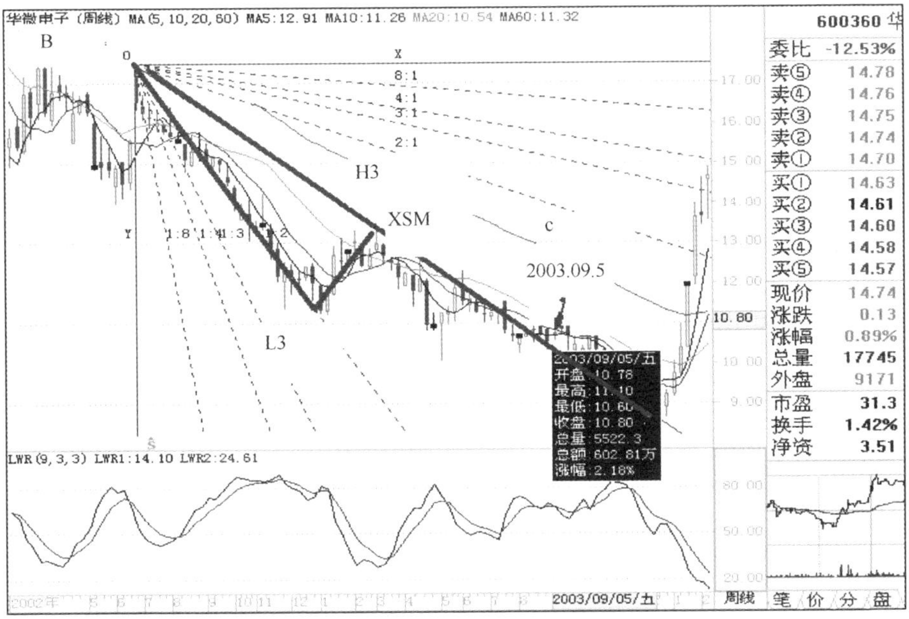

图 12-6 下跌时空驱动浪的内部结构

4. 取 L3 开始反弹的最高点为新的时空平衡点

如图 12-7 所示从这里重新建立 XSM 系统，图中 L4 点发生在 2003 年 11 月 7 日，两周后 LWR 金叉，我们可以初步选定 2003 年 11 月 7 日这周为 XSM 系统的下点，L4C 线形成 XSMX，XSM 处是明显的阻力线，2004 年 1 月 9 日，股价带量坚决地翻越 XSM，这周，宣告自 C 点开始的下跌结束。

接下来，我们需要关注的是继续下跌还是继续反弹，我们要时刻关注 XSMS 位置，因为，根据牛熊转折定理，一旦突破 XSMS，就形成了对 C 开始的牛市的反转，这个反转是牛市来临的第一缕曙光。到 2004 年 1 月 16 日，XSMS 被翻越，熊市波浪已经初步结束。

这时开始，我们要引入崭新的 NSM 系统，看牛熊转折时期的发展进程。

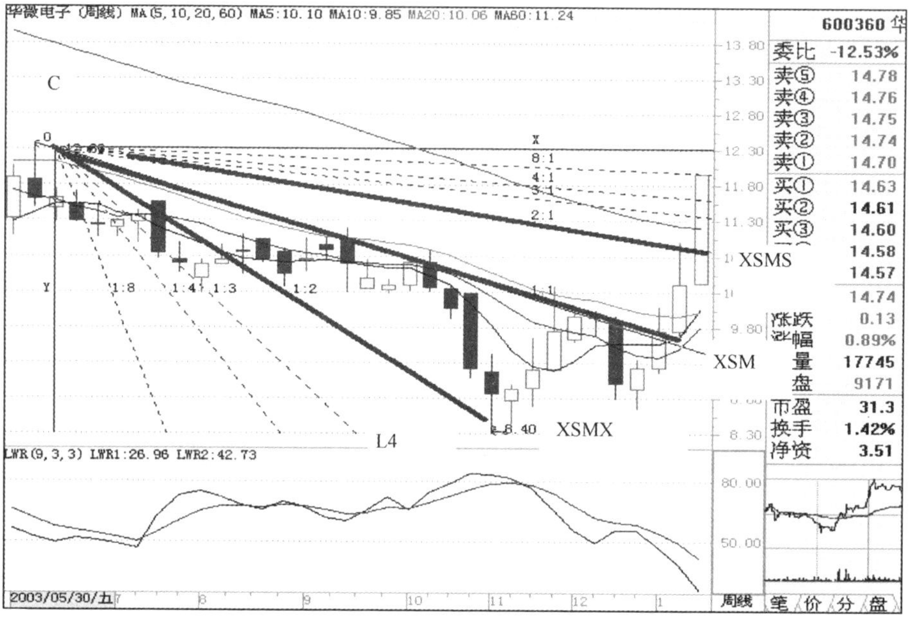

图 12-7　主下跌驱动浪末端的内部结构

注意：这时仍然没有到资金进场的时刻，真正的牛市操作的机会研究将从下一章开始。

第十三章

上升主驱动浪的构建

上升主驱动浪何时开始？如何几何定义？上升结束如何几何定义？有没有客观的几何学上的分界点？本章是未来交易应用的核心之核心，以上问题将得到完美的几何学诠释。

任何一个品种在走出来之前都有一个过程，牛股方程式必然符合以下的原则才能够走出上升波浪，因此，不断的观察、预测、定性是我们不可缺少的基本功。

我们的分析要经历以下几个步骤，每个步骤，环环相扣，只有前一个条件确认之后才可以进入下一步。

一、寻找潜在的转市品种

第一，寻找可能的牛股第一转折点 AAA。翻越总的下降 XSM，即进入第二个时空周期，这时熊市有可能被终结的第一时间之窗，注意，这里是可能，是一个必要但不充分条件。这个点在图 13-1 中位于 AAA 点，发生在 2005 年 7 月 8 日这周。

第二，观察潜伏二大浪的回调：作为潜伏浪，接下来的调整浪一般构成潜伏底，可以破 NSMX，但绝不可以创新低。

第三，关注第二个必要条件：产生相对于前一个阶段高点的新高。但必须注意，这依然不是充分条件。华微电子翻越一浪的新高发生在 2005 年 10 月 21 日这周。

第四，运用牛熊转换定理(见第九章牛熊转折定理——牛熊转折的结构学模型：牛熊转折演化定理图 9-5)，确认转市，如图 13-2 所示。

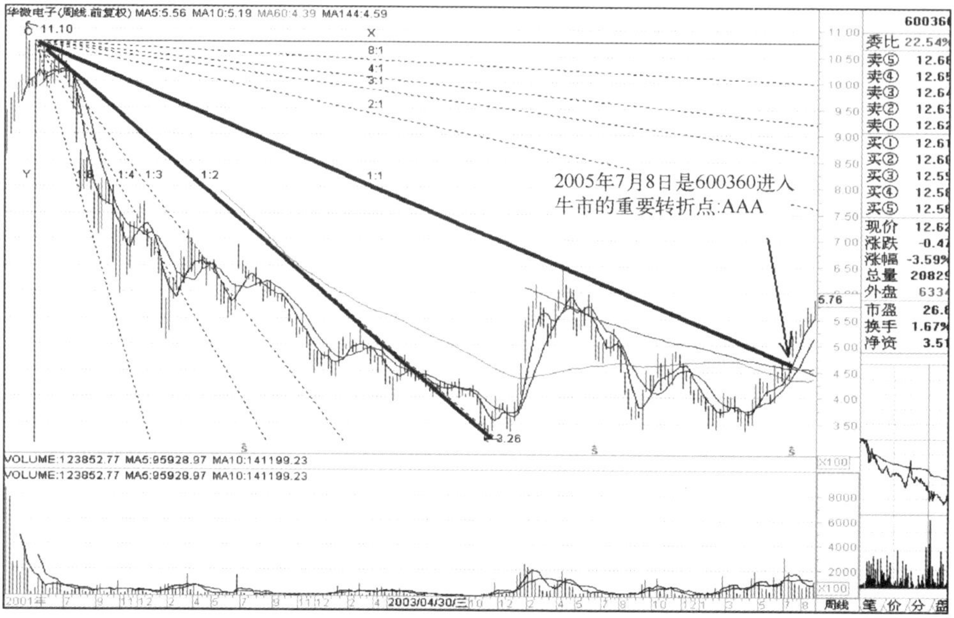

图 13-1 临界

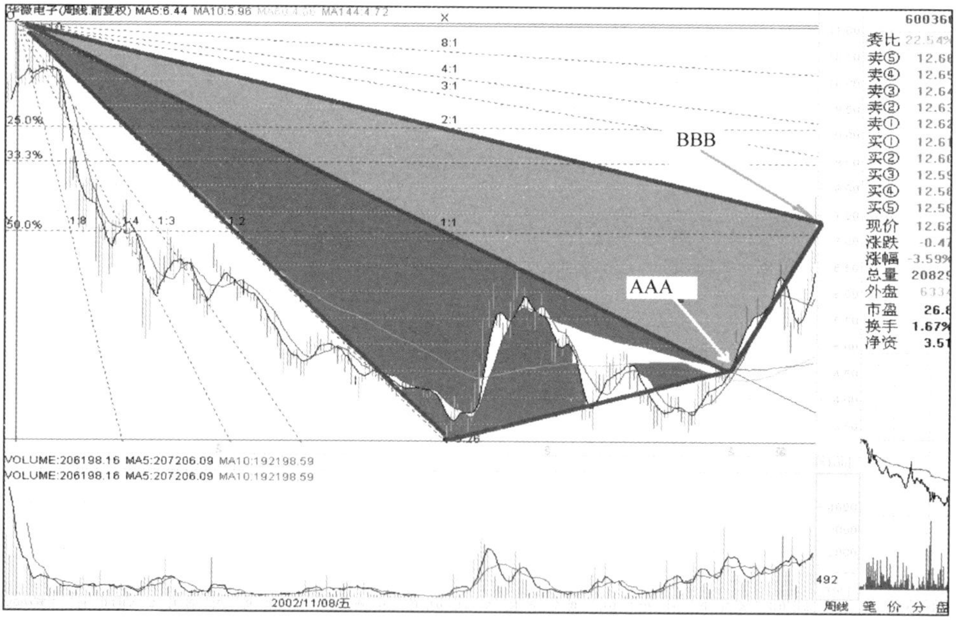

图 13-2 第二次临界

这周发生的 BBB 点，是在 2006 年 1 月 6 日。相反，许多反弹在 XSMS 止步，如图 13-3 所示。发掘阶段就结束，只有这部分正确，接下来的操作才能获取比较好的收益，我们指的收益是指在 50%以上的收益。

二、姆定理的应用：主驱动浪内部细分浪的观察

我们应用前面曾详细给出的姆定理(详细内容见第十章)等继续我们的观察工作。

第一，BBB 点产生后，回头固化 Y 点为一浪之顶，W 为二浪之尾，叫作正宗的三浪始点。注意，这个固化，必须是在根据牛熊转换定理出现反转后才能确认，这是个不可颠覆的条件。

第二，BBB 点产生后，实际上才刚刚进入我们的中线操作期。

第三，从二浪之尾，也叫作正宗的三浪始点的 W 点开始，构筑新的 NSM 系统。新 NSM 系统以 W 为下点，观察中的新高为上点，这个试探性的 NSM 在被固化前一直处于变化之中。

第四，2006 年 1 月 25 日这周出现明显回调，LWR 死叉，我们初步固化新构建的 NSM 系统的上点于 1 月 20 日这周的收盘价 9.53，如图 13-3 所示。

第五，从这时开始，需要关注的是 NSM 线，就是这个时空周期的下线。

第六，在 3 月 10 日这周，收盘价触及 NSM 线如图 13-4 所示，根据第十章完美驱动定理之(4)(逆反定理：任何反弹只能持续一个时空因子)，这里可能是低吸的绝佳位置。保守的参与办法是在低一个级别的 K 线中(这里则是日 K 线)观察 LWR 的金叉或者其他技术分析指标诸如 KDJ 等，作为买入信号。对于中线而言这里是我们的第一买入点。

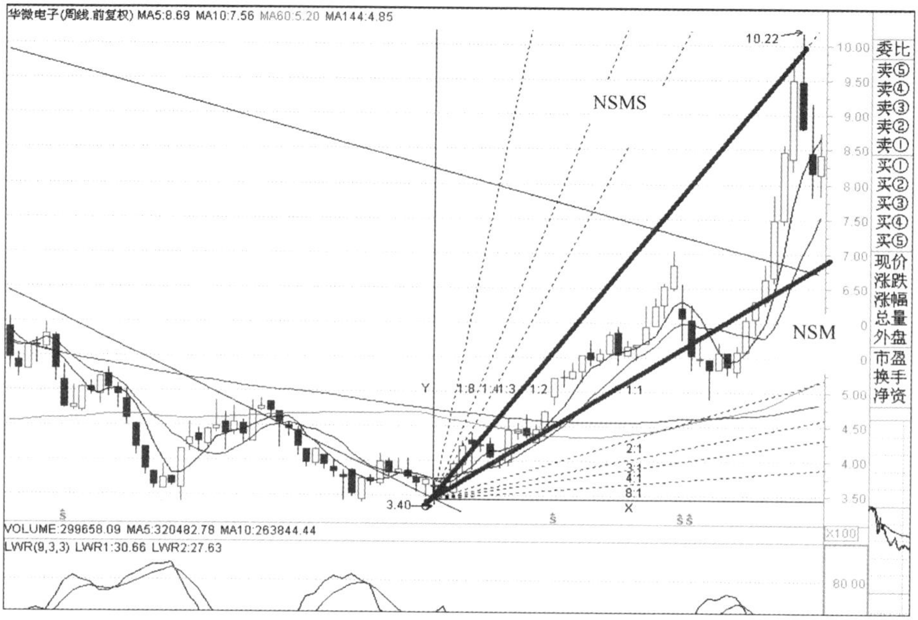

图 13-3　NSM 系统的作用

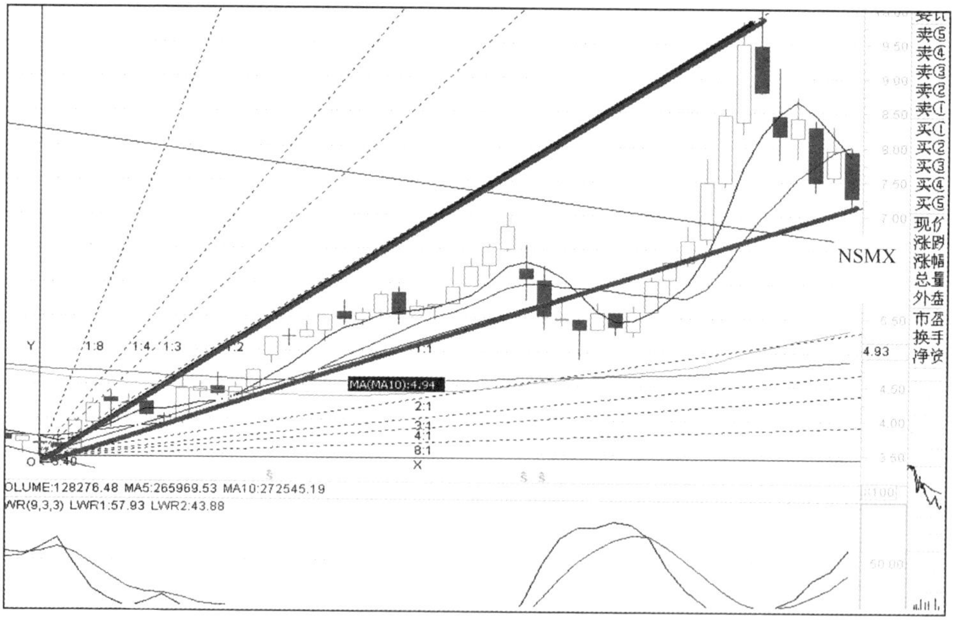

图 13-4　NSM 系统的作用之二

这次如果失败，则要等待 NSMX，就是下一个时空周期，位于 5.5 元附近，而如果这里能坚决向上，则预示着强大升浪的开始，因为前面我们讲过，只有一个时空周期的调整叫作强市调整，是最强的调整形态，和人们平时所讲的“挖坑”巧妙地契合。挖坑是人们的感官印象，一种现象的简单描述，如同艾略特波浪理论对大量历史形态的感官描述一样，是一种感性的知识。

三、主驱动浪结束的确认

定理：细分的驱动浪运行中，当最后的细分浪的 NSMX 失败后，则定义主驱动浪结束。新的下跌浪将调整一个时空周期，具体说，就是必须回到以最新高点（周、月收盘价）为上点、原始起点为下点的 NSM 系统的 NSM 线。而且这里会产生新的上升（或反弹），新的上升的力度和高度需要观察。

这个时点要做好新思路下的图谱构建：构建长期 NSM 交易系统。

主驱动细分浪的定型：2006 年 5 月 18 日这周历史新高的产生使我们对反转更加确信不疑，这时，一个重要的工作开始了，也只有这时，必须对新的上升波浪进行细分、固化，这是我们下一阶段乃至在数年的未来时间里，在华微电子上操作的依据，甚至是唯一的依据。

以下，我们看（图 13-5）分步进行说明：

（1）固化 2005 年 4 月 8 日为原始初始点 O。

（2）寻找在周线级别上第一次能够回抽一个时空周期的调整浪，把在此之前的所有调整定义为在杂波，这是我们以后要讲的波浪简单化的初步概念。

（3）经过寻找，我们发现这个第一个调整浪结束于 2005 年 11 月 18 日的 B 点。

（4）对波浪进行命名，由于这个调整进行了一个且只进行了一个时空周期的完美调整，所以我们定义这个调整为强调整。定义 OA 为第一时空浪（为了与艾略特波浪理论区分，不出现歧义，这里把一个浪叫作时空浪，定义 OA 叫作 SK 驱动一浪。第二时空浪 AB 叫作 SK 调整二浪。B 叫作细分二微浪的正宗结束点）。

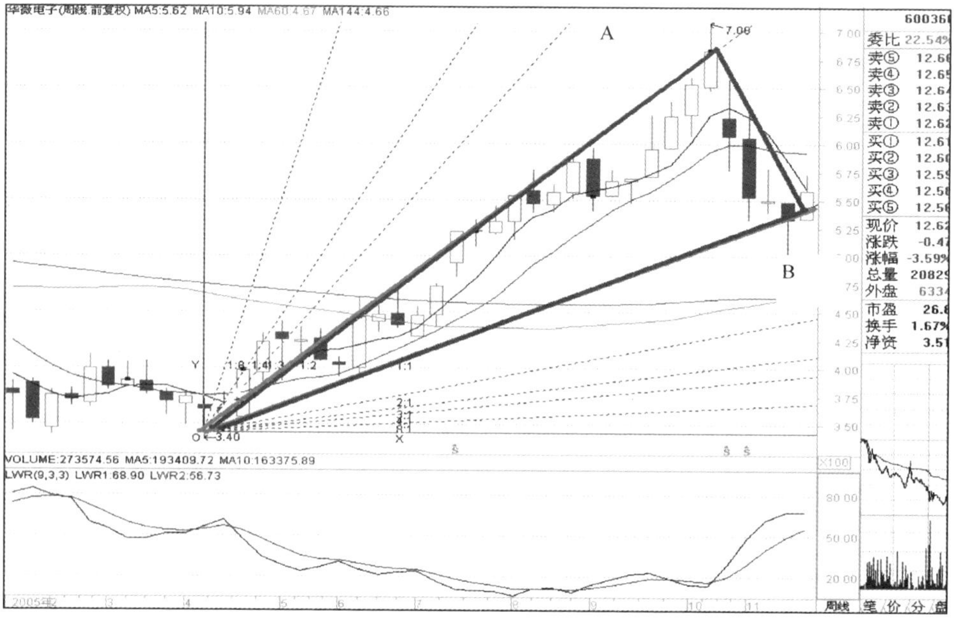

图 13-5　牛市的止跌

(5)对三微浪高度进行预测评估，实际上，从 B 开始的上升驱动三微浪的预测目标位置在 NSM，就是 OA 的延长线；触及 OA 延长线将是第一个波段止盈点。

补充说明：①如果这个上升浪不能到达 NSM 而只运行 2/3 或者 1/2 个时空周期，叫作衰竭驱动波浪，如果正好到达 NSM 叫作标准驱动浪，如果翻越 NSM 叫作超强驱动浪。

②一般而言，标准驱动浪在巨大波浪中占到我们总观察数的 90% 以上。

③在微浪级别上，就是说在细分浪中，细分中的 3 浪经常翻越，其幅度以 1+2/3 个时空周期最为常见，构成超强驱动浪。细分中的 5 浪以 2/3 个时空最为常见，构成衰竭驱动波浪。而在超强的龙头品种的 3 大浪运行中，则经常能正好走完两个时空周期，构成超强驱动浪又一形式。在切分定理中，将详细阐述。

(6)对三微浪实际高度进行评估，2006 年 1 月 20 日翻越了 OA 延长线，所以 BC 构成超强驱动三浪这个超强驱动三浪的实际高度正好到达 1+2/3 个时空周期，图 13-6 中的 OC 线和 1+2/3 个时空周期的上线完美重合。

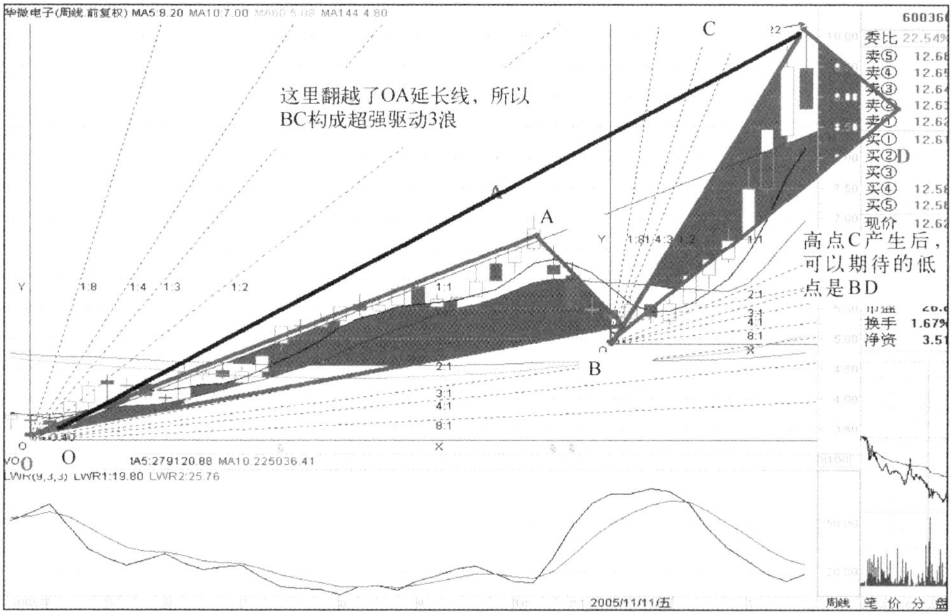

图 13-6　牛市的翻越：超强模式

(7) BC 上升三浪确认后对调整四浪进行预测，以 B 为起点(下点)，构筑新的上升 NSM 系统。高点 C 产生后，可以期待的低点是 BD。

(8) 对调整四浪的实际结果进行评估，实际上，在 D1 点的失败，使得 D2 点暴露在我们面前，位于 D2 的 NSMX 是不容失败的，图 13-7 定义 BC 为驱动三浪，CD2 为调整四浪。

(9) 对接下来的驱动五浪高度进行预测，调整进行了两个时空周期，这个调整四浪 CD2 是个深幅调整，接下来的上升将以 NSM 为目标。就是 CD1 为理论第一目标，就是，深辐调整后，上升浪一般只前进一个时空周期。在这个例子中，BD1 正好是角 CBD2 的平分线，BD1 线也正好是始自 B 点的上升 NSM 系统的 NSM 线。而 BD1 还构成了黄金三角形 CBD2 的中垂线，也是力学中求合力的平行四边形法则的合力几何线。

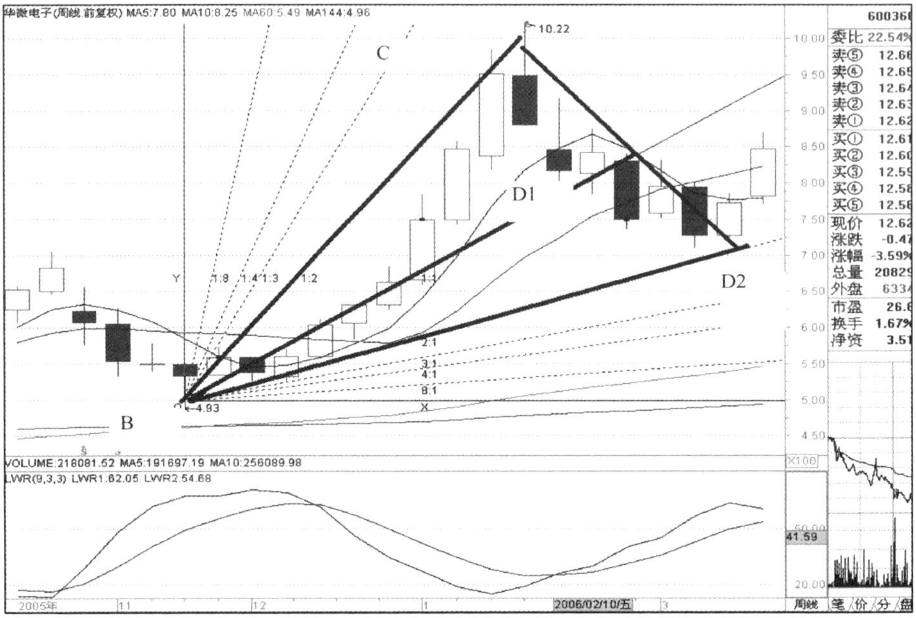

图 13-7　对调整浪进行评估

(10)对上升五浪的结果进行评估，2006 年 5 月 18 日这周，随着股改的进行完毕，一个疯狂的岛型被孤零零地挂在了我们的 NSM(BD1)线以上，构成了一个巨大的多头陷阱，其后连续 3 周的阳线只能触机 NSM，却无法站上，如图 13-8 所示。

(11)对接下来的调整对六浪进行预测，如图 13-9 所示，WF 的调整又一次在 NSMX(D2F)结束，接下来的上升浪 FG 只能沿 NSMX 缓慢上行，而且接下来对 FG 的调整已经开始，由于 FG 的孱弱，接下来的调整将会是什么样呢?

(12)截止本章成稿，这个对于 FG 上升七浪的调整仍在进行中，由于 H1 位置 NSM 系统的 NSM 线已经破位，这个调整将变成深幅调整，FH2(NSMX)位置的支撑反弹是必然的，而能不能创新高将成为观察的重点。由于 NSM(FH1)已经很平缓，即使翻越 NSM 也将难以创新高，因此未来 FH2 的上升将很艰难。

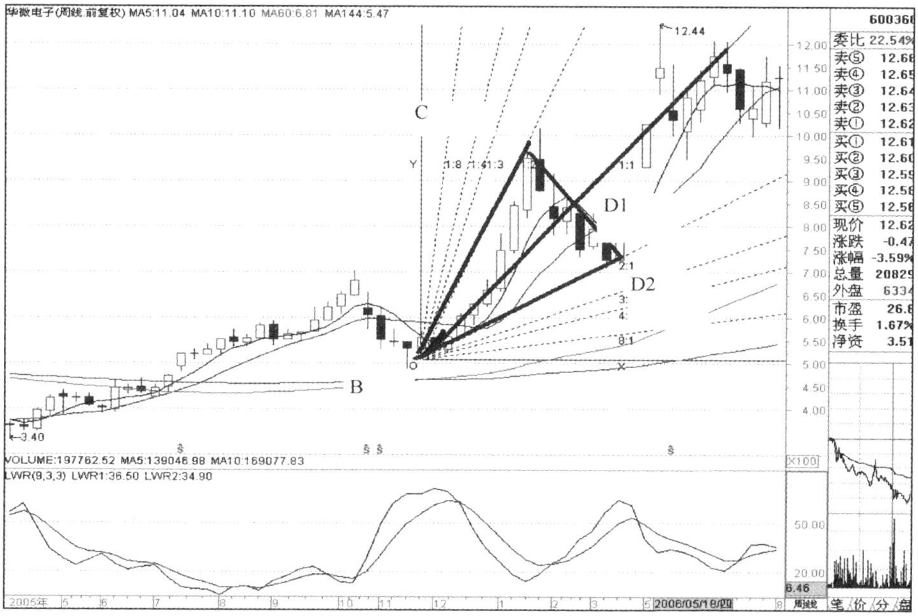

图 13-8　对细分升浪进行评估

图 13-9　较弱的上升

(13)对微浪失败后进行主驱动浪的定型。微浪级别的上升中NSM系统下线支撑的失败，则预示着大的浪形可能接近结束，一旦某个上升的回调中NSMX被击穿，我们认为大的调整浪很可能要到来。实际上，华微电子中开始于FH2的上升如果不能创新高，那么接下来NSM系统的破位是必然的。下面我们假设FH2已经破位，看一下要做的是什么？

波浪简单化及大波浪的定型，如华微电子，则是要回复到总图中，看上一个级别的K线，这里就是要看月线，月线不清晰看45日线，接下来的调整将看总NSM系统的第一条支撑线位置，那将在遥远的未来。

第十四章

波浪简单化

第十二章、十三章构成了波浪简单化的理论和实践基础，也就是说，当一个上升主驱动浪的最后一个细分浪失败产生后，我们就要回过头来固化这个持续的上升主驱动浪为一个线段，并构成大级别某个浪段：一浪、三浪、五浪或者大 B 浪等。

这就为我们抛开了艾略特波浪理论中复杂的变形形态，而仅仅用数学来确定主浪定型带来了可能，我们给出两个新的定理。

时空波浪构筑方法核心定理一：大的浪型必须从上一个相反浪结束以来的历史最低点为原始起点。

时空波浪构筑方法核心定理二：一个正在运行的完美驱动浪，如果总在一个时空周期的通道内运行，则预示着这个驱动浪并未结束。

一、波浪简单化的基础定理

一个正在运行的完美驱动浪，总在一个时空周期的通道内运行。在每个时段的阶段高点你都来建立一个 NSM 系统，只要从这里开始的回调见到 NSMX 支撑后，继续上升并能够创收盘价新高，就认为这个上升浪仍然在被细分，以此类推，直到有一天跌破了 NSMX，确认对于这个驱动浪的相反运动开始来临，就是所谓调整浪。

破掉以最新高点出发的总 NSM 系统 NSM 线后，NSMS 和 NSM 之间的时空定义为已经完结的主驱动浪的轨道。

细分的驱动浪运行中，当最后细分浪的 NSMX 失败后，则定义主驱动浪结束。

新的下跌浪将调整一个时空周期，具体说，就是必须回到以最新高点(周收盘价)为上点，原始起点为下点的 NSM 系统的 NSM 线，而且这里肯定产生新的上升。新的上升的力度和高度需要观察。

二、波浪简单化的手段——调整周期，观察全局数据

我们研究一切波浪问题都是为了应用于实战操作，而经典的艾略特波浪理论，无疑是上一代研究者留给我们的一笔宝贵财富，但是，他的理论过于复杂，总是让我们先坠入云里雾中，千人千面，千人千浪。那么我们有没有一些简单的办法，将艾略特的波浪理论简化，能够使用起来简单而方便呢？下面，我们依托以上定理给出一些简单的原则和办法。

1. 宏观级别超级浪的寻找

当我们收集到一个品种的全部宏观数据之后，我们将它的 K 线级别放大，如果数据过多我们就看它的月线、季线甚至年线。这样，在最宏观级别上，随着拉升的结束，总会看到对这个上升的调整的时间、调整的深度，以及此后拉升的高度。

皖新传媒，我们在日线级别观察它的时候，浪形复杂而紊乱。当我们换到月线之后，一个崭新而简单的形态就呈现在我们的面前，如图 14-1 所示。

从图 14-1 中可以看出，皖新传媒在一个大的拉升浪之后，径直用一个月的时间直接打到时空周期下线的支撑位。而目前月线级别的连续小阳攀升已经持续了 5 个月，因为回调没有超过一个时空周期，我们就可以简单定义其处于一个最大级别的超级上升浪之中。

如图 14-2 所示，南华生物在周线上很凌乱，在月线上仍很不清晰，找不到起点和终点，但到 45 日线上，图谱就变得很清晰，收盘价也比较循规蹈矩，2000 年 5 月 11 日，形成牛熊转换定理的第一点，接下来的上升流畅而简单。

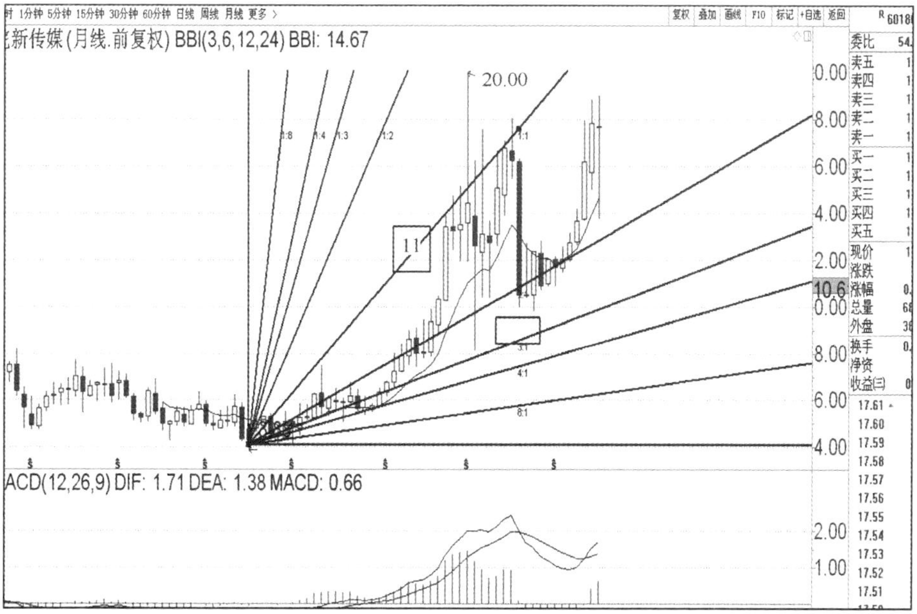

图 14-1 月线级别后图形简单而清晰

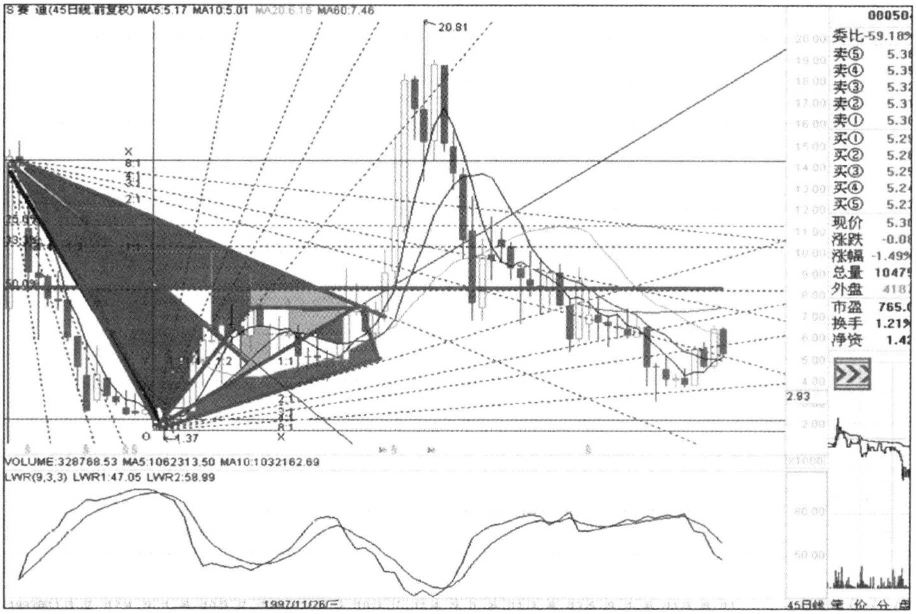

图 14-2 南华生物简单化与牛熊转折

总结以上两个例子，我们可以得出结论，即：通过压缩 K 线周期之后，任何一个品种都可以找到其清晰而简洁的超级浪型。

2. 凡是上升超过 10 倍、调整超过了一个时空周期的品种，我们认为它的某个主驱动已经结束

这是一个非常简洁而实用的定理。大家可以查看四川长虹、上海梅林等历史上曾经巨幅拉升的品种。在拉升结束后，由于拉升的剧烈，导致它的调整漫长、复杂而深刻。

简而言之，当一个品种调整超过一个时空周期之后，我们认为对这个上升的反动已经开始。在超级浪级别上，只要没有完成牛熊转折，没有创出新高，我们认为它的调整浪一直在持续之中。

以上两点基本就可以将任何一个品种都简化为几个简单的线段。而其详细定性则是波浪理论数学化研究的核心问题，由于较为枯燥，再加上波浪理论数学化是一个极端重要而且复杂的课题，其定理、公理的推演将在作者另一著述中进行详细论述，敬请关注。

二、波浪简单化的例子：宏观的外表与返身固化

在图 14-3 中，中体产业的周线破位之后，我们认为一个主上升驱动已经结束，这样，我们就返身固化 35.36 元那个新高位置就是某个上升浪的终点，也就是调整浪的起点。2008 年 8 月 8 日这个时点，我们要树立的操盘思路并完成以下两项工作：

(1)要树立破位概念；

(2)返身固化浪型。

如果 H1 至 LLL 是某主下跌浪，而 LLL 至 H2 升幅达到 40 倍，我们认为它是一个主驱动浪，是某个超级 3 浪或者超级 1 浪，如图 14-4 所示。

到图 14-5 中的 qqq 点那个时刻，则应该返身固化 H2-L2 为已经结束的某 2 浪或者某 4 浪。

鉴于图中 H3 已经高于 H2，那么，L2-H3 那个上升驱动则是某 B 浪或者某主上升驱动浪的 1 浪。

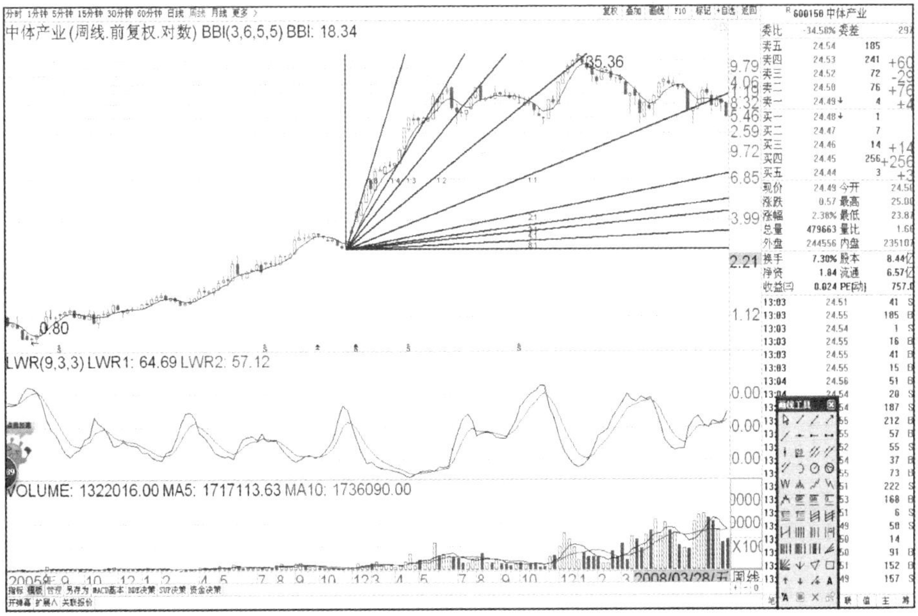

图 14-3　确认与返身固化

图 14-4　主上升浪的确认

图 14-5　返身固化

而这取决于：

（1）如果未来股价调整跌破了 L2 所示的高点，到那时返身固化 H3 为某 B 浪。

（2）如果股价在完美驱动 NSM 系统的支撑下创出了新高，到那个时点则返身固化 H3 为新的大型主驱动浪的第一个子浪；同时证明这个 L2 开始的升浪是一个和 LH2 同一个级别的上升主驱动浪。

以上内容，将一个品种上市以来最大级别超级浪简单化、线段化，这个工作并不是毫无意义的事后研究，而是一个对未来操作有重要意义的前期研究所用。它的意义在于，如果前期我们能够确认固化一个主驱动，那么我们对它的调整就有了深刻的戒备，有了时间上的基本预期（起码要调整最大级别的两个时空周期）和对风险的防范。而如果一个品种长期调整，并且多年来没有主驱动浪，没有大的上升驱动，这样的品种一旦创出新高，就有可能处于一个主驱动浪之中，这样的品种，就是我们梦寐以求的品种。因此，此工作是未来选股工作之基石。

第十五章

时空波浪构造法则及基本定律

本章在波浪简单化知识的基础上，阐述独特的时空波浪构造法则，在此基础上引入一些实战法则。

一、时空波浪定义及基本构造法则

时空波浪是以江恩角度线和艾略特波浪理论以及耗散理论为基础，对金融市场波动进行跟踪预测的数理系统。立足于对市场波动自然规律的认识，对波浪理论进行数学化、几何化，对市场的描述和交易对策连续化。

1. 研究市场从研究主驱动浪开始

在主驱动浪完美运行的时空里，主驱动浪(以上升主驱动浪为例，下同)内部所有回调不仅回调且回调必须到达一个时空周期，如图15-1所示。

这个正好到达一个时空周期的回调浪，我们定义为时空调整浪的细分第一个调整浪。在图15-1中的T+1浪完美结束于QQQ点。

同上，第二个回调到达了一个时空周期的回调浪我们称之为时空调整浪的细分第二个调整浪，看图15-2中的T+2浪。

以上进程循环反复进行，直到这个以完美细分运行的主驱动浪结束。

2. 如何定义一个完美驱动浪的结束

完美驱动浪的结束是一个极端重要的命题，在前面章节已经有所提及，在这里我们将之系统化。

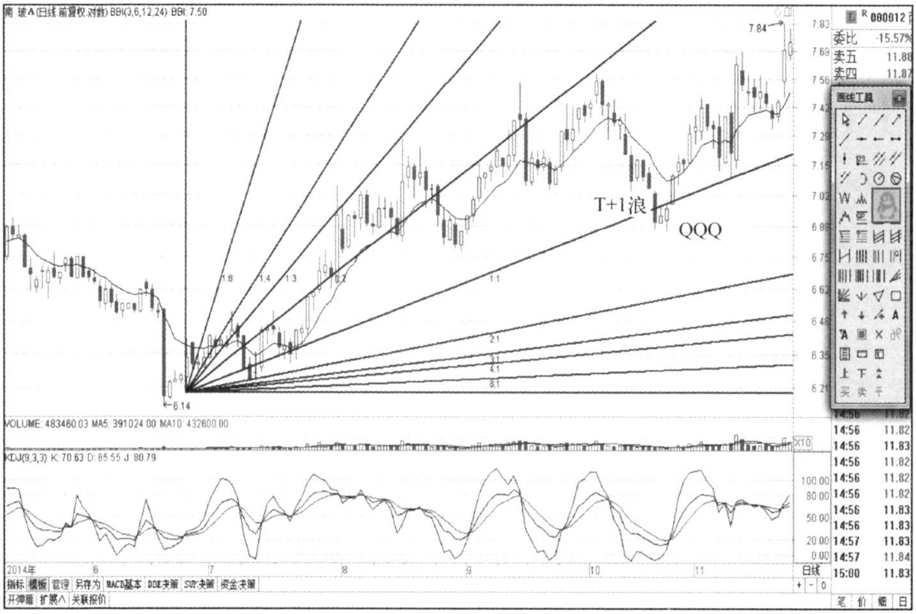

图 15-1　完美进行中的上升驱动浪

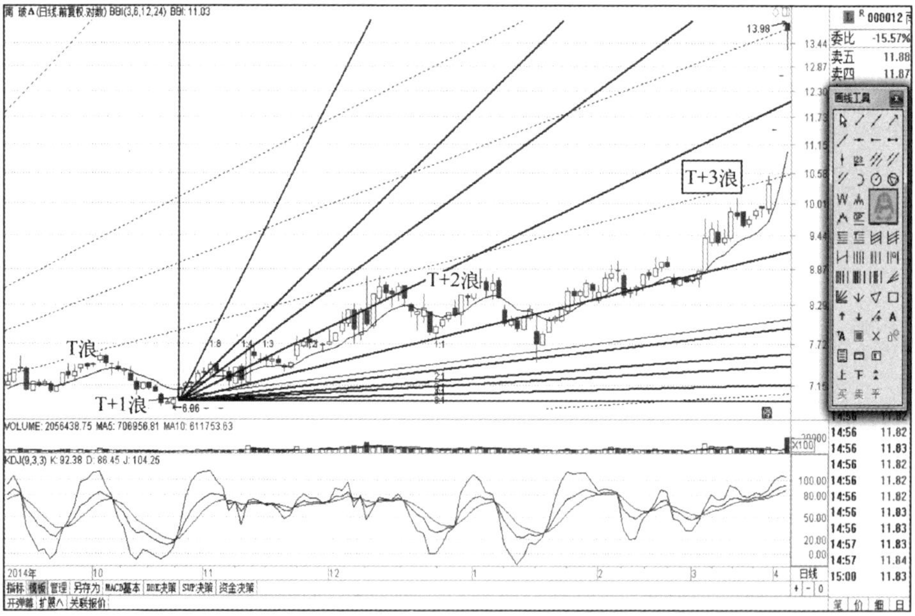

图 15-2　完美驱动中的细分调整浪的深度

虽然我们公开这个方法对市场运行的速率将产生影响，但是我们依然选择公开。本书的使命之一，就是给那些中小投资者以最安全的保护线。

基本方法：当回调一旦超过一个时空周期，则认为该级别的主驱动浪已经结束，如图 15-3 所示。

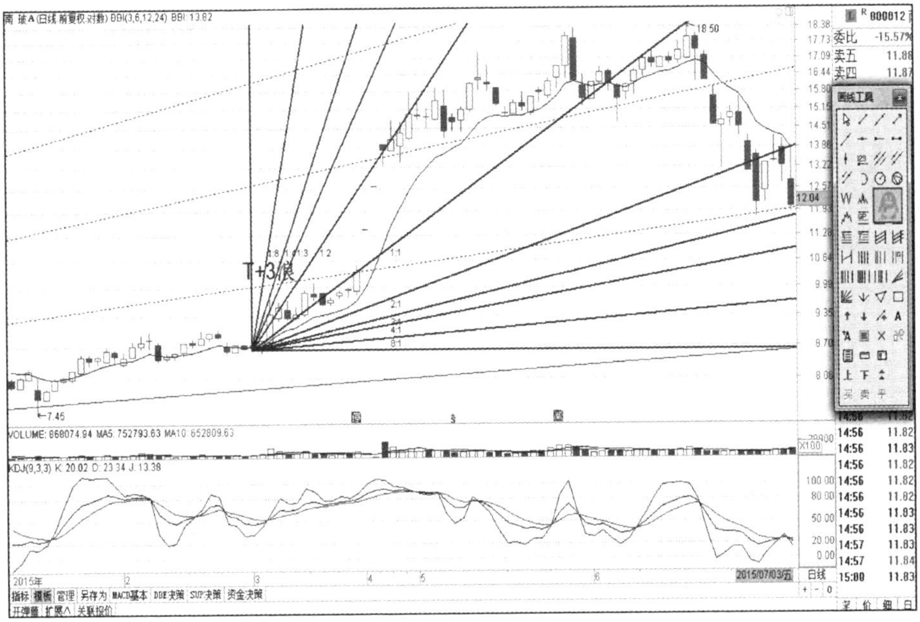

图 15-3　主驱动细分内部浪结束的标准图形

本书不做详细论述，在实盘操作部分会有一些应用的讲解。为配合这个主驱动浪结束的判断的形成，我们还有几个辅助的判定方法，让我们可以更早嗅到市场的风险。

以下再公布两个辅助确认法则：

(1) 主驱动浪结束的第二个确认方法是，从最后一个内部调整浪细浪的最低点开始构筑的细分 NSM(下降主驱动是 XSM 系统) 系统被否定，即：在细分级别上，回调超过三个时空周期。

(2) 主驱动浪结束的第三个确认方法是，剧烈的拉升产生时间、价格形成正方形，构成转势条件。A 股市场经常直接拉升 1 个时空周期或者 2/3 个周期形成转势。

二、震荡波

震荡波(图 15-4)一般完美持续一个时空周期，或者完美持续两个时空周期，一般不超过两个时空周期。

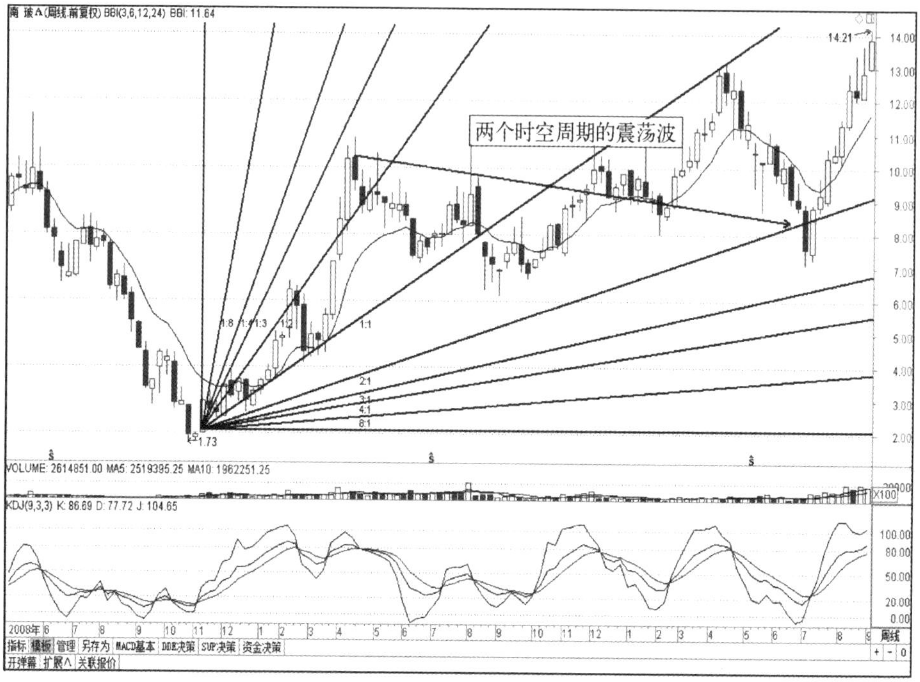

图 15-4 震荡波的复杂形态

完美的含义是：能够到达，且正好到达，且到达就结束。

三、时空因子的完成

回调一旦到达一个时空周期，则认为一个上升 T 浪和对它的回抽浪 T+1 浪已经完成，二者构成相互依存、互为有机整体的一个时空因子。一个时空因子的正负能量震荡完成后，市场进入新的震荡形态，看图 15-5 中的 QQQ 点。

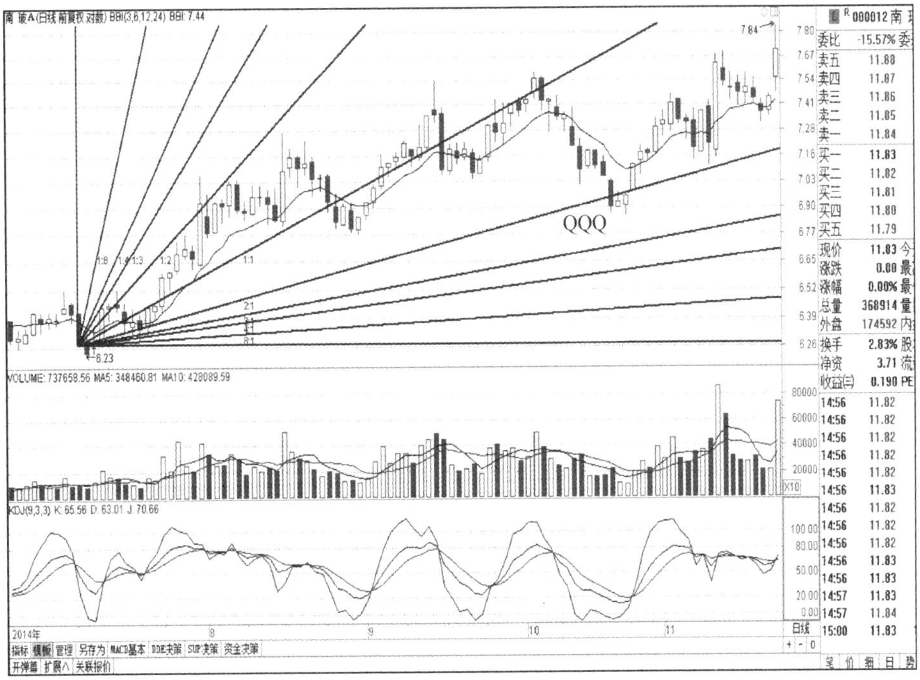

图 15-5　一个时空因子的结束

四、浪的复合

（1）市场是由主驱动+震荡波+主驱动构成，如图 15-6 所示。

（2）如果两个主驱动浪方向相同，则这两个主驱动浪构成更大一个级别主驱动浪的分浪，看图 15-6 中主驱动 1 浪和主驱动 3 浪。

如果方向相反，则构成一个大级别的一个转折。转折出现后，性质不定。其性质的确定，需要在一个大数量级的浪里确定。

这个道理从图 15-7 中可以直观地看出来。

图 15-7 中的高度和浪型杂乱无章，但放到更大的浪级中，高度一目了然，浪级清晰可见，如图 15-8 所示。

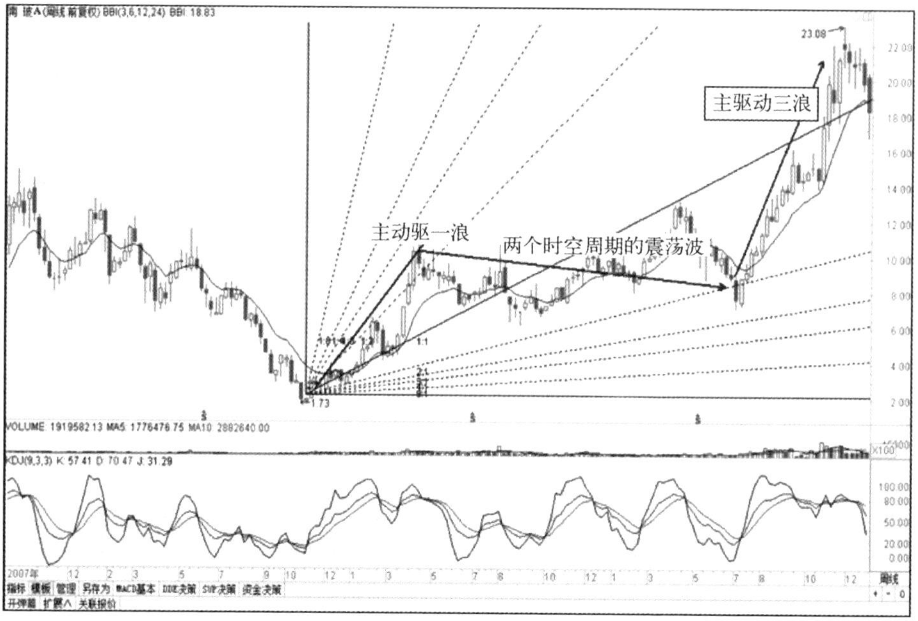

图 15-6　主驱动浪之间的复合

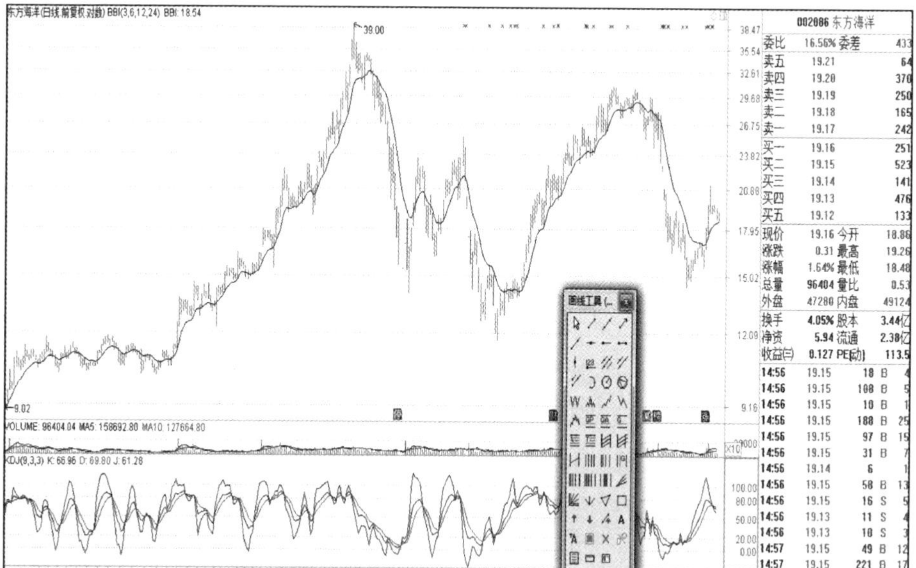

图 15-7　杂乱无章的波动

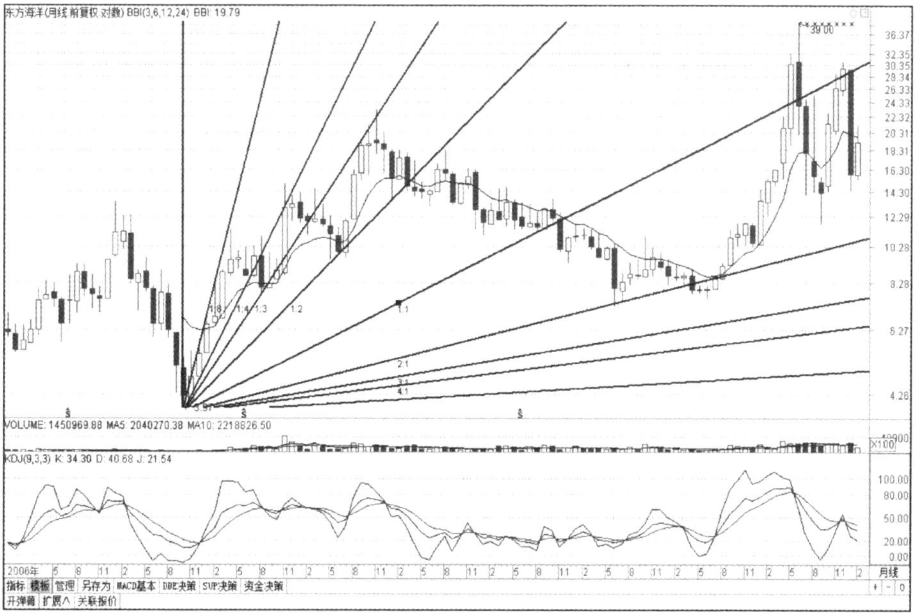

图 15-8　在更宏观的视野下清晰的内部驱动 3 浪

关注微信公众号(江恩时空)获得包括浪的起点、浪的返身固化(固化二浪之尾定理)、波浪定型等相关信息和研究的最新成果。

备注：时空波浪是笔者独创的一个全新的理论体系，其系统理论体系在笔者其他相关著述中有详细阐述。按照出版社的有关要求，本书只将和实战相关部分内容做一介绍，对其他内容感兴趣的读者可以加笔者微信 f188188jj。

第三部分

江恩时空操盘技法及双盲实战

当你赢利的时候，只证明市场犯了错误，而不是你有多么聪明

罗马不是一日建成的，一个主驱动浪在积累阶段曲折而缓慢

第十六章

操盘前的准备——宏观思路

江恩时空交易对策系统，严格讲应该称为江恩时空投资决策体系，它包含了江恩思想的内核但绝不局限于江恩理论，其核心包括：(1)基于金融市场运动自然法则的数理研判系统；(2)以此为依托引入相对应的数理系统、心理调适系统以及对应的不同战法。

一、品种选择的高要求："双击"点的出现

1. 品种选择

其基础是做产业研究、行业研究、市场趋势研究等，这是价值投资和价值投机要解决的问题。所谓的价值投资和价值投机，就是一个品种内在的投资、投机价值被市场发掘后，先知先觉的资金较早介入，而图形表现上，经常和主驱动行情的宏观时空相一致。这部分的研究，相关著述极多，在中国证券市场，大家应该注意的是要关注不同时期流行的主流观念和热点，一般而言大的趋势主要集中于价值投资行情。而重组、成长性，往往产生于市场资金不太充裕的小级别行情。

需要指出的是，在当前市场，我们要具有"买入中国"的大视野。所谓"买入中国"，是指任何时期，任何国家的证券市场，都和这个国家特定时期的宏观经济形势、宏观经济发展的阶段、国家发展面临的主要任务紧密联系的。比如 2006 年的股权分置改革行情、2015 年初的一带一路行情就是最典型的表现。良好的投资收益必然和你的视野紧密相关。

2. 时机选择

宏观时空图形上，我们倡导要在主驱动的惊涛骇浪中进行操作，这些由前面章节的数学系统来解决。

在操作上，买入品种的选择须坚持价值投资和好的时空位置二者的同时出现，也可以叫作“双击”或者“双杀”，就是说，必须同时满足具有价值投资(投机)的机会，图形上也要位于好的宏观时空位置，二者缺一不可。

二、坚持保守型交易策略

实践和理论两个角度都证明，从较长的投资周期观察，坚持保守策略比那些坚持激进型交易策略的投资者总是具有更高的投资收益率，这已经被市场反复证明。同时，一些专门做涨停板的资金，虽然很开心、“很过瘾”，但是它的波动性巨大，是普通投资者难以较好把握的。保守型策略，就我们的系统而言，有以下几个方面的要求。

1. 对拉升高度、调整深度的研判取保守策略的原则

这是指当我们在通过 NSM 系统对拉升高度进行预期或者规划、通过 XSM 系统对调整深度进行预期和规划时，我们一般认为达到一个完美时空周期是正常的，而衰竭的情况更是比比皆是。那些超越一个时空周期达到两个时空周期或者 2/3 个时空周期的品种，在一定阶段，市场中一般只有一只，就是所谓的龙头。我们不要期望总是能抓到龙头，保守的策略总是能够让我们的资金减少回撤。

如图 16-1 所示，这个预期千万不能用超强模式，一个时期市场只有一个超强，其余的拉升只有四边形法则中正常合力到达的高度。

2. 适度专一性原则

由于我们对市场拉升的高度、市场盘整的时间有了一个数学和几何性的规划，因此当我们在拉长投资周期，在一个品种上进行中长期的滚动操作时，我们可以比较好地回避由于过度追涨而带来的资金回撤，可以享受一个主驱动浪的长期的上升空间。因此我们建议，一定时间段内，固定操作 1~3 个投资品种，而不是在市场中到处追涨，这样的操作总是具有更好的投资收益。

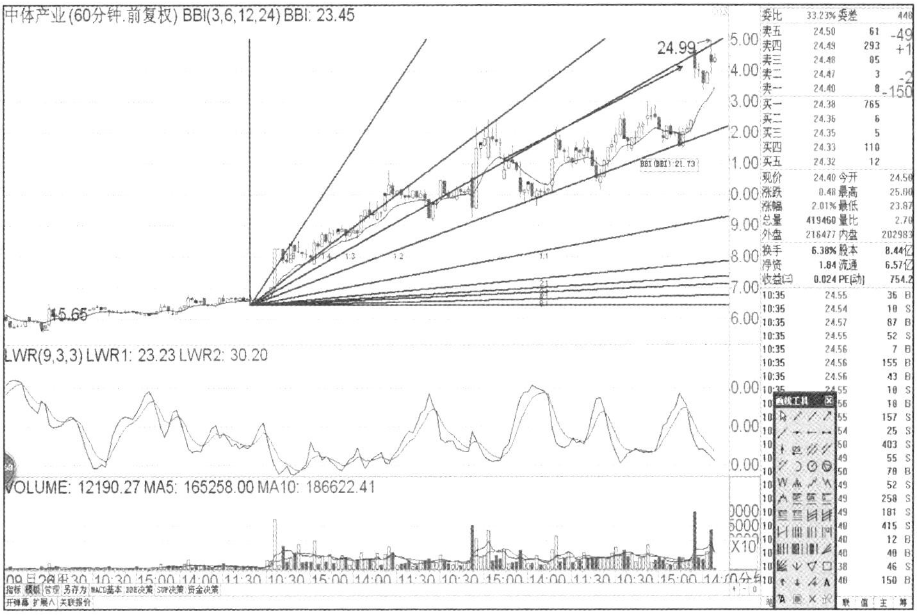

图 16-1 拉升高度的保守预期

3. 分散建仓和集中卖出原则

分散建仓和集中卖出原则，实质上集中体现了回避风险原则。因为在买入时，包括我们在 XSM 位置的低吸、突破新高后的追涨，任何地方的超短线操作都具有一定的风险性，这时我们如果分散建仓，每次只买入 20%的仓位并设置好止损位，即使操作失败资金回撤也微乎其微。但是，如果你全仓追入，那么一个 10%的回调很有可能破坏你的整个心态。同样，集中卖出的原则，实质是当拉升到达一定高度之后，我们将主仓，比如 80%的仓位一次性卖出，我们可以保住丰厚的盈利果实，而不去承担接下来回调的漫长的痛苦。

4. 学会空仓等待和 T+0

这是指性格的修养和时间作战，在前面已有论述。

5. 指数位置

在买入操作的时候，关注指数的宏观时空位置，并制定不同指数环境下的对应操作策略，特别是仓位策略是我们需要具备的另一个基本功。因为指数在下降通道时，下降主驱动的风险是巨大的。相反，当指数处于上升轨道，个股的表现就会相对平稳和活跃，牛股会层出不穷。回避指数下跌的系统性风险是操作成熟的又一个表现。

6. 人性的波动性和自大基因

从一定时间段的操作中，将时间维度拉长，我们的操作也总处于一个波动指数之中。比如，当一次追涨的成功总是导致自信心的爆棚，后面紧接着的必然是失败。因为那次成功只是市场处于资金泛滥、好的宏观时空而已，并不是你多么的优秀和先觉先知。因此交易策略应当顺从这个规律，一击成功则退出市场，而不是在新的品种继续老策略的重复。相反，一旦追涨正确，下次则宜适度低吸，低吸成功下次则应适度追涨，这些原则和市场的共振才是你大幅盈利而保持小幅回撤的基础。

三、交易九部曲

一个操作要有九个环环相扣不可缺少的步骤：

(1)基本面研究。

(2)超级浪宏观定型(构建超级 NSM 系统或者 XSM 系统)；符合，加入自选股票池，不符合任意一个淘汰。

(3)细分浪定型。

(4)寻找主驱动(波浪简单化)。

(5)逐步建仓：低级别 NSM 的小仓位(固化二浪之尾，构建动态 NSM 系统)低吸和突破关键 XSM 位置的追涨。

(6)建仓一旦完毕，当天对未来运行轨道做出规划：①规划细分浪型(完美驱动定理等)。②规划高度(SQUARE 定理)。③筑上升通道，严格按轨道操作。

(7)符合规划，坚持持有(NSM 动态跟踪系统持续看盘)。

(8)跌破规划关键支撑，全仓卖出(主驱动浪衰竭定理)。

(9)到达规划的止盈位(SQUARE 定理)80%卖出。

所有的操作都必须严格遵守以上程序。

四、先胜而后战

古人讲，运筹于帷幄之中而决胜于千里之外，其本质是先运筹于帷幄之中，规划设计在先而战斗在后，故胜负战前已定，战果早有预期。这是我们在证券市场交易中追求的最高境界。为达成上述目的，其基础条件前面已经做了许多的论述，主要包括：一套良好的数学交易系统、一条铁的纪律和一个正确的心态，这是先胜而后战的基础。这里仅就读者最关心的技术层面和操作层面如何做到先胜而后战，谈以下几个方面的感受。

1. 介入点的时空位置要具有低风险性

这里指第一次买入的时候寻找低位品种研究。首先是牛熊转折定理的级别一定要大、要早。换而言之，就是熊市持续的时间要足够长，所谓蓄之久，其发必速，如图 16-2 所示。

图 16-2　大小级别的牛熊转折对比

其次是牛熊转折后介入时机的选择上，既要果断，不能急躁，还要学会等待。实际上，在证券市场交易中并不是所有的急拉品种都没有介入的机会，在拉升之后的调整中，甚至在 5 分钟级别上你依然可以看出它的内部细分浪型和牛熊的转折。实际上只要采用更小周期来研究走势你就会发现，在微浪级别，V 调整之后会变成 W 调整的一小部分，5 分钟级别的 W 底会演变成 15 分钟级别的 W 底的前半部分，因此我们要知道，只要你观察就会永远有买入的机会。不要一时冲动满仓追入，这是初学者和性格急躁者的大敌。应学会不急不躁，学会等待和忍耐，和时间、和自己作战。

2. 买入前一定要规划好其拉升高度

战斗之前已经知道了结果，善之善者也。这一点非常重要。使用 SQUARE 定理给出预测高度，用确定的固化二浪之尾来规划一个上升驱动浪内部的细分浪等方法，用确定的几何法则对股价的未来进行预期和规划，我们就能够比较轻易地找到其拉升的高度和风险位置，一旦到达就提前卖出。这里，我们要坚持只吃主升浪的原则，给交易对手留出一些剩余的获利空间。实践证明，这种保守的策略，让我们交易更从容，心态更淡定，反而会获得更好的收益。

3. 止损单的坚决执行

我们做每一笔单子，在买入成交之后要迅速而坚定地给出止损单。这个是必须坚定执行的，不可以因为任何的跳空缺口、任何的心态的摇摆、任何的突发事件而受到一丝一毫的影响。这样我们的资金回撤就能够得到控制，从而在有大的上升浪到来时，我们的资金可以迅速增长。

读完本章内容之后，大家可能有了一些超越数学之外的感受。笔者也曾经历过许多这样的心路历程。在此，将去年秋天那如入禅境般的经历和大家分享。

那个傍晚，驱车西行，眺望远山，轮廓如股指的曲线起伏。投资人心中的圣地犹如远方的远山，我们前行有不同的路径，也许你变换车道后，会发现，原本快车道变成了慢车道，反倒被后车追赶到了前面。可是下一个路口，我们选择了不去变路，却发现隔壁的车轰然前行，我们的车道却蹒跚不前。

这就是不可测性。

还好，自从有了 NSM 系统和 XSM 系统，我们知道，在每个时空周期大致的波动速率，我们回避在牛熊混战方向未明的震荡周期，努力去选择方向明确的主驱动周期。

这是我们意外的收获。

由于交易系统的存在，当大约知道股价的几何发展模式和较为精确的目标位置后，投资变成了一场愉快的旅行。

我们眺望远山，

多变而不变，

无为而无不为，

先胜而后战。

第十七章

构建属于自己的交易系统

证券交易市场是一个非常残酷的市场，作为一个初学者包括一些已经有三五年经验的投资者，依然难以把握。而一旦你下决心进入这个市场，一个充满机遇与挑战、充满快乐、也充满残酷和泪水的旅程就要开始了。在开始这个旅程之前，你要系好你的安全带——自己的交易系统、铁的纪律、良好的心态等。在本章中，我们把交易前所必备的一些知识做一个系统梳理。

一、确定宏观时空位置——全部的数据

建立自己的交易系统，虽然市场上技术分析方面的书籍多如牛毛，可谓汗牛充栋，但是如何建立一套完整的交易系统方面的书籍并不多。基于对自然规律的深入认知，我们的江恩时空数理操盘系统对市场的研判有其独到的地方，甚至有些已经公开的某一部分内容也曾被市场视为绝密，舍得全盘拿出来交流的研究者并不多。但是，我们将主体框架基本已经公开，同时，系统所基于的一些基本规则，我们是要懂得的。比如，收集全部时空的交易数据（这是确定宏观时空浪的基础）、确定宏观时空浪位置等，这些都是交易某个品种之前要做的一些基础工作。现分述如下：

我们所谓的寻找宏观时空浪位置，实质上是为了确定基本的最大级别的上升时空、下跌时空、盘整时空，并确定我们身处于何种浪型之中。我们梦寐以求的，是寻求身处大 1 浪或大 3 浪等主驱动浪运行的时空。但是这种机会，在历史的交易时空中，特别是中国的证券交

易市场中，这种熊长牛短的迅疾运动的交易市场中，经常会持续 5~10 年才有一次主上升浪的交易机会，因此如何保持定力、收集全部时空数据、加强研究则成为了我们更重要的功夫，而不是终日忙于一些无谓的交易。

收集全部的宏观时空交易数据，就是要把一个品种上市以来所有的交易数据收集全，这样我们通过拉长它的分析周期，比如月线、季线、甚至年线，这样可以得到这个品种在交易所留下的最宏观级别的交易轨迹。当这类图形看多了以后，你基本上就一目了然了，知道当时是处于一个上升浪，还是下跌浪，还是盘整浪。用我们的 NSM 系统、牛熊转折定理等、波浪简单化来判定这个基本的浪型。

首先，基本的浪型确定以后，我们就可以剔除那些处于调整浪、盘整浪或者杂波时段的品种，而专注于那些处于上升波浪中的品种的研究和细分操作。这个上升波浪我们是有数学定义的，也就是我们可以采用牛熊转折定理，在月线级别甚至季线级别来分析其到底是不是已经完成牛熊转折，这是保证我们交易成功的最重要的基础之一，也是收集全部宏观数据的目的之一。

其次，我们关注的品种要有 3 年以上的交易时间。在许多交易市场，由于资金量的庞大和一些主力资金在特定品种上参与过深而刻意控盘，他们就可以操控交易品种的短线走势。这样，如果我们去追踪一个短线品种的交易数据和走势，在一定时空内是可以被操控的。但是，经过 3 年熊市沉淀的品种，注意是熊市的沉淀(一般来说，这种连续操作 3 年以上的大资金，就可以称得上长线资金了)，我们跟随他进入其主升浪，即使有操控也正如我们所愿。但是如果上市时间过短，在他的复杂波动和小级别的骗线中，我们很可能被他的波动所迷惑。

再次，我们收集全部的数据，不仅包括交易数据，更希望得到在不同数据时空对应的财务状况、股东状况、重组状况等数据。股东的变动、重组、企业收益的提高等，都会和时空浪的运行有一定的关联，虽然不是完全的正比和正相关，但是我们通过错峰分析，完全可以寻到他启动主升浪的一些脉络。因此，对基本面的财务数据、重组、股东数据的研究也是我们研究交易系统的一部分，这在第一部分有所涉及，这里不再赘述。

在以上工作完成后，下一步工作的重点就是寻找那些处于上升时空的品种，这个工作要遵循一些重要的原则，比如，有浪可数方去数。

二、在主驱动浪中踏浪（有浪可数方去数）

本节部分内容在本书第十一章有文字说明，这里从波浪简单化角度，用图谱来进行介绍。

1. 定义

有浪可数方去数，是套用一句古诗而来。这句古诗大家都知道，“有花堪折直须折，莫待无花空折枝”。股市的运行和自然界一样，有其春夏秋冬，阴晴圆缺，潮起潮落。我们在其潮起的时候，在春暖花开的时候介入，就能得到秋季沉甸甸的收获。相反我们在肃杀的秋末进入，那么等到我们很有可能是漫长的寒冬（注意：这里的季节都只是比喻）。注意我们说的这个“春夏秋冬”也好，潮起潮落也好，对应在股市的交易数据上，许多是以年、月计算，而不是以周、日、小时计算。短线的波动我们自有其他的办法解决，而所谓的有浪可数方去数，主要指最大的宏观浪型上。

有浪可数方去数包含了两层的意思：①如果要介入某个品种，必须判定它现在处于什么宏观时空浪型；②只在有浪的时机介入，那么，首先面临的问题就是用什么方法来实现波浪的简单化。

这部分内容在前面的章节和实战部分章节有较为详细的描述，我们拿一个例子来做进一步的梳理和讲解。

我们先看一下前几年比较冷门的一个品种，这就是深市的深中华A。在图17-1中我们可以看到，在2015年4月放出巨量突破了盘整长达20年的箱体，并创出新高，而此后大约6~7根K线（45日K线）的时间一直处于盘整状态，我们如何对该品种进行波浪简单化呢？

波浪简单化有三个必须的工具，或者说有三个必须要做的工作。①收集它全部的宏观时空数据；②波浪理论；③我们前述章节中的时空波浪理论。实际上，我们仅仅应用波浪理论里面一些最基本的简单

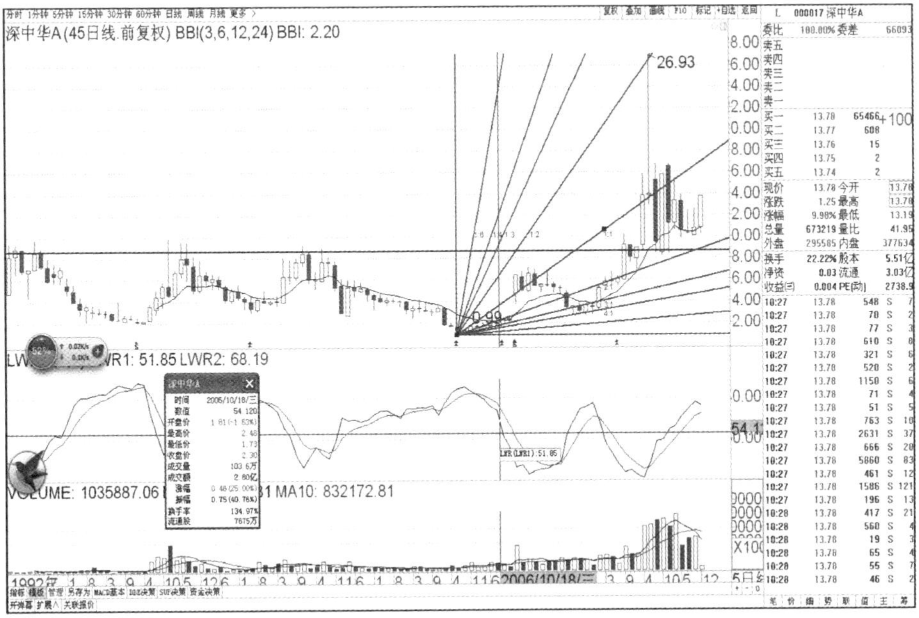

图 17-1　深中华 A 的波浪简单化

原则，就能得到很多有益的启示。比如深中华 A，其突破多年的盘整新高以后，我们认为它正在走出一个主升一浪或者主升三浪的态势。而由于它的上升时空至今仍然处于完美驱动之中，因此，我们认为这个上升一浪或者三浪仍在进行之中。那么它的最大级别的宏观时空浪分析，到这里就足够了，我们已经基本可以确定将它加入我们季线级别的自选池之中，这就已经达到了我们既定的目的。

波浪简单化务必把握主要矛盾，粗枝大叶，大而化之，不要拘泥于细节，失之于细节。这样，我们就可以用最简单的工作和最短的时间，来达成某个品种的波浪简单化，从而确定其是否进入我们的长线股票池这样唯一的一个基本目的，在当今，面对沪深股市就有数千交易品种、全世界海量交易品种，这个功夫是很有实用价值的。

再看徐家汇的例子，如图 17-2 所示。徐家汇在 2015 年的 6 月创出了 23.54 元的新高以后，并没有迅疾向上拉升脱离主力历史成本区域，而是在上市的最高价附近做简短盘整后迅速回抽 NSM 系统的 NSM 线。这样，我们就可以对这个 23.54 元这个上升浪做一个简单的预测：它要么是一个新主升浪的 1 浪，要么是某一个反弹的大 B 浪（注：这个大 B 浪假说，是假设在之前，就是上市之前，其开盘价过分透支了它的业绩，开盘就是某大主升浪的终结），23.54 元这一波拉升，只是某一个上升浪调整浪的 B 浪。

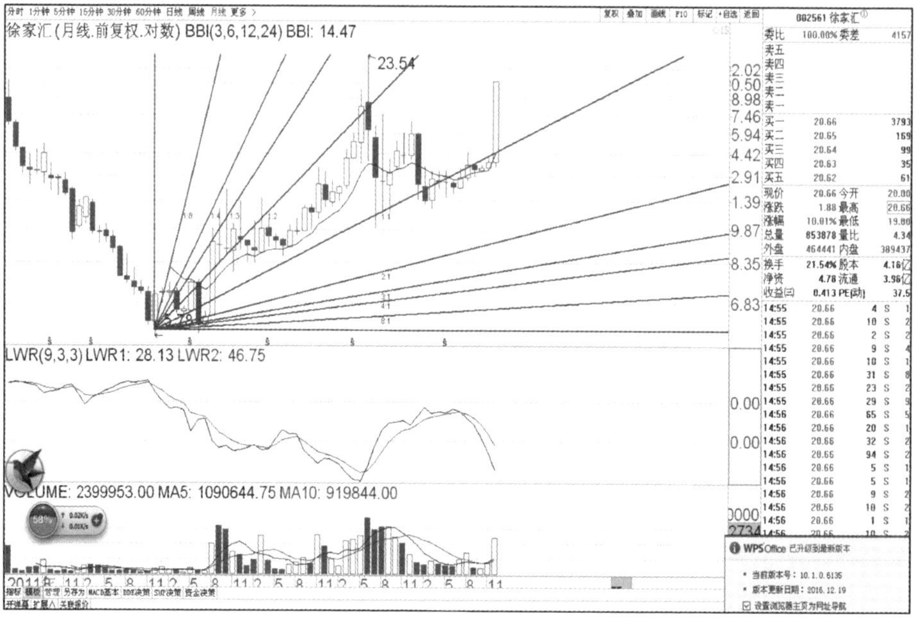

图 17-2　徐家汇的波浪简单化和初步研判

以上两种假设，需要股价此后发展出现两种新情况后重新回头固化。一是如果此后股价跌破 2012 年 11 月份 5.78 元的新低之后，则确认 B 浪；二是如果股价突破 23.54 元，创出新高来确认主升浪的持续。所以我们在漫长的时间流逝中需要的是耐心和等待。

但无论什么结局都不影响此刻我们对其波浪简单化的结果：由于图 17-2 中 NSM 线支撑的存在，无论它是主升浪，还是 B 浪，都是一波上升驱动，我们只需将它加入自选股池，置于介入时机和价位，则是我们其他定理（比如细浪级别的姆定理等）要解决的工作了。

三、寻找主驱动浪

能否在市场获得巨额利润的关键是，是否能抓住主上升驱动浪。

因为做反弹从来培养不出巴菲特，而只要抓住了一个主驱动，短时间内就能够创造1倍乃至10倍的利润，因此识别主驱动，而不是拘泥于其他细节，成为实战操作的核心内容。

如何识别主驱动呢？后面实战部分有专门章节进行数学化、几何化的分析，此处从简。

四、心态调整及仓位控制

心态问题是一个复杂的问题。我们从以下三个方面对心态问题进行解剖。希望读者对这部分内容引起最高度的重视，解决这个问题是交易获利的最关键环节，甚至超过前述的数学系统。

1. 进入市场的目的决定了你的心态

有些投资者为了追求蝇头小利，一经进入市场便不能自拔。对于这种投资者和这部分资金而言，短视性、无目的性、无规划性、无纪律性甚至巨亏后零股交易者放纵的心态，毫无纪律性导致你最终的命运只能是一条：要么亏损出局，要么在市场摸爬滚打多年依然找不到出路。

还有一类资金是一些所谓的短线战法的资金，他们抱着迅速获利的目的，使用涨停板战法等工具追求暴富。但历来风险和利润相伴，这种对暴利的追求，对快速拉升图形的追求，往往伴随着更大的风险。如果处理不好心态、止损和仓位控制等问题，那么这类资金会更快的被市场所淘汰。

2. 性格因素决定了你事业的高度

心态的问题更多是个性问题。有的人生性暴躁，失之于武断。这种性格脑筋一热就去开仓，这是最不适合进入证券市场的性格类型之一。有的人性格天生温顺，但失之于犹豫，他们在证券市场观察到了很多机会，但是往往因为犹豫而错失好的介入时点，犹豫之后再次追入却又追在高点上了。犹豫型性格也是证券市场的一个大敌。

那么什么样的性格才是一个好的性格，什么样的人才适合做一个合格的投资者呢？性格圆融、不急不躁、静如处子、动如脱兔，日常养全身正气，动时刚毅勇猛，这样的性格才是我们追求的理想目标。

这些人性中正面的、积极的因素是证券市场参与者修身的基本诉求。实际上，人生条条大路通罗马，在其他领域的成功，也必须具备这些性格，在证券市场也是如此。

3. 知足即富：修养及性格养成

为达成上述性格修养的目的，有许多先贤著述可供我们参考。比如老子“无为而无不为”这种对自性的追求；比如孟子“平时之养与动时之用”的论述；再比如王阳明“心学”对知行合一、致良知的追求等。这些理论都给我们修身提供了很多的便利，特别推荐大家读一读王阳明《心学》著作和老子的著作。这些著作对人生圆融、对人生目标的树立、性格养成和交易的知止、知足极具现实意义。

第十八章

不同时空分型的演化性质及初步操盘对策的建立

当我们深入研究角度线之后，建立了一系列生长演化的定理公理，确立了基本的纪律和规则，我们已经可以将所有的交易品种的图形以及此后的生长演化进行分型、分类。每个类型未来的生长演化都是可以进一步的归纳分类。这样，我们通过对每个时点的宏观时空分型就得到了相应的比较正确的交易策略。

让我们逐步揭开所用交易品种的面纱，用时空临界线等手段对所有品种、所有时段、所有波动进行初步分形，对市场做全方位扫描，而后给出他的未来。

一、证券交易品种形态分类的总结及相互演化

我们的目标是：运用前面的牛熊转折定理及时空临界的知识，对所有交易品种所处的任意时空、所有时间点给出统一模式的分类，并对不同时空区间的品种给出未来可能的演化方向，进而给出持仓及交易的对策。

纵观世界所有金融证券品种的历史走势和正在进行的演化，从全部交易数据和时间来分析，我们得出的结论无非处于以下几种波动形态之中，绝无例外，如图 18-1 所示。

第一类，微涨落系统。资金持续流出的品种，包括 A、B、C 三种类型。

第二类，巨型涨落系统。

D：下降通道被破坏，反弹超越了一个时空周期(XSM)，但最高

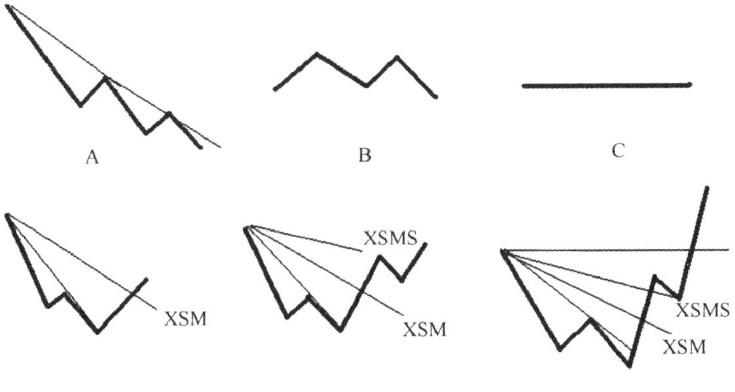

图 18-1　证券交易品种分类

只能到达第二时空周期上线的品种(XSMS)，下降被破坏，已经出现反动信号的未知系统(可观察品种)。

E：下降通道被彻底破坏，反弹超越了两个时空周期(XSMS)，已经出现反转信号的未知系统(深入观察品种)。

F：反弹出现新高(进入自选股票池，深入研究品种)。

剔除 B 和 C 两类没有操作价值的品种，实际上，A、D、E、F 四个类型之间，是逐步生长、演化、演进的关系。在这里，我们对这四类时空分型生长、演化进行详细说明，并给出初步的操盘对策定理。

二、A 类图形生长演化的方向及交易对策

1. A 类品种的生长演化

我们从用已经建立的知识体系，来逐一分析其演化和时空性质及对应的交易对策。

A 类品种实际上代表的是持续下跌的品种(这类品种在历史上是出现过的，比如某些认购权证和认沽权证，持续的资金流出，直到最后价值的归零)，是典型的下降主驱动浪，它未来的生长演化，无非有以下两种可能，如图 18-2 所示。

第一种可能：向上突破 1∶1 线(XSM)，逐步向 D 类模式演化。

第二种可能：继续向下创出新低，延续 A 类模式。

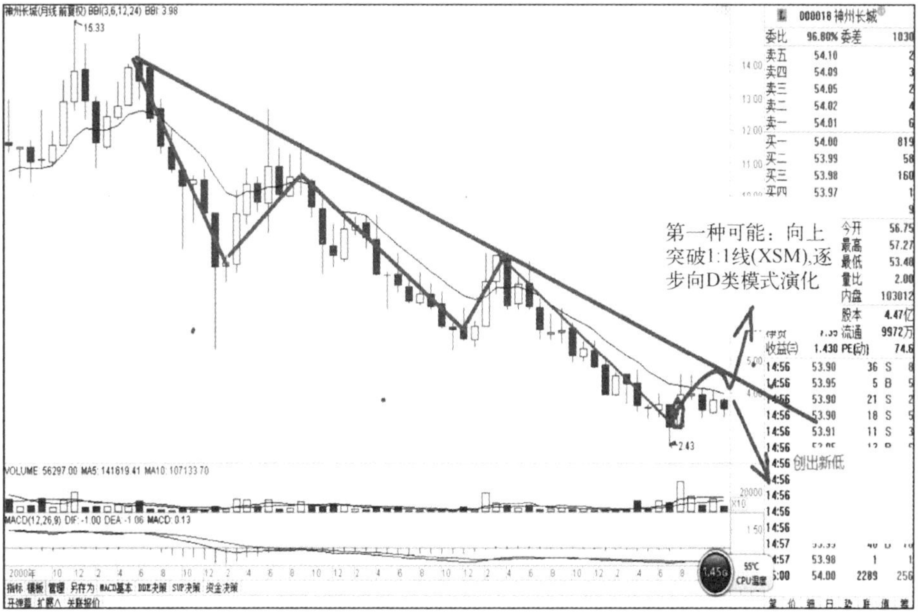

图 18-2　A 类品种的生长演化方向

2. 对应的分析思路及操盘法则

鉴于存在以上两种截然相反的可能，在变盘前我们遵循保守的操盘法则。

A 类时空模型的操盘法则及基本交易对策：在突破长期下降压力线以前不介入(一般就是未来的江恩 1-1 线)。从战略层面上讲，我们基本可以忽视其存在。

未来变盘观察点，等待股价出现以下两个现象时必须重新决策：

A：创新低；

B：向上突 XSM，就是说反弹到达一个时空周期。

如果创新低，用新低为新的 B 点做全新的下降 XSM 系统(详细画法参见前面章节)，重复上面的过程。

三、D 类时空模型生长演化的方向及交易对策

(1)定义。

D 类时空模型是指当某只股票长期下跌，随着时间推移，股价反

弹达到并且超越一个时空周期但是没有到达两个时空周期所处的时空区域。其中，和时空周期上线的交点是一个重要时空平衡点，就是图18-3中的P点。

股价从P点运行至F点所处的时间和空间的演化进程，称为D类演化模型，如图18-3所示。

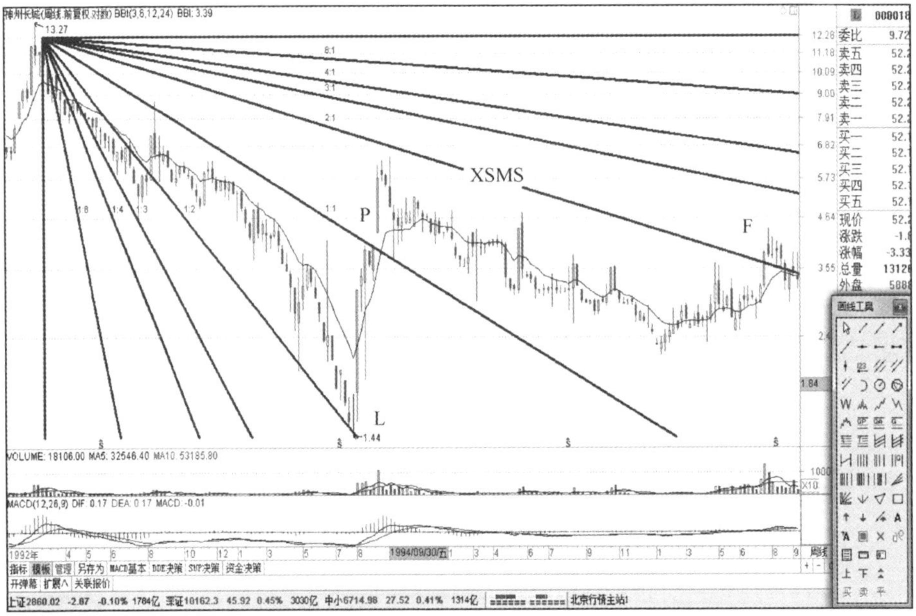

图18-3　D类时空模型可能的生长演化的方向

(2)性质。

股价翻越第一个时空周期上线后，市场进入多空拉锯区域，也就是说空方连续打压流畅下跌的气势已经瓦解，市场的恐慌气氛被一片的反弹所代替，市场阴阳交替，却不再创出新低，同时，多方也还未能建立起有效的进攻能力去突破F点。时阴时阳、捉摸不定是这个时空演化模型最大的特征。

(3)分析手段。

图18-3中熊市生命线上线(XSMS)成为最重要的关注区域，同时，反弹以前所产生的绝对低点L也必须被关注，这个低点如果被有效击穿，则时空模型回归A类模式。

(4)交易思路。

这个时空区间，市场时阴时阳、捉摸不定，最好的选择是休息，大资金也可以选择部分先头部队进入市场试探市场温度，过去一些理论中大资金吸筹所留下的痕迹，比如长上影线，温和的间歇放量，就经常出现在这个时空区间。

(5)演化方向。

第一种可能：股价在 XSMS 熊市生命线的压制下长期盘整后突破，完成牛熊转折定理的三个条件，形成经典的牛熊转折定理所给出的图形，直接在细分级别完成主升时空波浪之一的大浪，也完成 D 类时空向 E 类时空演化的经典图形，如图 18-4 所示。

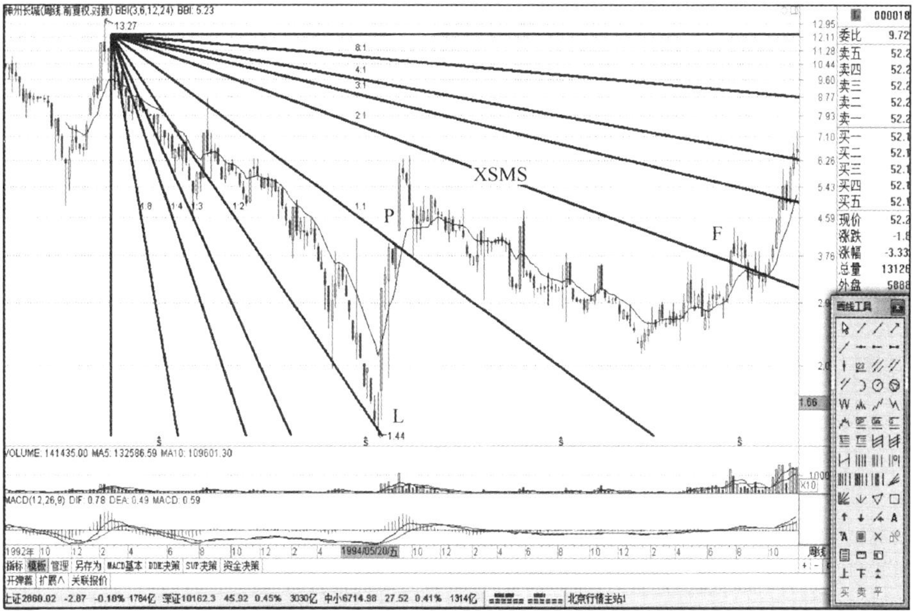

图 18-4　D 到 E 时空模型的演化形态

第二种可能：股价在 XSMS 处形成毛刺，然后在 XSMS 压制下创出新低，形成通常意义上的 B 浪反弹，转而运行新的大下跌浪。因此 F 点是一个最敏感的时空平衡点，这里构成本教材中最受重视的一个奇点，这里的操作必须专注而小心。

需要指出的是，这类演化并不常见，一般不发生于长期熊市的后期，更多地发生于长期上涨后的首次大幅下跌之后，形成传统意义上所说的 B 浪反弹，如图 18-5 所示。

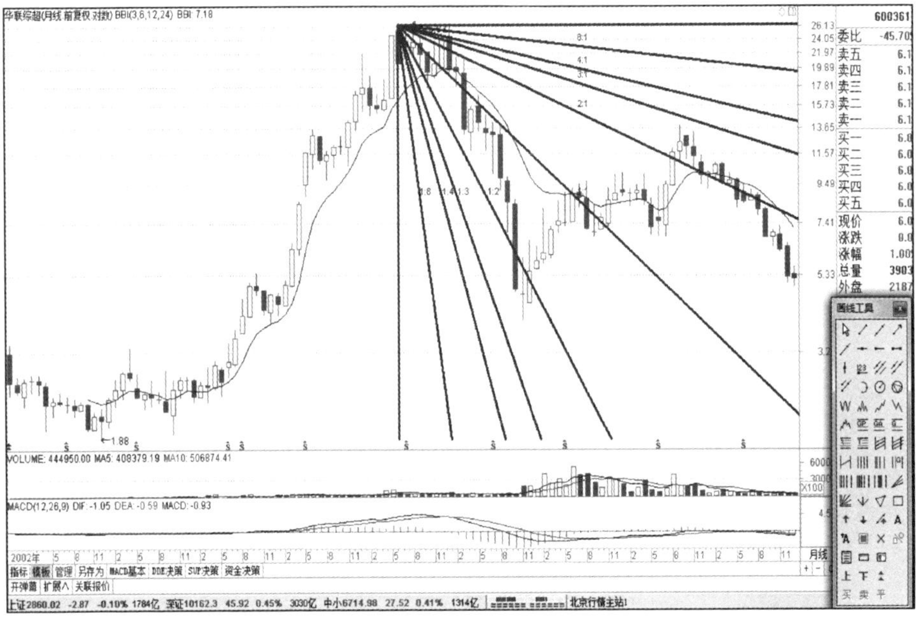

图 18-5　D 类反弹的失败

四、E 类图形生长演化的方向及交易对策

(1)定义。

E 类时空演化是指，当股价翻越 F 点有效完成牛熊转折之后，到创出历史新高之前或复杂、或简单的漫长时空区间。如图 18-6 所示，F 点到 H 点所经历的时间和空间以及对应的演化模式。

(2)性质及演化规律。

E 类时空是最捉摸不定和复杂的时空演化时段，这里有的简单异常，暴力拉升，直至创新高；也有的曲折蜿蜒，复杂多变。但在这个时空中，由于多方资金已经嗅到未来巨大的上涨机遇，不同来源的资金开始大显神通，在其中或震荡、或打压，让已经介入的普通投资者感觉捉摸不定，心有余悸(和传统意义上的洗盘阶段有类似之处)。在新高之前许多投资者选择了出场观望，这也正中主力资金的下怀。

图 18-6　E 类演化的时间和空间

(3)演化方向。

第一种可能：在 NSM 支撑下创出新高，演化为 F 类时空生长模式，如图 18-7 所示。

第二种可能：在头部区域形成震荡，演化为失败的 B 浪。

(4)分析手段。

这个区域的分析与把握，是最难和最具挑战性的区域之一。在这里，我们有必要再次重复前面的一个基础的、波浪简单化有关的定理，即完美驱动定理。

任何回调持续且仅只能持续一个时空区间。

另一种表述是，任何回调如果从时间和空间上超越了一个时空周期，我们认为从这个最低点开始的主上升浪已经结束。

这个时间和空间一般可以简单化为一个大级别的上升浪，对应艾略特波浪理论中所处的一大浪、反弹 B 浪等。

由于 E 模型演化直接关系到我们最关心的寻找主驱动浪问题，这里我们愿意花大量的精力将这个问题细化，如图 18-8 所示。

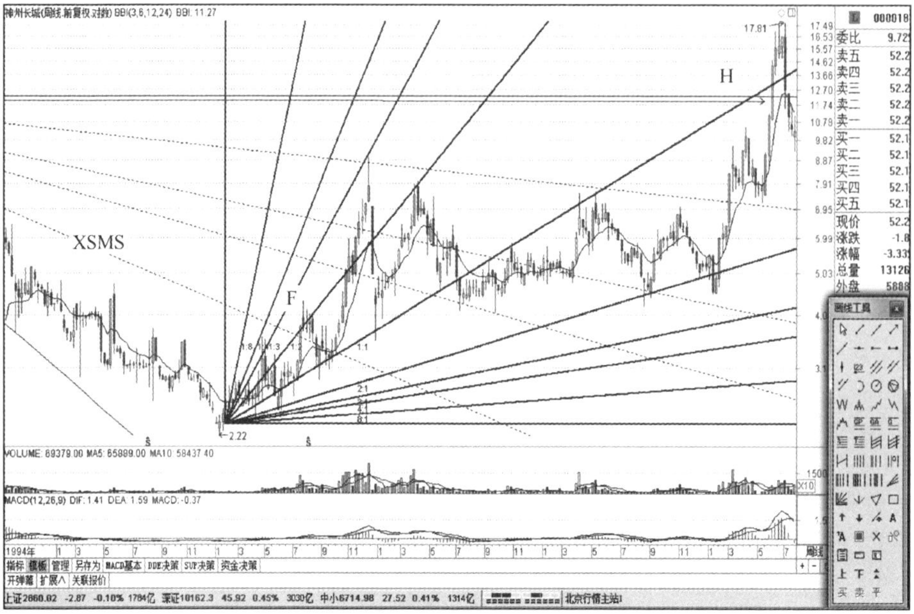

图 18-7　E 到 F 的顺利转化

图 18-8　E 类演化生长的复杂模式

股价在 S 点跌破 1∶1(NSM)线后，我们把股价从 L 到 H 再到 S 的漫长时间和空间，简单化为一个主上升浪。至于这个主上升浪的性质，要从再大一个级别时空区间定性，有关内容见主驱动浪的确认等相关内容。

(5)交易对策。

这里的演化相对复杂而分型较多，我们将在后面实战部分的相关章节对应具体的实例详细讲述。

五、F 类图形生长演化的方向及交易对策

F 类时空演化模式是指，股价在 NSM 的完美支撑下创出新高后，开始主动上攻阶段，这也是我们关注的主要获利阶段，也是本书最为关注的内容之一，详细的内容我们将用整章的篇幅进行讲解。

六、上证指数全景时空演化图

我们看 1993 年 2 月份上证 A 股进入大熊市阶段，假设我们 1993 年的 2 月份进入这个市场，我们不知道未来的发展，我们应该如何面对这个未知的未来呢?

第一个阶段：熊市阶段(图 18-9)1993 年 2 月至 1996 年 8 月。

根据牛熊转折定理和前面确立的基本交易策略，大熊市阶段应不操作或者轻仓操作。

值得指出的是，这个阶段对应上图中的 A 类型。

第二阶段：混沌阶段，如图 18-10 所示，中标注的 E 阶段，这期间在大的系统下，熊市已经被“革命”，风险小于收益，市场牛熊转换，突破牛熊线后多方开始占据有利地位。

第三阶段：大牛市阶段，如图 18-11 所示，对应 F 类型。

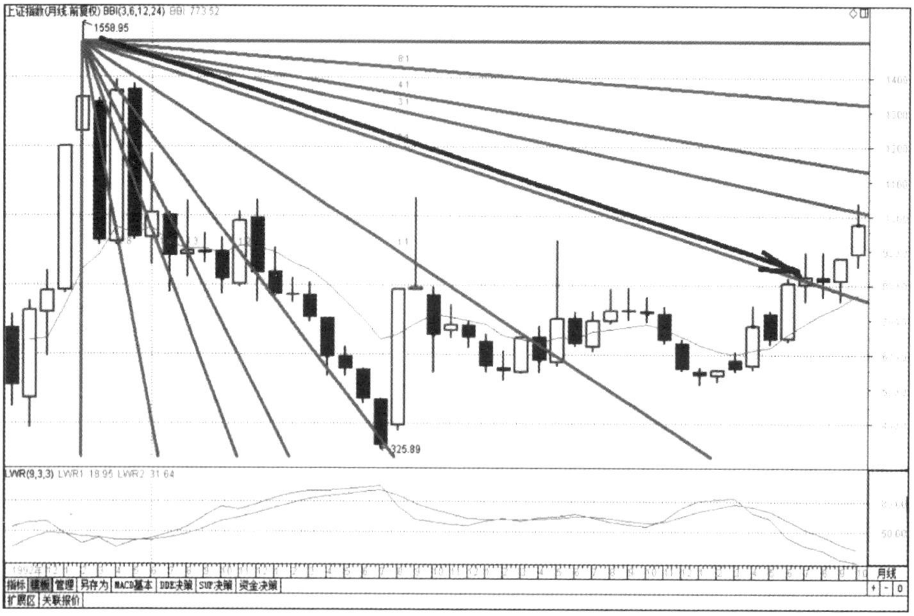

图 18-9　熊市阶段

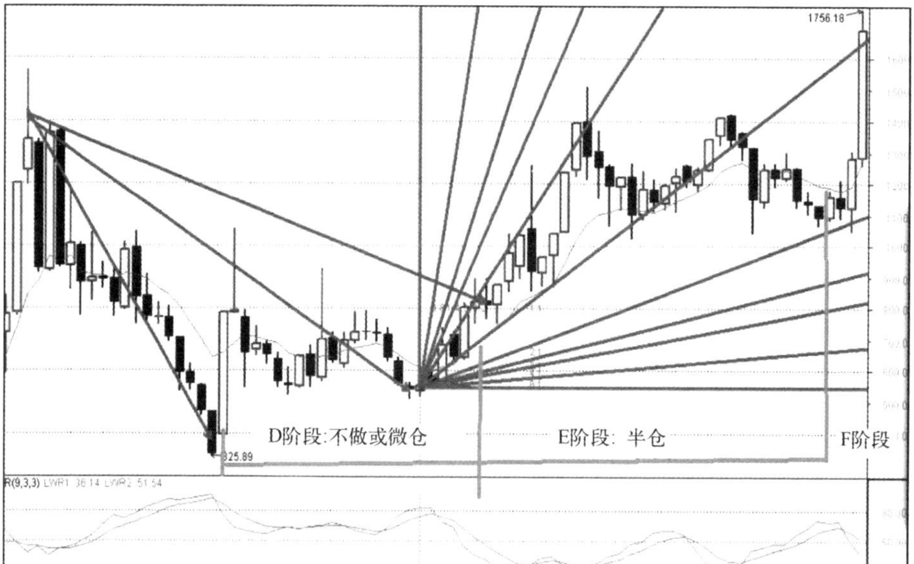

图 18-10　牛熊转折后和创新高前(E 时空模型时段)

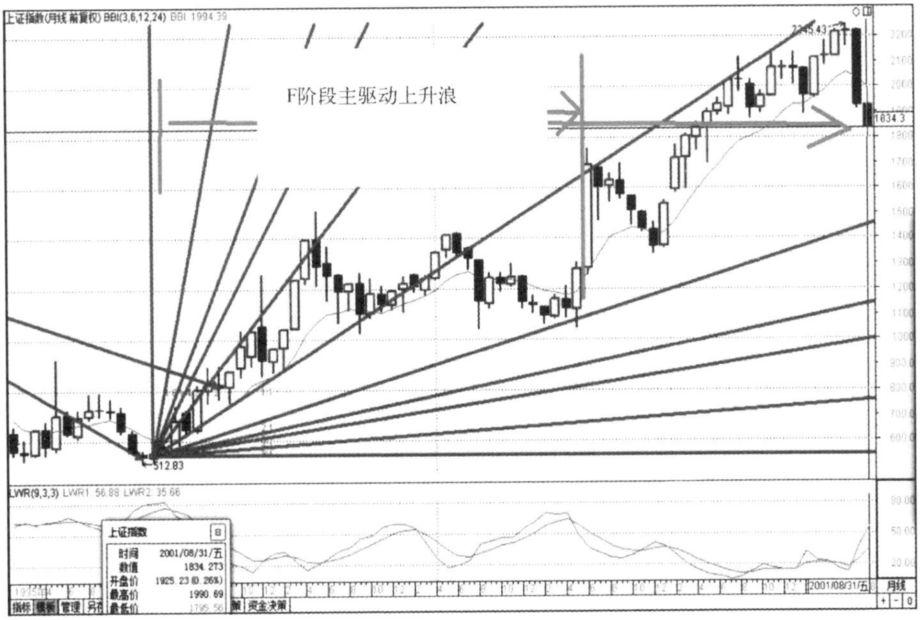

图 18-11 F 时空模型时段：主驱动浪

第十九章

A类图形生长演化及实战交易对策

面对繁杂的证券交易品种和漫长的交易历史数据，我们有了牛熊转折定理，仅仅知道了什么时候不可以做多，什么时候不适合做空，但是要真正进入市场盈利，就必须对品种所处的时空类型进行定性，在牛市的大波段中做多，在混沌市中休息，在主驱动下跌市场中做空。

在运用系统及其一系列定理公理对交易品种进行描述后，在交易之前我们还必须对所处的宏观时空位置有个正确的客观认识，特别是在A类下跌模式中，我们如何跟踪、小仓位交易以及及时捕捉到转市，从而为以后抓住主驱动浪打下基础。

根据上一章所讲的知识，依据NSM系统对沪深全部交易品种进行时空分类，将任意时点、任意图形对照前一部分的分类方法，进行类比代入，即得到该品种目前所处的时空，其交易对策、仓位控制一目了然。

从本章开始，要试着用不同的随机的实战品种，在各个不同的复杂运行演化中去对比、画图，以便应对日常交易中每天变化往复"在人们眼中毫无规律的"未知。

读完本章，你还需要做大量的图谱练习，用来寻找某个品种的全时空图谱特别是在熊市阶段(A类时空模型)亲自手绘图谱。通过这样的训练，你会感觉到股价在时空线构筑的维度里，来回波动而不敢越雷池半步的震撼，这样才更能培养出你的信力(相信才能有自信和定力)，培养出你一身的静气，去捕捉大波段惊涛骇浪的上升。

一、代入法实战之熊市过程追踪之 A 类模式

在学习了时空波浪有关定理等知识后，就进入我们实战的神圣殿堂吧。打开软件，我们任意点开一张图谱，这次以联创光电为例，在关键转折点上，找出华微电子与其进行对比。

1. 联创光电熊市的出现

联创光电于 2001 年 3 月上市，按照我们牛熊转折定理的第一条，从新股的第 3 年开始研究(并不是这些规律不适用 3 年以内，我们主要是研究真正的反转，而新股上市 3 年内的研究可以用上一章分型对号入座即可)，到 2004 年的 3 月经过 3 年的大浪淘沙，我们开始研究其内在的波动规律，我们如何判断其时空位置，未来又将如何操作呢？

如图 19-1 所示，2004 年 3 月我们采取双盲模式，不看后面的 K 线图，按照我们上一章的规定，我们如何描述他的未来呢？

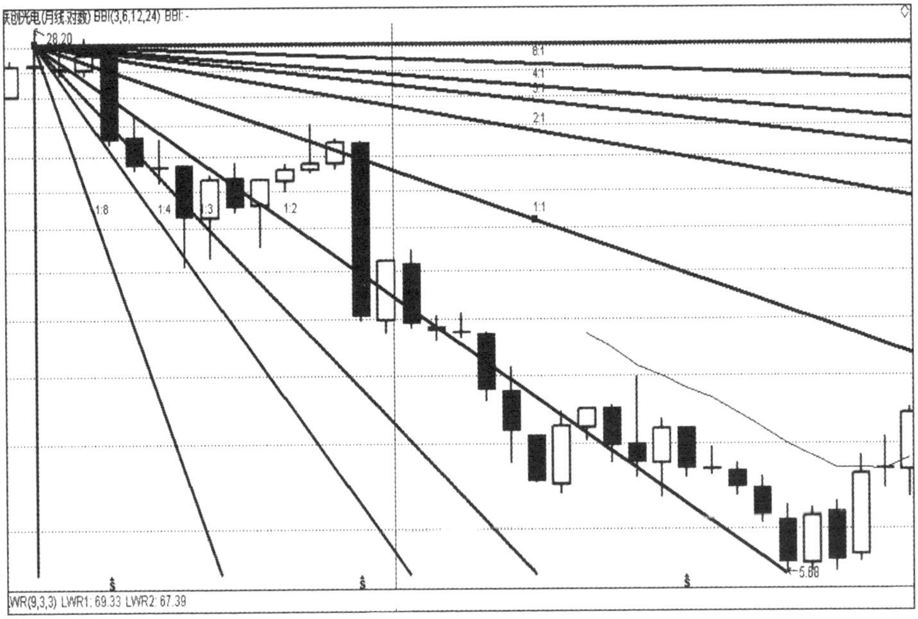

图 19-1　联创光电下降 XSM 系统的第一次构建

(1)作图方法及思路。

第一步，在图 19-1 中，其最高点和最低点，分别是 2010 年的 4 月 30 日的 28.2 元和 2003 年 10 月 30 日的 5.68 元，任何人来寻找，任何软件都是这个结果，这是客观存在。

连接这两个点构成系统的 1∶1 线，也就是 XSM 系统的 XSM 线。

第二步，对比分形图，很简单地，其属于 A 类模式。根据 A 类时空模型的操盘法则，我们只需要简单运用牛熊转折定理，等待熊市的结束，在此之前需要做的仅仅是观察，等待，与时间作战。这个与时间作战的养成的过程，实际是我们性格修养提高的过程，也是王阳明所谓知行合一、至诚、励志的过程。

(2)对策、思考模式。

交易对策：不介入，不分析，不建仓。

观察，等待股价出现以下现象再重新决策。这些现象无非是以下 A 和 B 两种可能，对应的思考模式则是 C。

A：创新低；

B：向上突 XSM，就是说反弹到达一个时空周期；

C：画图对策。如果创新低，用新低为新的 B 点做全新的下降 XSM 系统，重复上面的过程。

2. 新低后连续的新低

到 2005 年 8 月的熊市期间，每次新低，我们都将第二点下移，等待反弹的出现，由于期间的任何反弹均未到达一个时空周期，我们都定性为杂波。

交易对策：不进行交易，空仓等待。

2005 年 8 月创出 4.71 元的新低，我们构建了最后一张 XSM 系统，如图 19-2 所示。

这张图谱直到 2006 年 6 月，出现了新的情况，如图 19-3 所示。

注意系统的高、低点不变，反弹完美到达一个时空周期，而且到达后就出现了 6 个月以上的震荡反复，不再流畅上升。这里，连续的下跌持续了 56 个月，反弹至新高用了 11 个月。这两个数的比例，很神秘，要记住，我们以后会用到。

图 19-2 最后的熊市 XSM 系统

图 19-3 到达时空临界的平衡点

3. 反弹完成一个时空周期正好完美结束，说明了什么

我们在时空周期的发现那一节所讲的内容，又多了一个完美的佐证。

从交易角度讲，连续的下跌有可能结束。下跌力量有可能被多方革命，目前处于时空临界点。同样的例子，看上证指数 325 点以来的完美反弹，如图 19-4 所示。

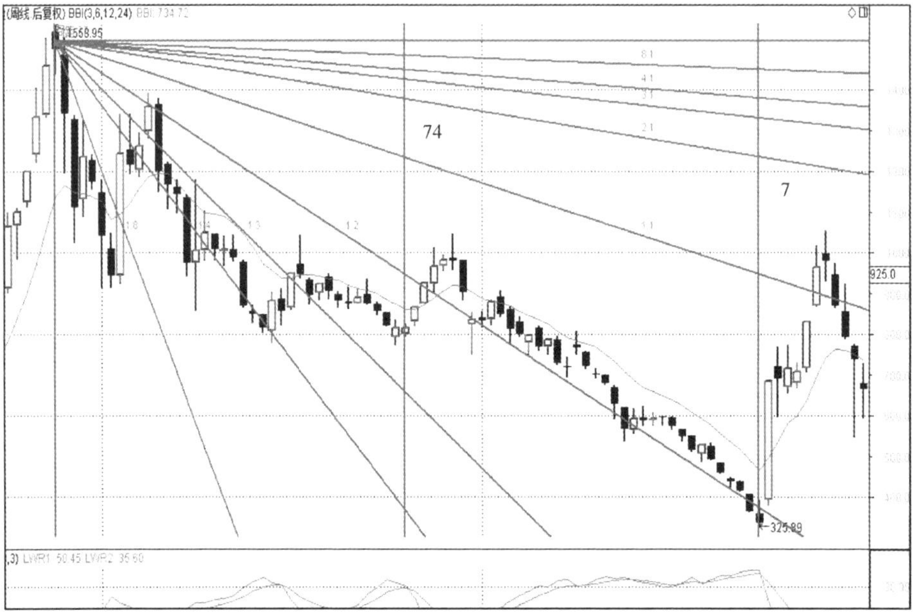

图 19-4　同样的时空临界点(上证)

你是不是觉得两张图有一种似曾相识的感觉？但这不是我们关注的重点。

我们画了无数张图只是想要知道，在到达临界点之前，我们不操作，连看一眼都觉得多余，更别说资金转入股票交易账户了。

为什么？因为直到本月的今天，都是下降力量在主导局势。而现在，局势可能变化。艾略特说我们仅需跟随趋势，现在局势可能发生了变化。

4. A-D-E 类模式的演化与突破

(1)联创光电突破 XSM 后的演化，如图 19-5 所示。

图 19-5　A 到 D 时空演化的变盘节点

我们知道，D 类时空模型下的交易对策的要点是，翻越第一个时空周期后，股价进入多空拉锯区域，这里需要建立低一个级别的 NSM 系统，依托 NSM 系统的支撑小仓位参与。

进入 D 类模式后，市场一般会有两个演化模式：一是连续拉升型，直接完成牛熊转折定理的三个条件，直接在细分级别完成主升时空波浪之一大浪。二是经典型，在 XSMS 熊市生命线上线的压制下长期盘整后再突破，完成牛熊反转。

因此，在此之后我们首先需要思考的是，在低一个周期，就是日线级别建立小级别的 NSM 系统来观察这个反弹是否形成反转还是归于失败，如图 19-6 所示。

建立这个系统的目的，是规划未来盘整后股价可能的回抽位置和突破方向。

再看恒生指数的例子，市场由低到高的演化后，我们也要建立上升的 NSM 系统，来规划可能的牛市。

图 19-6　反弹的 NSM 系统

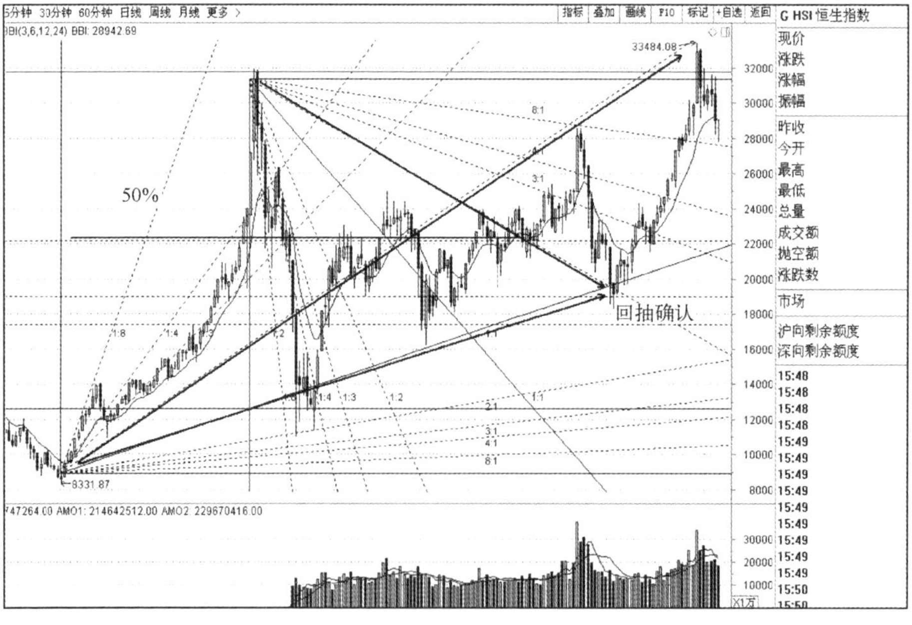

图 19-7　恒生指数的牛熊转化路径

必须指出的是，建立这个系统的目的，是规划未来盘整后股价可能的回抽位置和突破方向，也就是股价上涨进入 E 类模式、F 类模式之前甚至变盘的瞬间，我们能够第一时间发现他。而一旦被我们纳入视野的品种，就进入了我们主驱动浪的操作——我们梦寐以求的 F 类品种。而在这个主驱动中如何细分操作并获得最大收益，将是我们后面章节的主要讲解内容。

二、A 类时空模式规划中姆定理的作用

一个大级别的下跌过程内部会很复杂，其中充满了反弹、骗线、消息、宏观经济形势等多重变数，但唯一不变的，就是姆定理。因此，我们在规划 A 类模式时，把姆定理的逆定理拿过来用，是最好的工具，甚至是核武器，照妖镜。

在你的软件上可以随机敲打键盘取得一只全新陌生的品种，在本书中我们仍以联创光电 2001 年开始的巨大而复杂的下跌过程为例来讲解，跟踪思路如下：

第一步，在周线图上，选取破位前最后一个高点是 2001 年 6 月 29 日的 10.7 元(复权前)为小级别 XSM 系统上的 H 点，下跌后的 7.1 元可能会成为阶段低点，我们取 2001 年 9 月 7 日的 7.1 元为 L1 点，作为下降江恩线(XSM 系统)，如图 19-8 所示。

该系统建立后，我们马上可以确立一个判断，那就是在 HX1 线处，也就是第一个时空因子的上线 XSM 处，这里将面临较大压力。在 2001 年 9 月 21 日这周我们就要建立一个概念，一个预期，一个规划：即未来数周内股价如果见到 HX1，将产生一个重要临界点。

果然，股价在两周后刚好触及 XSM 线之后，马上产生了一个恐慌性地下跌，如图 19-9 所示。

为什么？

根据之前章节论述的关于姆定理的内容，完美驱动的反弹只维持且正好维持一个时空周期。

重复以上过程继续监测股价的演化运行(图 19-10)，再次，当股价到达 L2X2 处，姆定理再次发挥巨大威力。

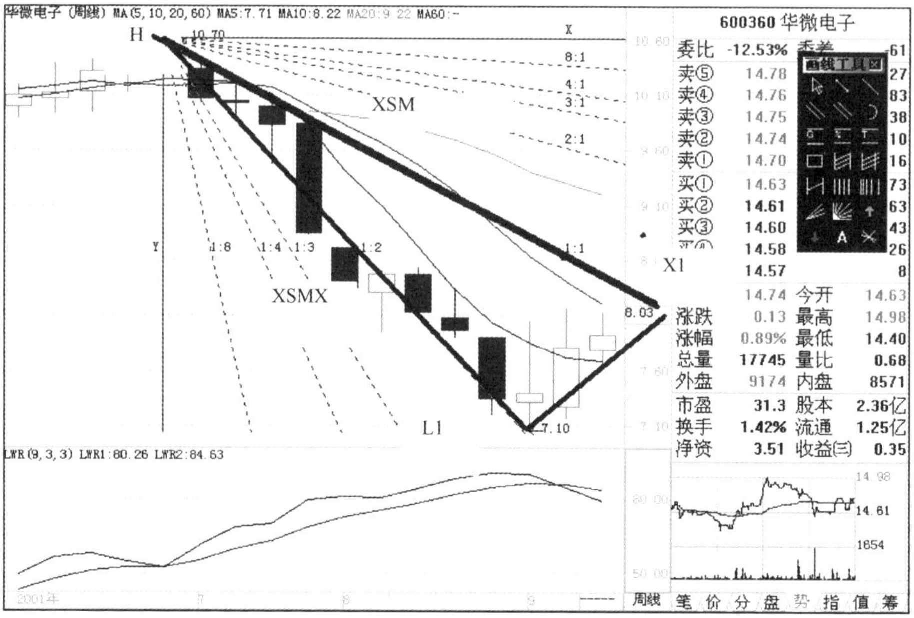

图 19-8 初步的 XSM 系统

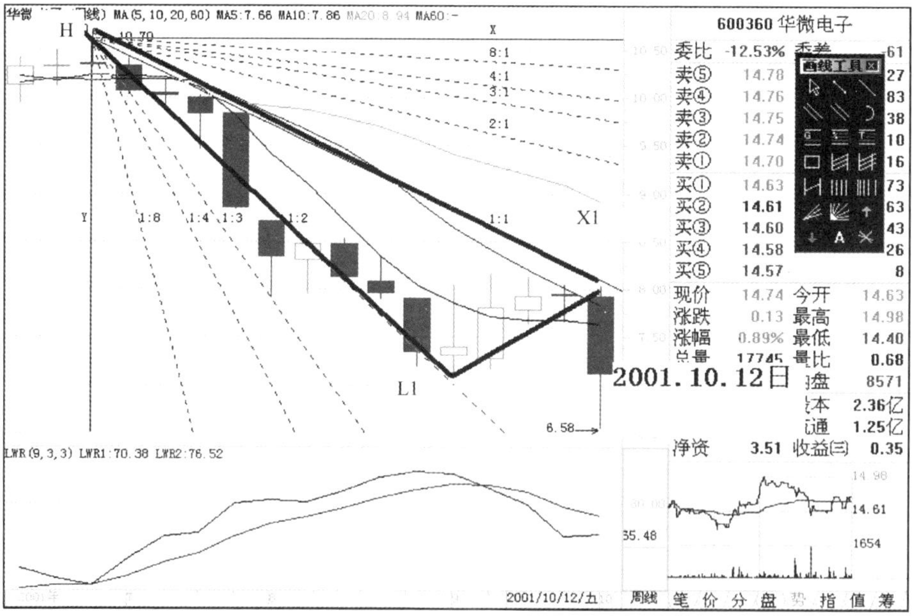

图 19-9 时空临界位置：姆定理的应用

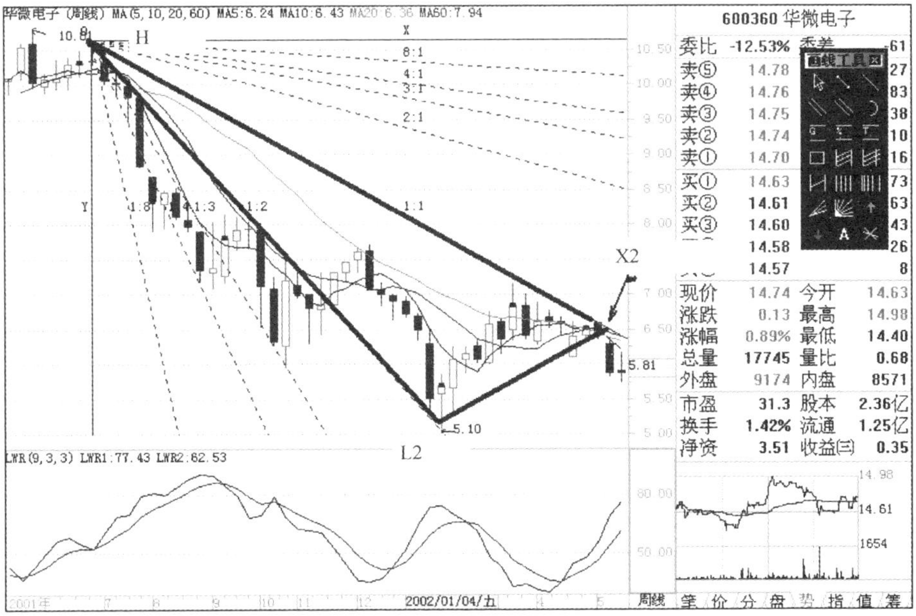

图 19-10　完美下跌驱动的持续：姆定理再次发挥作用

那么，姆定理是偶尔还是某几次发挥作用？

不！

只要下跌驱动力量持续，姆定理就会持续，一点点也不可逾越地持续发挥作用，如图 19-11 所示，在 XSM 压制下股价再次创新低。

但是，姆定理第一次被革命时，在第一次失效时，我们必须有足够的警觉，要知道，惊涛骇浪始于青蘋之末，我们梦寐以求的上升驱动就孕育于混沌的 A 与 D 模型转换时期，尤其大资金操作时不可不察。

看图 19-12，系统告诉我们，完美下跌驱动可能结束，一个新的时代可能在孕育，但是要等待第二个时空因子被翻越并确认下来，我们需要关注的是继续下跌还是继续反弹，这个时候我们要时刻关注的就是 XSMS 位置，因为，根据牛熊转折定理，一旦突破 XSMS，突破多个时空因子，就形成了对 C 开始的牛市的反转，这个反转是牛市来临的第一缕曙光。到 2004 年 1 月 16 日，XSMS 被翻越，熊市波浪已经初步结束，这个图是不是和前面的翻越图谱惊人的相似！相同的位置，相同的大阳。

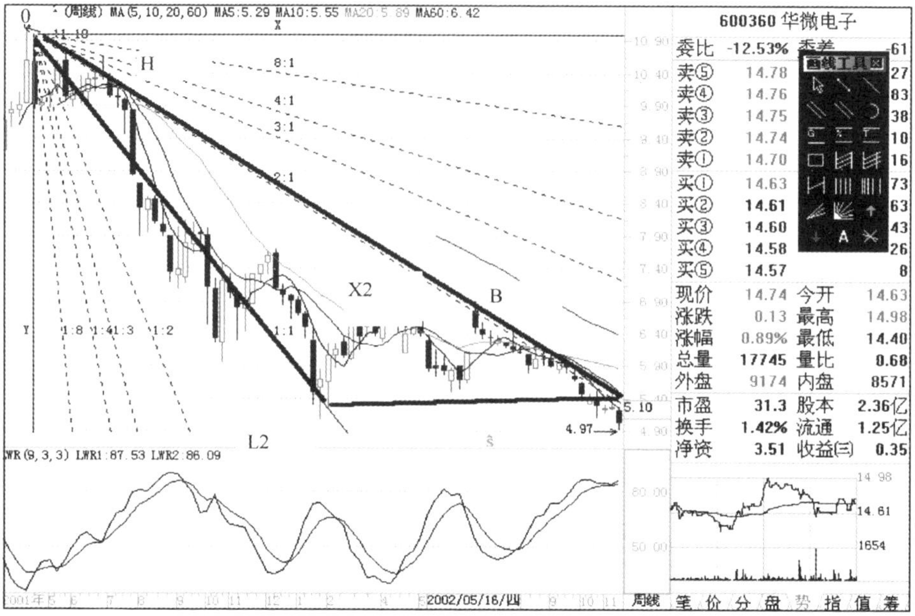

图 19-11 姆定理的持续效应

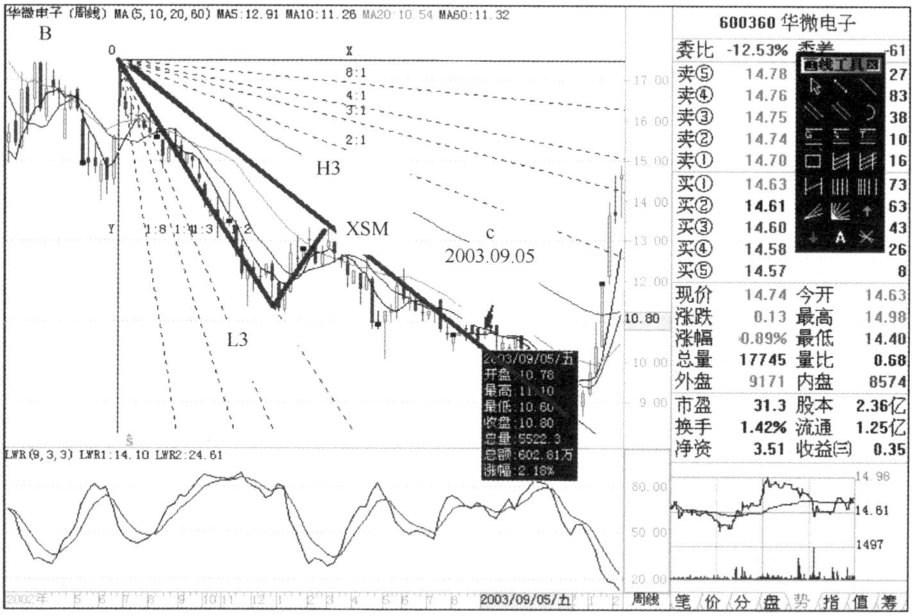

图 19-12 青蘋之末与惊涛骇浪

而一旦翻越，我们说一个时代结束了，再来看看新时代的惊心动魄(华微电子突破后的长阳，翻越后的巨量)，运动的性质开始明显不同，甚至有革命性的变化。从这个时候开始，我们要引入 NSM 系统，来观察测量牛熊转折时期的发展进程。

注意，这时，仍然没有到资金进场的时刻。

第二十章

主驱动浪的生长演化及交易对策

在第十八章的第五小节，我们只在题目中列出了 F 类图形生长演化的方向及交易对策，鉴于主驱动浪形成之前的复杂性、主驱动浪研究的重要性，我们将这一部分单独成章，并且将理论的演化模式和实战结合起来讲述，以便读者有更好的阅读体验。在本章中，我们将用实例持续跟踪主驱动浪的形成，绘制相应的图谱，同时给出不同位置的心态调整方法和操作纪律。

在开始本章内容之前我们先将之前章节相关内容做简要回顾并总结其规则，这些内容主要包括：

(1)完美回调是主驱动浪的根本特征。

(2)只回调一个时空周期的波动成为完美回调。

(3)在一个上升主驱动持续时，细分波浪的回抽永远不超过一个时空周期。

(4)只要背离其中的时间、空间特征，操作上必须引起足够警觉，减仓甚至全仓止盈。

(5)发掘主驱动升浪，是我们系统最重要的获利方式。因此，在交易对策和仓位上，对 A、D、E 类型时空模型不做大仓位操作，我们的主要精力放在：①主驱动浪品种的发掘；②主驱动确定运行中的品种则主要关注其内部细分浪的震荡以及如何利用这些震荡降低成本；③如何吃到主驱动浪的主要波段；④如何逃顶止盈等这几个关键问题。

下面以深中冠 A 为例来展开我们的双盲实战操盘。

一、战略奇点出现以前的双盲实战(熊市跟踪术)

深中冠A为1992年上市的深市最老的品种之一，我们收集其全部的交易数据，发现直到1999年底，其上升行情都具有反弹性质，没有达到过10倍，此后就是巨大而漫长的熊市。如图20-1所示，漫长的熊市中最大的特征就是任何反弹都不超越一个时空周期。

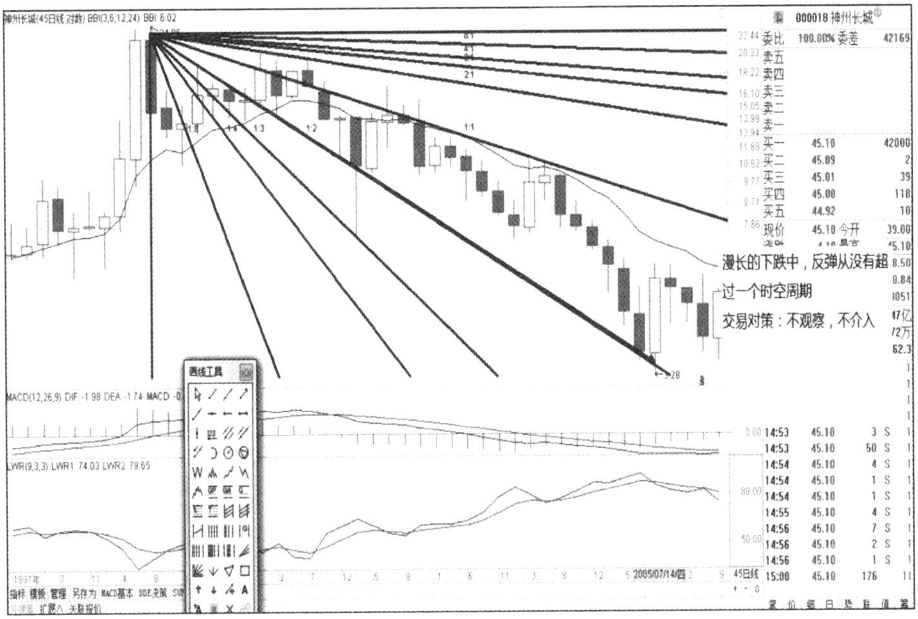

图20-1　漫长的熊市

根据牛熊转折定理(图20-2)，在市场出现牛熊转折的征兆之后，必须时刻关注战略奇点的出现。

1. 战略奇点的固化时间

固化时间2013年9月9日，股价收盘站上牛熊转折时创下的股价高点，直到这一天，我们才返回身来固化2009年1月7日那一天创下的低点为战略奇点Q。

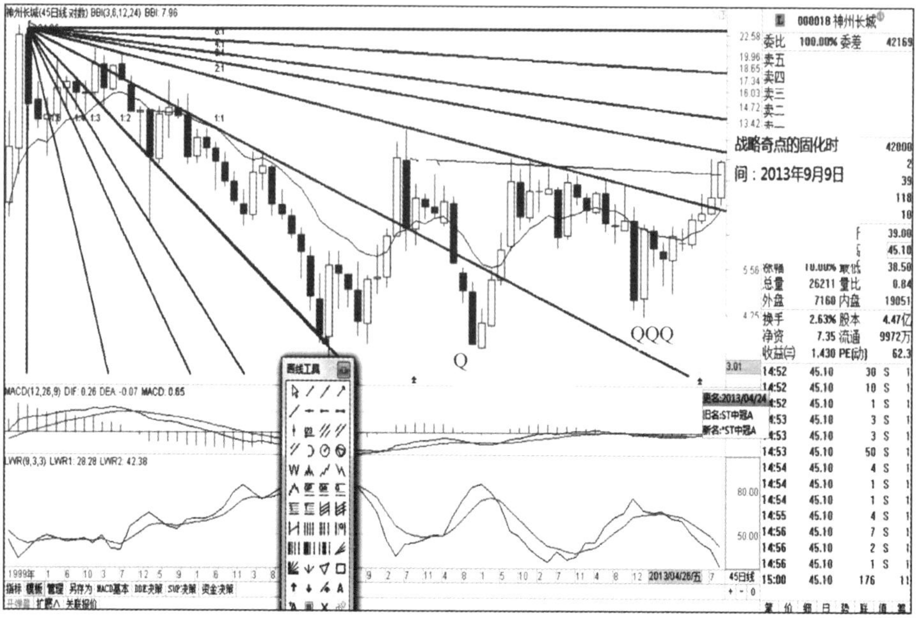

图 20-2　固化二浪之尾

2. 固化二浪之尾

当股价转折后，需要由回抽来确认这个转折的真实性。这次固化的是细分级别的 2 浪之尾，固化的时间节点是，站上 H 线的那一天，就是 2014 年 6 月 6 日。

从图 20-2 中可以看出，这次流畅上升的起始点是 2012 年的 1 月，如图中的 QQQ 点。

二、上升主驱动的确认及交易策略

1. 交易的开始

将 K 线周期细化为周线级别。根据前面章节的研究成果，我们惊心动魄的操作旅程即将开始。

第一步，以 2012 年 1 月的 QQQ 点为低点，以 2013 年 6 月的显著高点为第二点，建立 NSM 系统，如图 20-3 所示。

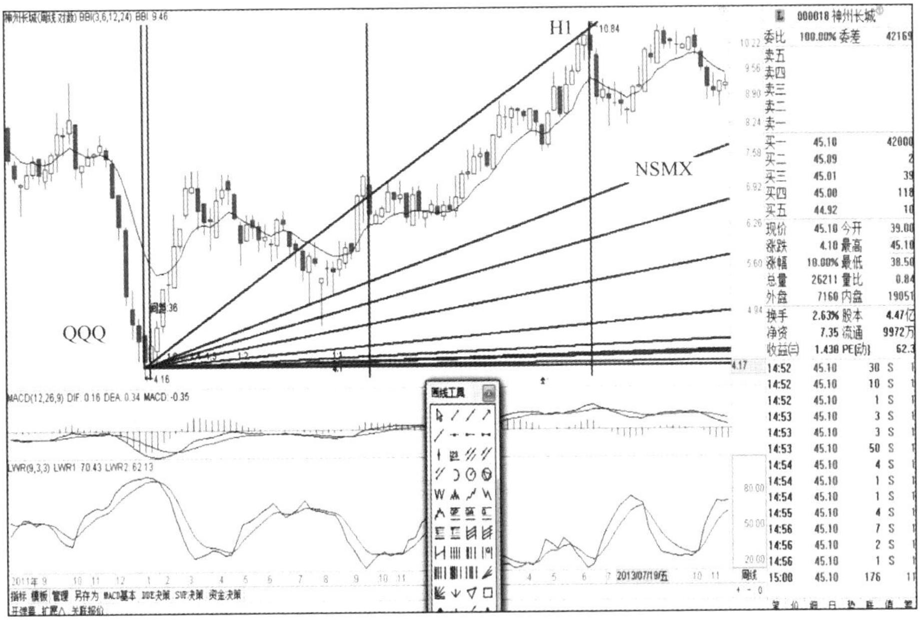

图 20-3 建立 F 模式下的 NSM 系统

在股价接触下面的 NSMX 线以前，我们发现股价悠闲地在高位震荡，我们的交易对策很简单，因为我们知道在股价到达 NSMX 以前，所有的上升都是杂波，我们可以只观察不介入，即使介入也只能轻仓(20%以下)。

还需指出，即使这么小的仓位，我们也要将月线级别的 BBI 设为止损位(2013 年 7 月位于 7.95 元)，如果有效破位则要坚决止损，因为在波动市、震荡市，一切皆有可能。第一持仓保护线的确定方法，如图 20-4 所示。

此处必须指出，实战交易中采取保守策略是非常重要的。因此，我们一般将最近的止损位设在大周期的 BBI 处。正确止损位还可以用 NSM 的某个支撑线来设置。

2. 第一次买入

上述的震荡一直持续到 2014 年 4 月 18 日。在图 20-5 的末端，股价极限逼近 NSMX 线。按照上面给出的完美驱动定理，我们在这里要勇敢地建立部分仓位，当然，可以缓慢低吸达到 20%的仓位，依然

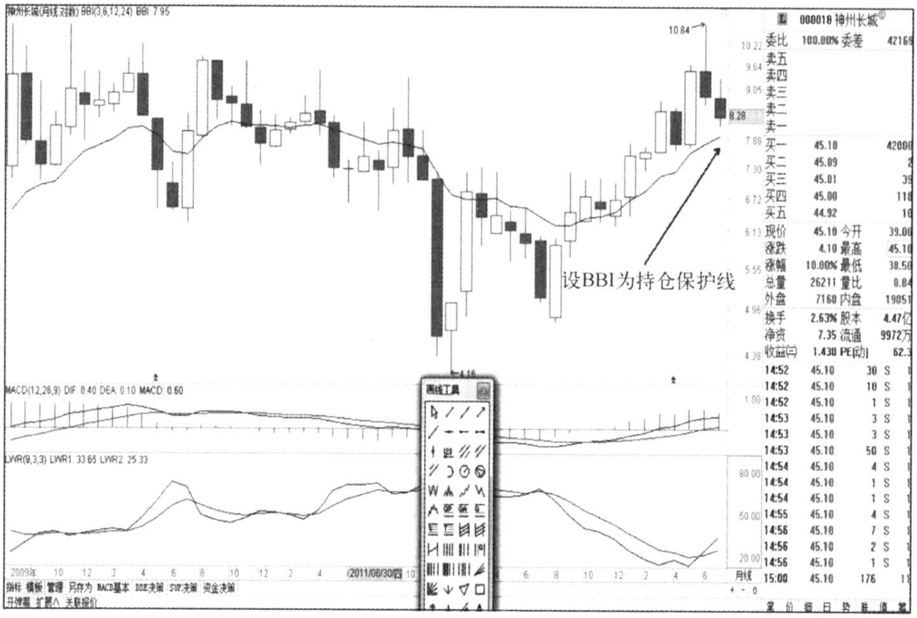

图 20-4　持仓必设保护线，保护线首选 BBI

要有严格的止损保护线。

此后的买入则必须在日线级别观察并进行操作。

股价发展演化，如图 20-6 所示。

NSMX 处的支撑是对低吸的一种肯定。

在 2014 年 5 月 16 日的周阳线收出后，我们必须开始每天观察股价，按照完美驱动定理，股价很可能处于腾飞的前夜。

3. 可以追涨吗

2014 年 6 月 6 日，股价开始如期腾飞。

在图 20-7 中我们看到，小级别的牛熊转折定理依然起作用(但我们不建议使用)。

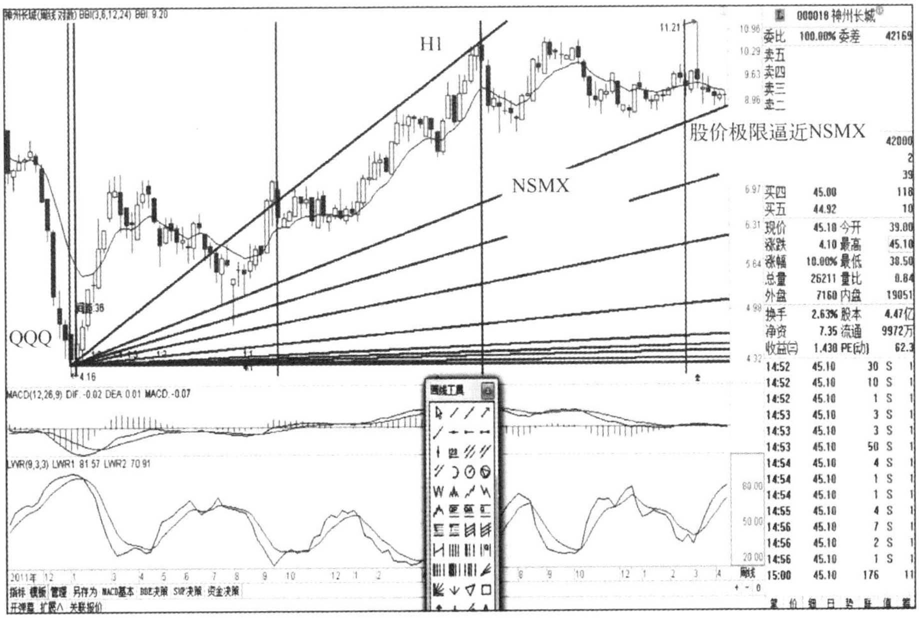

图 20-5　NSMX 线附近的小仓位试探买入

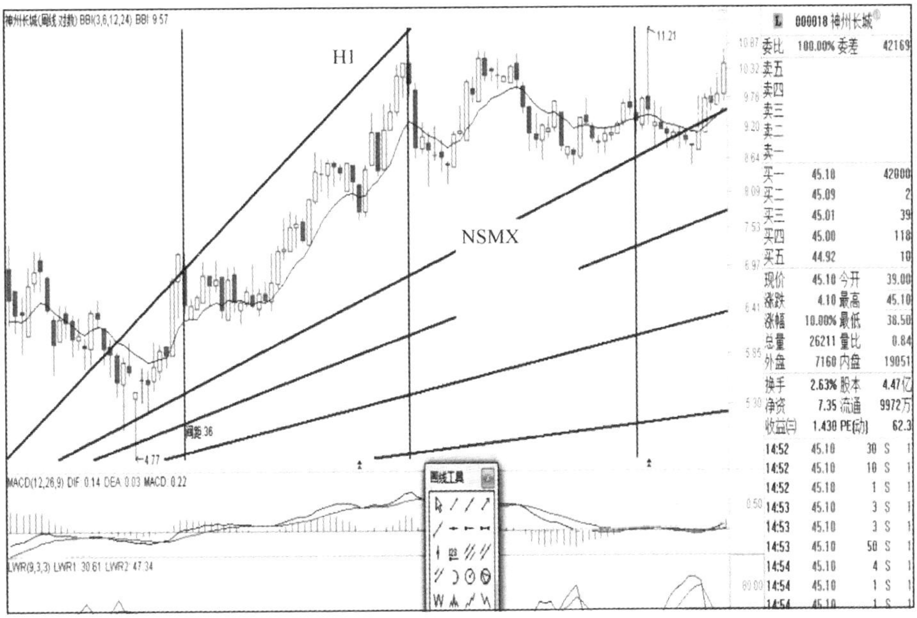

图 20-6　NSMX 处获得支撑但未创新高

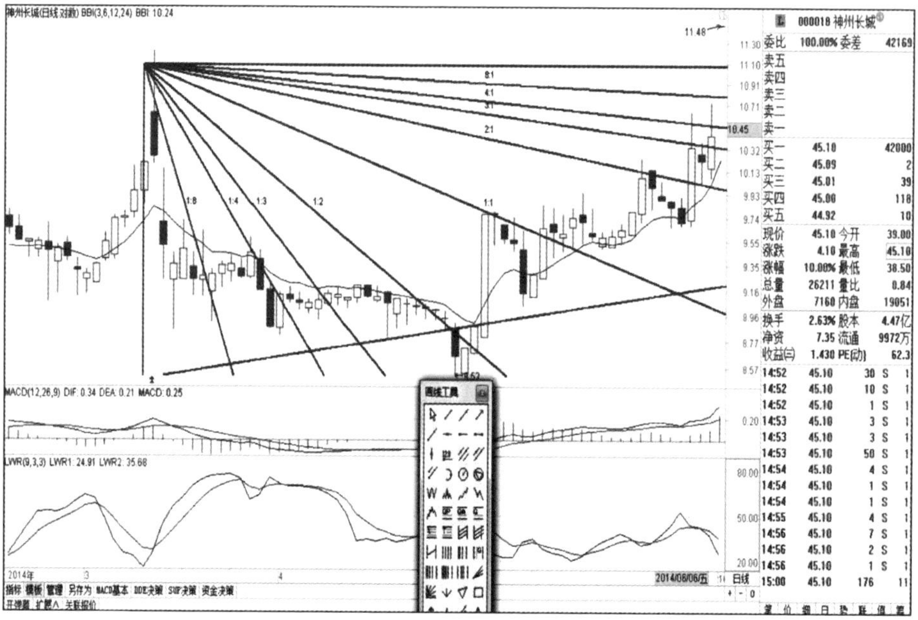

图 20-7　小级别的牛熊转折

在这个宏观时空所处的位置，所有的涨停板战法、均线战法都是正确的，因为时间和空间都已经到达，多空筹码的交换瓜熟蒂落。

但在其他时空，其他位置，同样的图形，涨停板战法、均线战法却会被骗线，因为时空尚未均衡。

4. 新高后选择加仓

此后股价流畅上涨从 8 元到 24 元，我们选择在关键位置止盈 70%的仓位，剩余仓位为未来的震荡做准备。关键位置就是图 20-8 的 NSM 中线位置，在这个压力位，股价有充裕的时间供我们止盈。

三、不传之秘：SQUARE 定理

1. 止盈位的确立及持仓保护线

提前 6 天 SQUARE 定理震撼地给出我们的止盈位，我们选择 27 元止盈 70%的仓位，如图 20-9 所示。

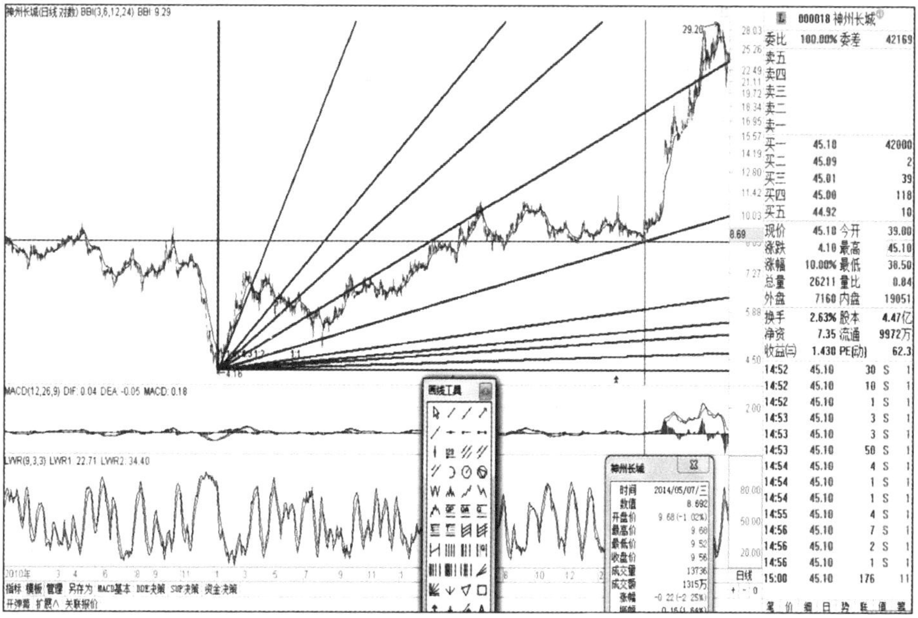

图 20-8 NSM 中线的位置

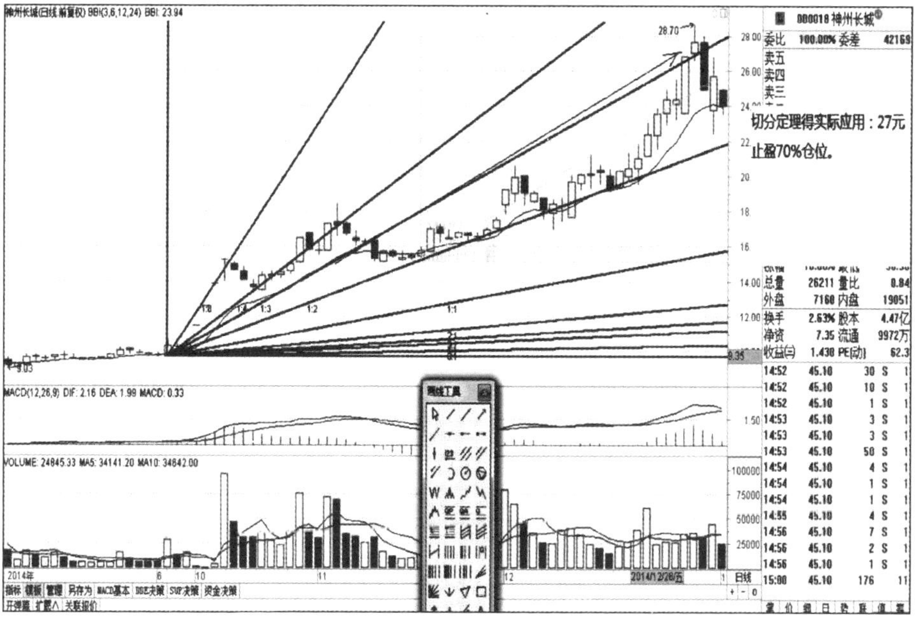

图 20-9 SQUARE 定理止盈位置

固化2浪之尾也是一个关键，本章节透露了部分内容，实为不传之秘，价值万金，读者可以自悟，更多内容请联系作者私下沟通。

SQUARE，即所谓正方，时间价格形成正方，江恩说，转市就在眼前。

第二十一章

主驱动浪实战操作的仓位控制和心态调试

在第十八章的第六节，简略给出了上证指数的全时空演化图，知道了这些分类还不够，还需要知道在不同的宏观时空位置，应保持什么样的仓位，用什么样的心态来调试对未来的预期，以及一些数学纪律，我们将在这一章进行深入细致的分析。

一、第一次操作：仓位与止盈

首先我们以上证指数为例进行讲解(图 21-1)。

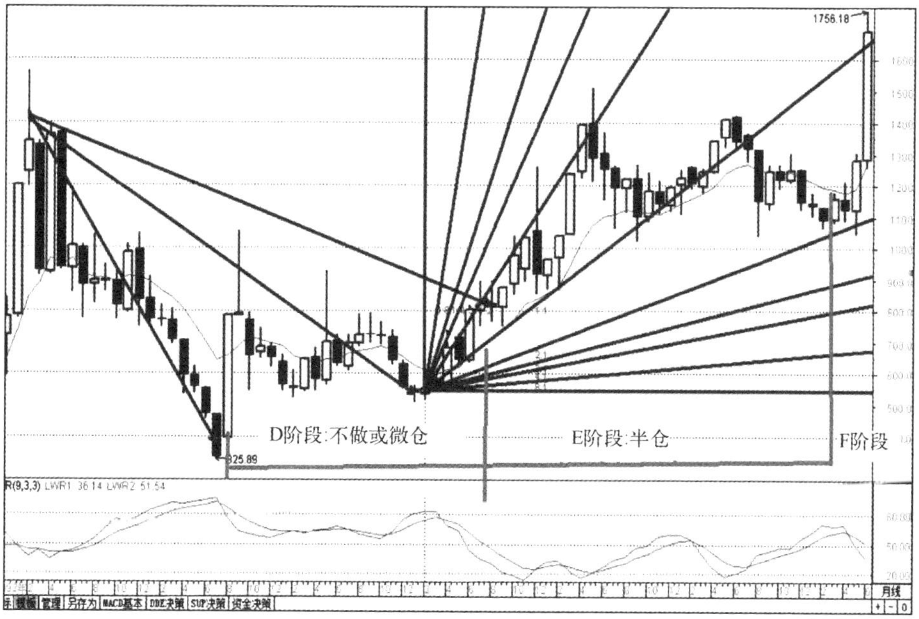

图 21-1　大级别牛熊转折时期的形态

如图 21-1 所示，当股价完成牛熊转折，就进入了我们图中所示的 E 阶段。在这个阶段，我们开始逐步调入资金，改变过去熊市心态，开始逐步进入这个市场，从中线讲，完成牛熊转折之后的调整，才是我们长线入场的最好的时机。因此，在这个阶段调动资金和控制仓位，成为我们的首选目标和任务。

有的朋友可能疑惑，就是说我们在 D 阶段有那么大的反弹空间，那么多的交易机会，我们如果在这儿就进入不是更好吗？这个问题本质上已经不是对股价的预测问题，而是你的心态和仓位控制问题。因为系统已经明确告诉我们，熊市的第一次反弹在第一时空周期的上线将遇到阻力，未来的调整我们不仅不知道其路径，甚至这个反弹会不会夭折从而完成熊市的完美向下驱动的子浪，在反弹结束前，我们都无法预知，因此，在此阶段不是不可以交易，但是必须时刻做好熊市依然没有结束的准备，在完成牛熊转折之前，我们只要用熊市的心态去控制仓位、设置止损，特别是用小仓位来做。不仅是可以的，也是获利的重要途径之一。鉴于篇幅关系这部分从略。

如图 21-1 所示，当市场演进到 D 段之后，实质上大的时空浪型演进规划已经成型，要么在这儿完成牛熊反转创出新高；要么在这儿走出一个 B 浪，接下来继续向下走出惨烈的 C 浪。因此在这里采取保守策略等待牛熊反转，待其调整完毕，才构成长线入市的最佳位置。

当演进到 E 阶段之后，市场的交易机会开始增多。我们这时候调集部分资金来操作，是可行的。

此时，为了分析未来股价的趋势，规划它的未来，我们要做一件事情：就是要降低看盘线的级别，投入更大的看盘精力。比如长线现金，那么我们从只看月线转换为用周线来分析，如果是短线、甚至超短资金，就从日线甚至分时 K 线上，来规划它的未来。当然了，无论什么级别。规划的结果是一样的，但是看盘投入的精力是不一样的。

在 E 开始的阶段我们细化这部分图谱：1996 年 2 月到 1997 年 5 月，我们由月线变成周线双盲操作。

第一次的回抽和新高的产生：1996 年 2 月 2 日到 1996 年 10 月 11 日完美回抽一个时空周期后创出新高。在这个时间段，随着在日线级别上，牛熊转折定理所规定的有关硬性条件逐步达成，是一个我们逐步加仓的过程，如图 21-2 所示。

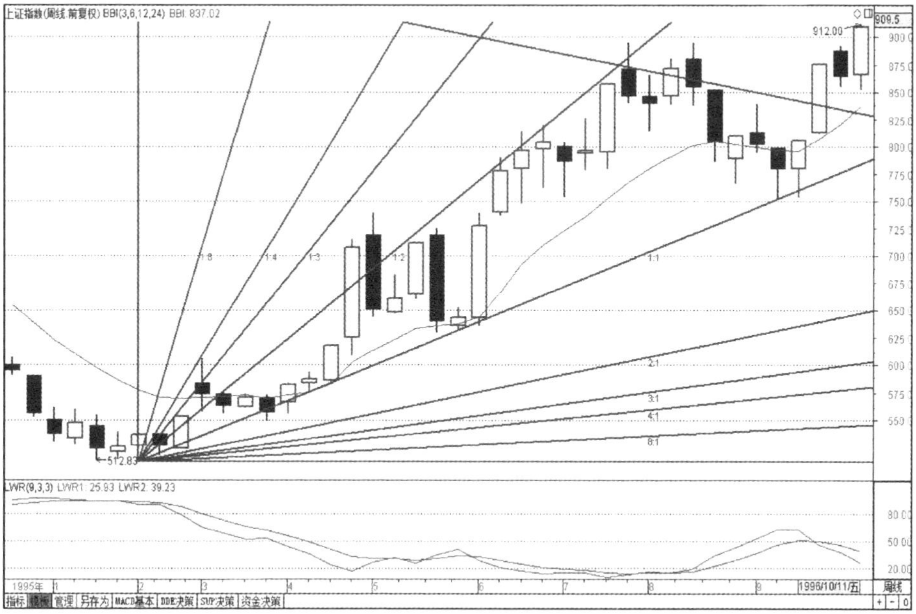

图 21-2　牛熊转折平衡点的日线形态

此后，在股价按照我们的预期前行过程中，也是客观理性的持仓跟踪过程。比如确定其 BBI 支撑周期，在日线级别建立平行上升轨道，但是股价一旦和我们的预期不一致，则必须马上建立新的 NSM \ XSM 系统，进行新的评判和规划。

到 1996 年 12 月 13 日附近时，则是我们逐步的止赢过程。这是因为我们有了研判高度的秘密武器 SQUARE 定理，如图 21-3 所示。

二、第二次操作：低吸的赌博性和合理性

1996 年 2 月 28 日股价回抽到 1：1 线位置。

在我们的概念中，买入法则是确定的，那就是牛熊转折定理之后的回抽。但是要注意，这个定理主要是用于解决超大级别的转折和选股问题，对于这种小微浪内的操作，如果我们在大级别看的完美驱动浪内，则应忽视波动，坚决持股，而人性的贪婪和恐惧增加了我们的

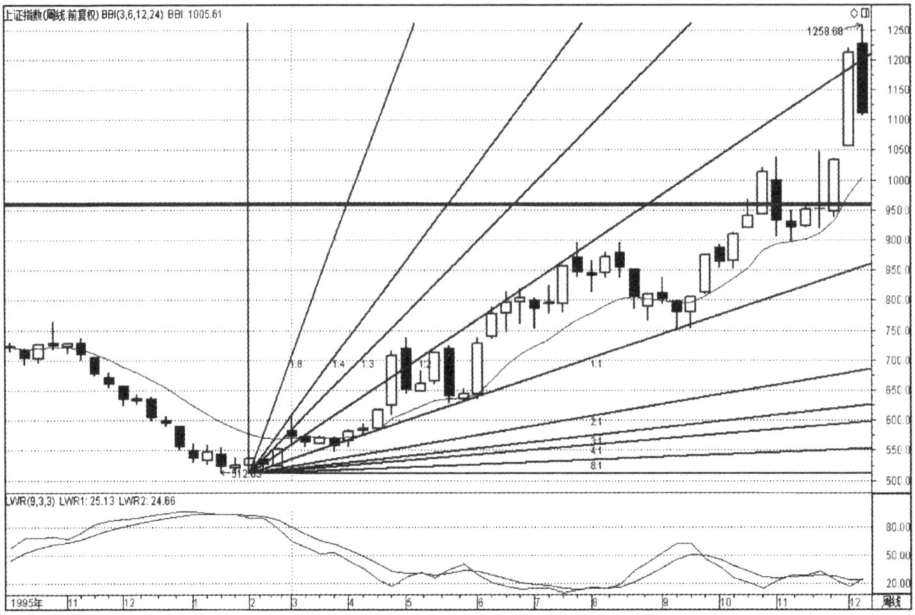

图 21-3　系统规定的止盈位

操作频率。在股价发展过程中，特别是大级别的上行过程当中，我们总是预期股价会在 1∶1 线的支撑下完美向上，因此这个预期、验证、证明、获利、止盈的过程在不断重复，而一旦出现在细浪级别跌破 1∶1线线出现止损信号，则可能是这几个细分上升波段的结束。因为在细分浪内部，我们在 1∶1 线小仓位低吸，看似赌博，实质是对大周期的确认和 T+0 增厚获利的一种方式。

但是，人性的贪婪和物理法则的冲突在这里变得愈加激烈，这个问题在我们的交易实现计算机控制的程序化交易后或许可以解决。但是，程序是人设计的，在这个设计理念中，与时间作战的坚决持有，和以小级别的高抛低吸，在哲学上的相互冲突与弥合，将是最难处理的地方。

但是，我们有简单的办法来解决这个问题。简而言之，在仓位控制的整个过程之中，通过日线级别的交易甚至日内交易，在收盘时将仓位控制在我们的心理承受预期之内。

良好的操作，应当是战略上的坚定和仓位中庸的有机统一。

在这里，我们的对策是，选择在1:1线时再次小仓低吸(图21-4)。

图 21-4　1：1 的低吸由对完美驱动形成的预期和信心决定

这里要综合运用 LWR 指标、BBI 的突破和支撑等多种手段与更小级别的牛熊转折定理结合起来，跟踪其创新高前的过程，加仓、减仓在日内矛盾的操作也是允许的。

需要注意的是，在这个过程，设立好止损位依然相当关键。

卖出操作：1997 年 5 月 9 日的止盈(图 21-5)。

这个操作毋庸置疑是由 SQUARE 定理演化而来，坚定而准确。需要说明的是，正如实业巨人李嘉诚先生所秉承的，将部分利润留给交易对手的哲学思维，不仅可以让你人格上更加成熟、行动上更加从容，也会让你在获利比率和成功率上大幅提高。

大道至简，盈则必缺。

上证指数由于盘子大，难以操纵，在我们这套系统的照妖镜下，规律一览无余，加上胆识和修养，你应该可以获得完美的成功。

图 21-5　神秘的止盈位

那么较好操纵的小盘品种是不是不按我们的规律走呢？是不是资金可以操纵一切呢？

换句话说，资金可以决定一切吗？

三、第三次操作：个股与大盘

看看德隆系的老股票，如图 21-6 所示。按照调整深度的分类，其在回抽两个时空周期后企稳从此走出一波上升，完美拉升了一个时空周期。

注意，这种上升模式是一种弱的上升模式。

我们把其拉升过程细化，看日线级别的内生浪型，2014 年 7 月至 2014 年 9 月 15 日在小级别的牛熊转折后，盘整 3 个时空周期后创新高，如图 21-7 所示。

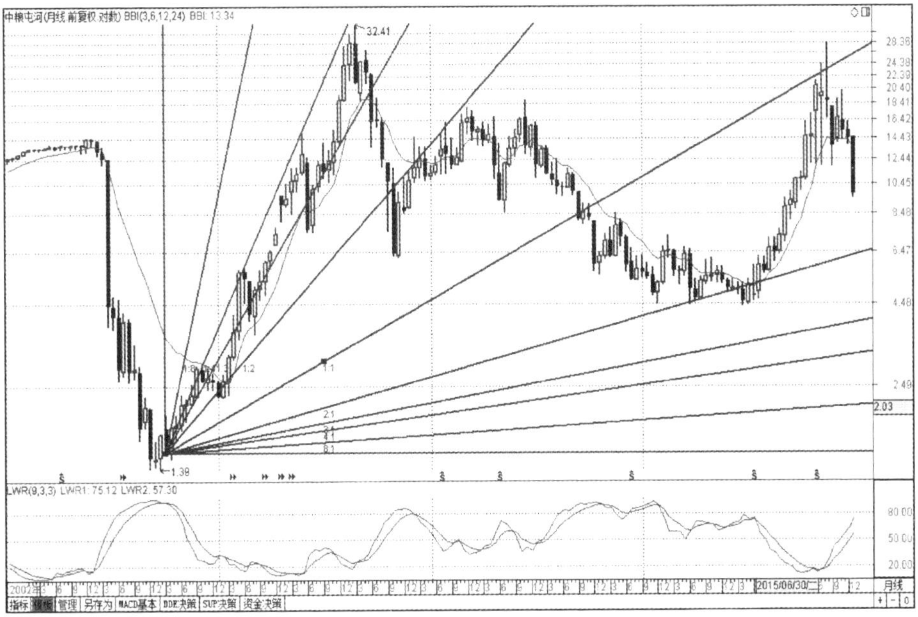

图 21-6　控盘类股票的反弹

图 21-7　控盘股票的盘整时间和深度

到 2014 年 11 月(图 21-8)，完美盘整两个时空周期后再次创新高。选点方法等细节不再赘述，可以参见前面章节也可以扫描本书末尾的二维码与作者互动。

图 21-8　控盘股票完美的调整形态

从上述的跟踪过程可以看出，这个高度控盘的庄股也严格按照自然的程式蹒跚前行。在图的末尾，又进入前面所述的试探买入环节，不再赘述。

一切都在冥冥中有序前行，规律的魔爪似乎无处不在。

为什么，有兴趣的朋友可以在本书最后一章去探寻答案。

第二十二章

操盘计划书——全时空操盘术之牛熊轮回中的静与动

读完本章，方可交易。

市场的残酷，非所亲历者，不足与之语。

在阅读本章时，读者可以打开你的看盘软件，让我们一起，跟随你的鼠标，来经历一个惊心动魄的操盘10年。

你要知道，你仅仅可以顺应趋势，却无法改变趋势。

本章将重点配图说明牛熊未定特别是熊市周期下不同时段(关键时点细化到周K、日K线、分时K线)的时空、仓位、纪律、心态、牛熊转折应用等。以下这五项技能的修炼养成，是操盘计划书制定者的五大难关。尤其是对最后一句话理解的深度，决定了你事业的高度。

① 测市的数学系统；

② 铁一般的纪律和执行力；

③ 合乎时空法则的每个以下时点的仓位控制；

④ 操盘策略制定者的人格修养(推荐读王阳明等的心学著作)；

⑤ 保守而非激进的操盘方针和对风险的回避。

我们每天都面临一个全新的世界，每天都面临一个全新的时空，每天都面临一根新的K线。

有的投资者终日生活在一种惶恐的状态，他们听从某种投资学说，醉心于某个技术指标的研究，稍有所成就便信心满满地杀入市场，在一时的冲动和偶然的成功后，很快陷入一种焦虑状态。偶然的成功和长期的套牢，而后是不知所措，乃至崩溃，有的黯然退出市场，更有甚者影响到了家庭生活。

爱他，你就送他去证券市场，恨他，你也送他到证券市场。

一旦涉足，许多人如毒瘾般无法拔足而出。

这就是人性。

轻易莫要涉足这种看似轻松却饱含着不劳而获潜意识的交易获利的人生模式中。

而真正有志者，务必以如琢如磨、如履薄冰的心态，先参透宏观时空、价值投资，而后建立数学系统，明诚之，恒信之，致知之，融汇之，心态圆融后再建立起自己的交易系统，写出操盘计划书，而后方可进入这个光怪陆离的市场。

作者莫大的心愿，就是希望运用我们建立的对未来市场预期的数学系统以及建立的基本规则，教给那些无助的中小投资者，如何面对不同时空，从容调整心态，合理调整仓位，在熊市都能生存，起码不被深度套牢，以便有充足的资金来等待大牛市的到来。

至于基金经理和超级资金，希望你能更加明了并顺从自然，敬畏数学和力学，因为你清晰地感知到，你无力对抗市场。

那好，让我们开始吧。依照前述建立的规则，我们随意拿出一只股票，从其上市一直跟踪到今天，并通过网络课程持续追踪它的生长变化。

我们以汇源通信为例，如果有读者觉得这是一只我们安排好的股票，大家完全可以在我们此后网络课程中随机点出另一只奇奇怪怪的股票，无论其在纳斯达克还是在香港上市，让我们共同见证自然法则的威力。

一、第一次入市：最初的研判

该股票是一只复杂的股票，用波浪理论至今无法给出其确切浪的归属，也不是价值投资的大牛股。只能运用我们已经建立的体系，看看在这只股票上双盲实战下来，会是个什么结果。

需要说明的是，在仓位控制和买入价位上，我们给出保守和激进两种战法，收益计算采取最悲观的取值，买入时点一般以周线收盘价来计算。

同时，为了更有说服力，我们选择一个最为糟糕的时间进入市场，由于我们身处市场的大海之中。有时并不知道我们处于大熊市之中，骄傲的我们依然信心满满，怀揣梦想，进入这个未知的领域。

图 22-1 为截止到 2000 年 3 月 7 日汇源通信的周线图。

假设这一天，我们怀揣资金进入了这个市场。

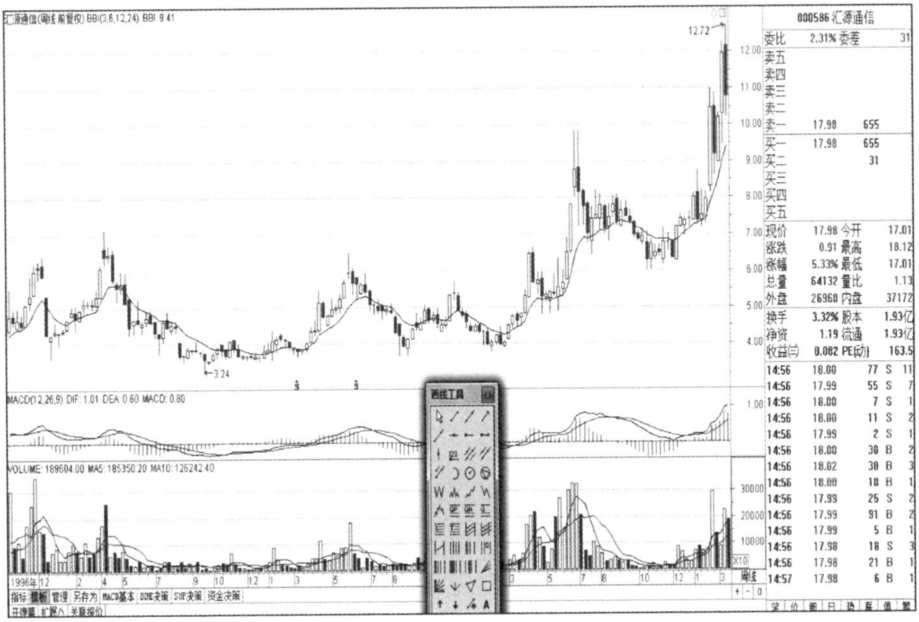

图 22-1　尴尬的时点和尴尬的品种

我也希望我们的读者不要预先去看后面的走势，我们一起盲其目，塞其听(不看什么财经点评，哈哈)地跟随这一只股票在市场中摸爬滚打 10 年。

1. 初步的研判：第一份投资报告

按照我们的规则，进入市场，首先要收集它全部的数据，并且使用一些基本的规则，来分析确定它大概的时空位置，如图 22-2 所示。

我们选取最近的一个明显低点 QQQ 和调整后的明显底部 LOW1 点，连接两点形成我们的第一个 NSM 系统(牛市生命系统)的 NSMX 线，即图中的江恩 2∶1 线。

这两个点的选取，任何人在任何时间研究这只股票，都是一致

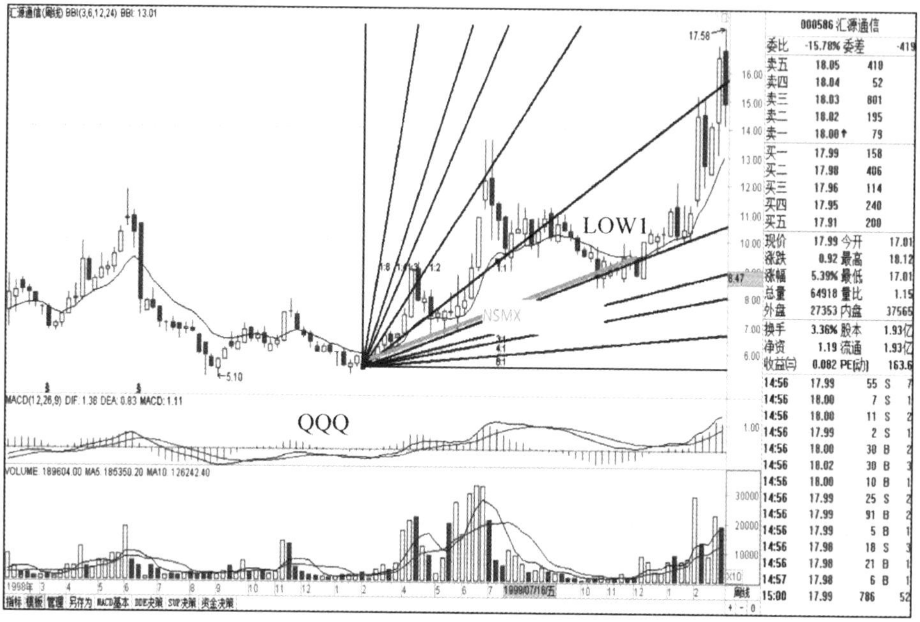

图 22-2　全局的数据和最宏观的时空位置

的，具有唯一性，不是可以随意选取的。

很明显，根据 SQUARE 定理，2000 年 3 月 16 日这一周，我们处于一个阶段性高位，根据我们的几何定义，它甚至是一个“当时间价格形成正方，转市就在眼前”的完美阐释版。但假设由于市场的亢奋，某投资者依然要进入这个市场，但根据上图，起码你要知道，这是一个应该止盈并适度减仓而绝非买入的高位。

根据定理，我们写下了第一份操盘计划书。

操盘计划书：2000 年 3 月 8 日晚

市场处于一个巨幅拉升的相对高位，未来的发展有两种可能：

(1)调整后再按照完美驱动定理继续上攻，这种概率是存在的，但时间还远未到达。

(2)根据切分定理，时间价格已经形成正方，这里有形成某种级别顶部的可能。

后一种概率明显较大。

持仓对策：暂时观察，谨慎操作，观察低一个级别的 K 线(日 K

线）中回撤的情况稳健低吸，今日暂不开仓。

如果你是个客户经理，你还要建议你的客户：

老资金坚决减仓，激进客户减仓70%，保守客户减仓50%，新资金暂时坚决不介入。剩余仓位以日线BBI为第一持仓保护位，如果有效跌破，坚决清仓。

账户情况：持仓0，总资产10万，盈亏0%。

2. 用日线的研判来决定何时买入

我们不是先知，市场处于亢奋之中，我们的感官到处听到的都是好消息，指数也在全力上攻之中，我们也同样激昂慷慨，期待着下一个涨停板。

李渔在《闲情偶寄》一书中，当谈到关于如何预防未知的风险时有这么一段话。大意是，如果好消息不断传来，而坏消息几乎绝迹，那么坏的东西已经潜入到这些信息中，并已经在发酵。

月盈则缺。和我们的股市何其似也！

图22-3是日线级别对应位置的NSM系统图。

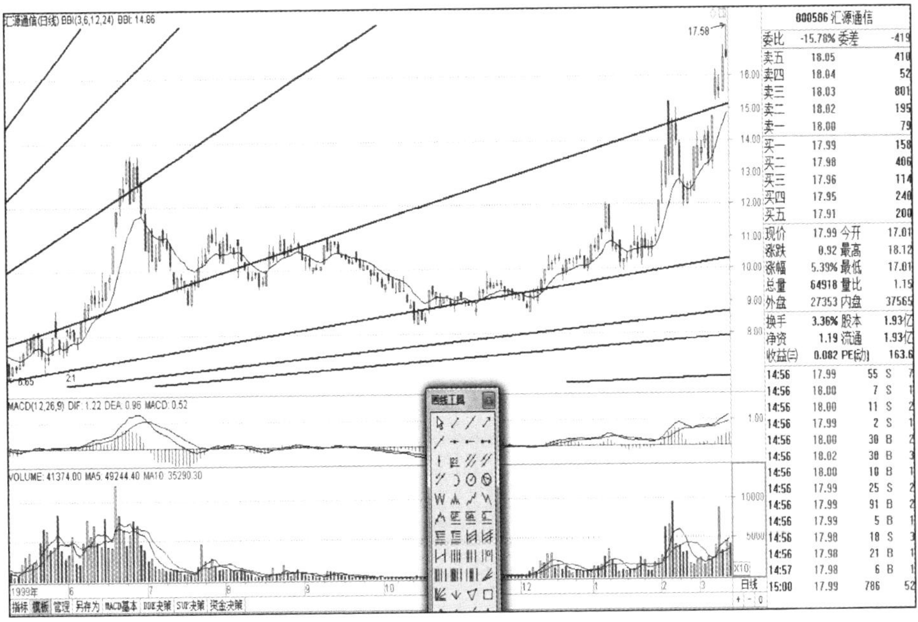

图22-3　日线级别的后宏观NSM图

依据第十章的规则，我们要建立这个上升主驱动的细分浪 NSM 系统，截取最近的局部进行放大，如图 22-4 所示。

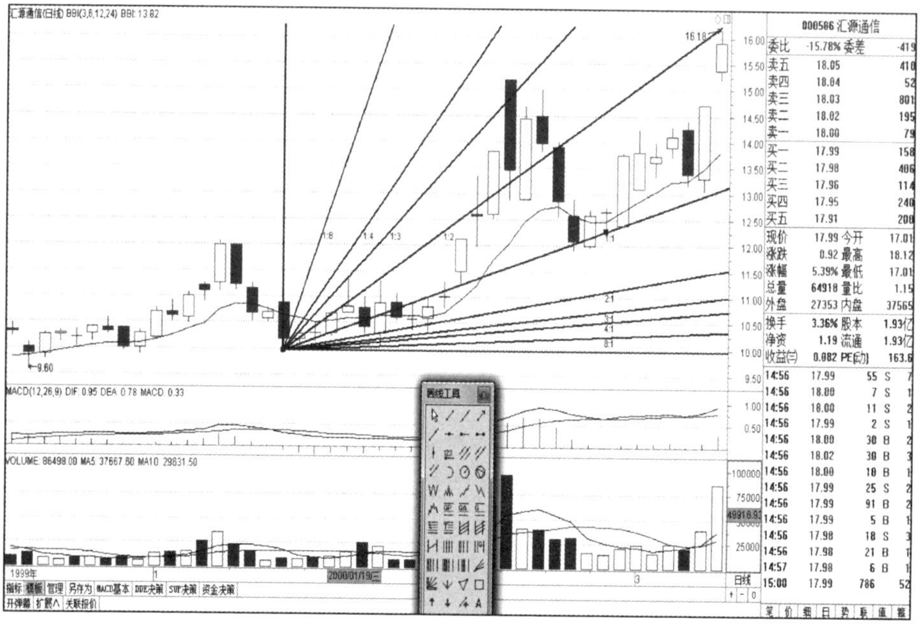

图 22-4　主驱动浪内部细分浪的规划和预期

图中的起点依然选取的是前浪的最低点和第二前浪的最低点，是客观的，谁选取也一样。

这张图的目的，是观察一下细分上升驱动浪走到了哪里。很不幸，和市场的亢奋不同，我们发现股价到达了 NSM 压力位。

依照我们前述建立的规则，市场处于危险的边缘。得到的操盘策略是：

老资金坚决止盈部分仓位，新资金暂不追高。

但市场的疯狂继续走出周线上的毛刺，放大后如图 22-5 所示，这是 3 个交易日后的图谱。

在图 22-5 中可以看到，市场在调整一个交易日后再次疯狂冲高，但均落在了 NSM 线以下，不越雷池一步。

操盘对策：老资金在 NSM 线附近逐步止盈，剩余 20%仓位盘中做 T+0。

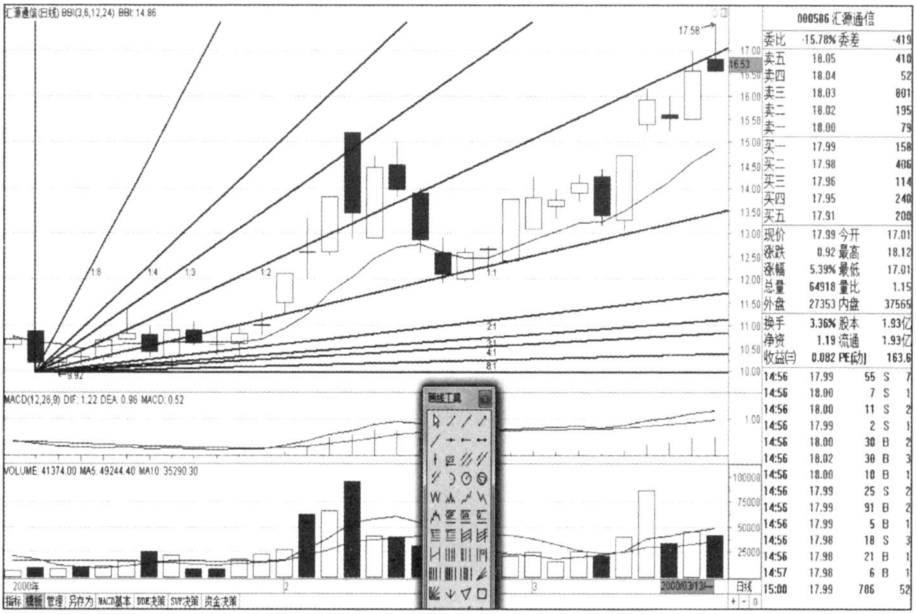

图 22-5　毛刺

但是，市场空方力量终于显现，次日大幅低开，将追高资金全部套牢，我们预期中的悲观走势，正诡异地形成现实。

由于我们几乎能知道未来的大概高度，市场的亢奋无法改变 SQUARE 定理的自然法则，所以在市场的亢奋中，你的冷静就是利润。

高度是确定的，由于有 NSM 系统，你从市场的亢奋中看到了危险，你没有被市场所迷惑或胁迫。

图 22-6 是此后十几个交易日的走势，市场低开低走，再也见不到陡直的大阳，到 2000 年 3 月 27 日，触及我们的 NXMS 下线。

按照我们的规则，这里是个谨慎低吸位（见第十八章），买入 20%的仓位，这时你要写出新的投资策略报告。

依据前述章节制定的规则，此后市场的发展有两种可能：

（1）依托 NSMX 的支撑向上走出新的升势，鉴于周线级别 NSM 系统处于绝对高位，必须相对谨慎。

（2）迅速跌破 NSMX 的支撑，形成熊市驱动。

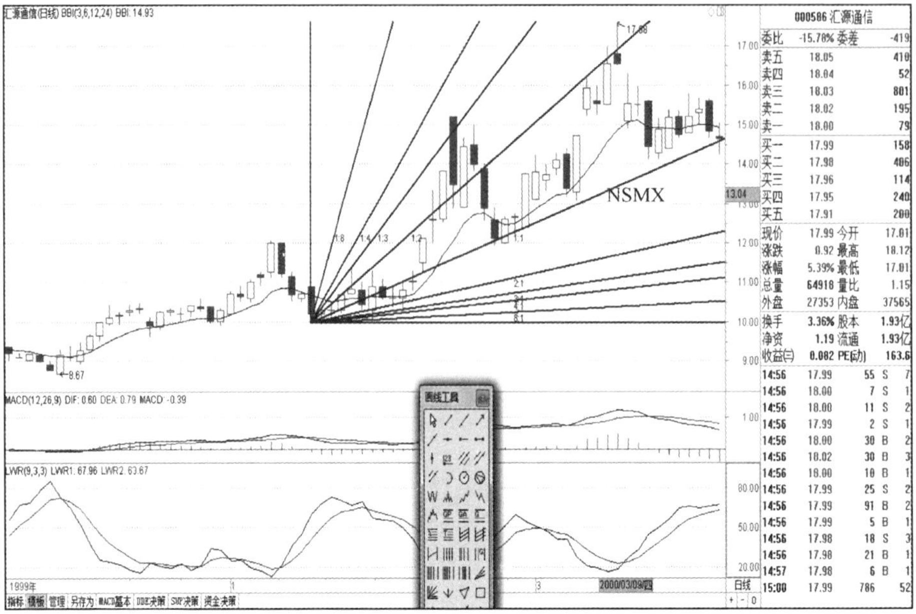

图 22-6 急速上冲后的回抽：危险的低吸位

3 月 27 日晚间制定的操盘策略：

市场调整后处于 NSMX 失控的敏感位，已经达到一个时空周期，但这里处于周线级别巨大顶部位置，务必以 NSMX 为持仓保护线，破之，坚决止损。

老资金依托持仓保护线(周线 BBI)持仓不动。

依据上述规则，我们这里建立的小仓位，保守的投资者，可在冲高时做止盈动作。

但依据规则，该仓位在图 22-7 中的 K 线尾部那一天必须止损。

这个操作是很差的操作，盈利为：14. 63~15. 39 元(均以收盘价计算)，盈利 5. 19%。

账户资产：8 万+2 万×1. 0519＝10. 14 万。

因为这些试探性买入的仓位很低，具有试盘性质，我们的目标是通过未知时空的小仓操作来感知市场的时空位置。当熊市来临时我们知道秋收冬藏，当牛市的脚步来临时，我们能够用牛熊转折定理第一时间重仓把握住机会。

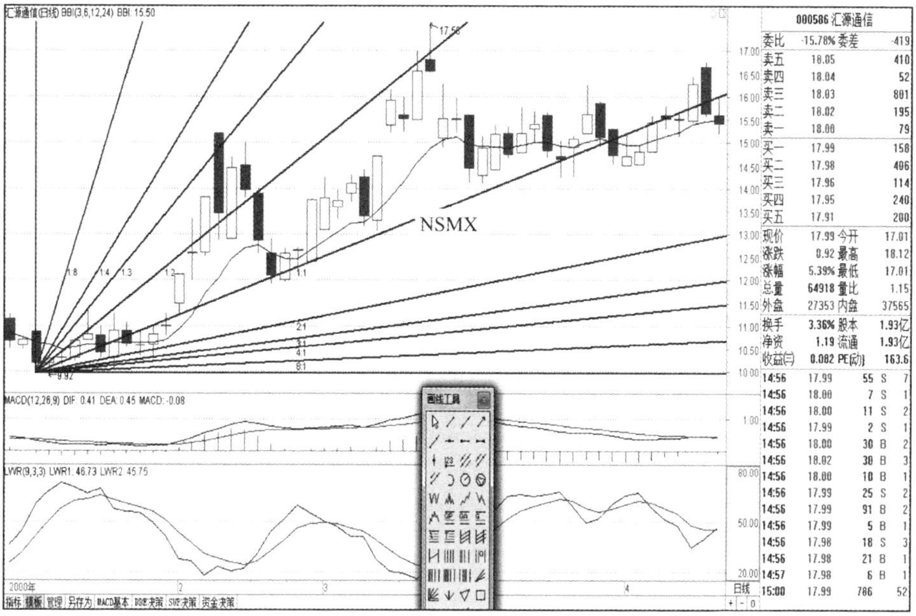

图 22-7　尴尬的止损

因此，以上的操作并不重要，下面才会进入关键环节。

二、身处盲目乐观而不自知的大熊市前夜

1. 牛市思维的持续和买入位

2000 年 4 月 12 日，市场有效跌破 NSMX 线后，我们对有限的仓位进行了止损，在 3 个交易日后(图 22-8)的大阴棒已经确认了完美驱动已经结束。按照我们的规则，除了偶尔观察一下市场和用很小的仓位在分时级别做一些试探性买入寻找手感以外，一切操作都是错误的。

我们的原则：寻找主驱动浪。

此外，任何波动的操作都仅具有试探和娱乐性质。

实际上，巨大的危险已经悄悄袭来，如图 22-8 所示。

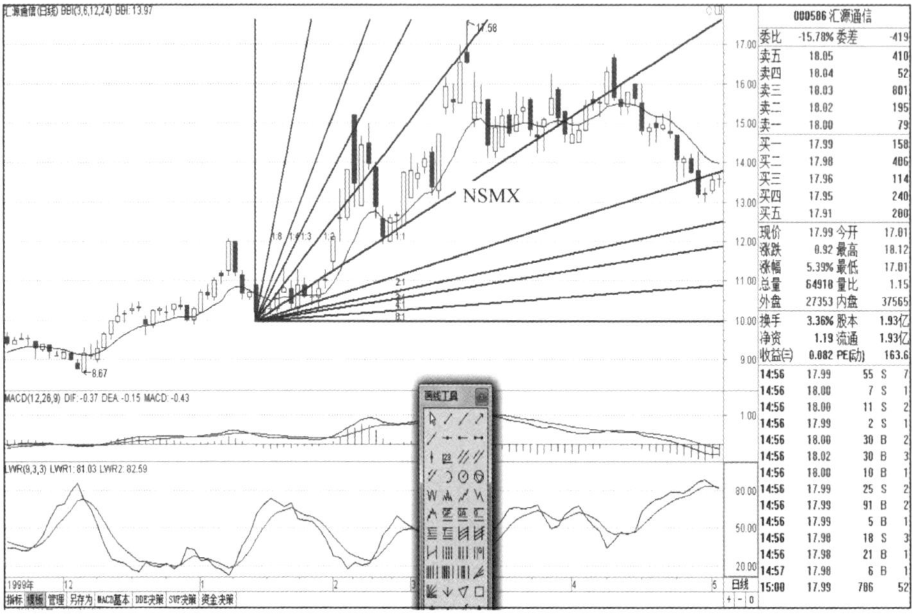

图 22-8　系统的敏锐：熊市正在袭来

此后的周线发展到 2000 年 7 月 14 日，都不具有操作意义，这是因为股价始终处于 BBI 的压制之下(图 22-9)，更关键的在于，这段时间市场虽然在回落，但始终未触及周线级别的 NSMX，对应的操盘对策：不操作，不介入。

到 2000 年 7 月 14 日，股价第一次回落到周线级别的 NSMX 位，即所谓的时空敏感点。

按照我们的规则，这里试探性建仓 20%(图 22-9)。

操盘策略：市场长期回落，从 NSM 到 NSMX 时空平衡位置，这里是一个敏感的时空点，试探性建立的仓位以短线操作为主，在日线级别建立短线持仓保护位；以周线的 NSMX 为长线持仓保护位，破之坚决长线清仓。

持仓成本：汇源通信买入价 12.81 元，仓位 20%。

2. 尴尬的卖出

按照上图周线级别的研判，我们需要在低一个级别的日线级别上建立持仓保护位，这个持仓保护位，对损失敏感的投资者可以设在日

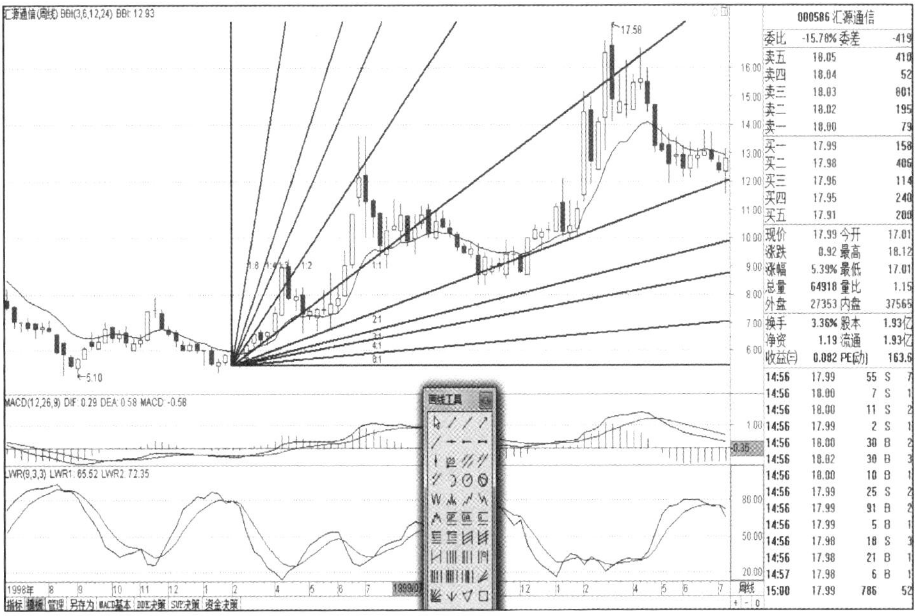

图 22-9　如何回避回落后低吸依然潜在的危险：微仓

线 BBI 处，不敏感的投资者可以设在日线的 NSMX 位。

如图 22-10 保护线的设立：2000 年 8 月 10 日触及持仓保护线，止损，这次操作盈利。

13.81-12.8=1.01 元，获利比例 7.81%。

账户资产：10.138×80%+10.138×20%×1.0781=10.295 万元

需要说明的是，此轮操作完成后，我们需要返回身来对市场的强弱进行评估。上述交易中，虽然我们感觉是身处牛市之中，但行情发展演化始终没有突破一个时空周期线，是一个弱势市场。使用我们系统的投资者已经应该能引起足够的警觉。

市场没有想象的那么强。

三、暴跌与熊市机会的把握

在图 22-11 中大家可以看到，在跌破 NSMX 后，市场产生了一个

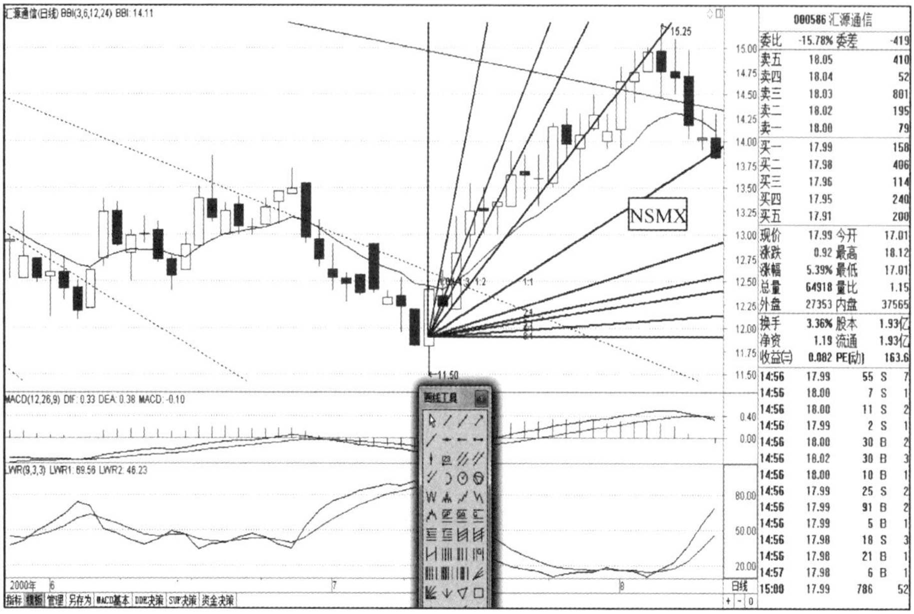

图 22-10　止损位的设立方法

加速的下跌，并迅速到达 NSM 和 XSMDE 交汇处。

根据规则，时间价格形成正方，短线级别的止跌就在眼前。

我们不知道未来，但知道现在，2001 年 2 月 23 日这一周，是一个时空交汇点。

操盘策略：市场处于长期下跌的恐慌之中，周线级别的时空平衡点已经出现，试探性建仓 30%，并逐步加减仓位，把 NSMXX 作为长期持仓保护线，破之，坚决清仓不再操作。短线在日线级别上建立新的 NSM 系统，并设立 BBI 为短线持仓保护位，破之止损。

建仓价 10.61 元，仓位 40%。

这次的上升持续而连贯有一种牛市重来的味道，2001 年 6 月 7 日，股价数次上冲 NSM 不过后有效跌破 BBI，逐步减仓，如图 22-12 所示。

卖出价 15.23 元。

获利比例：(15.23-10.61)/10.61=43.5%。

然而更大的考验才刚刚开始。

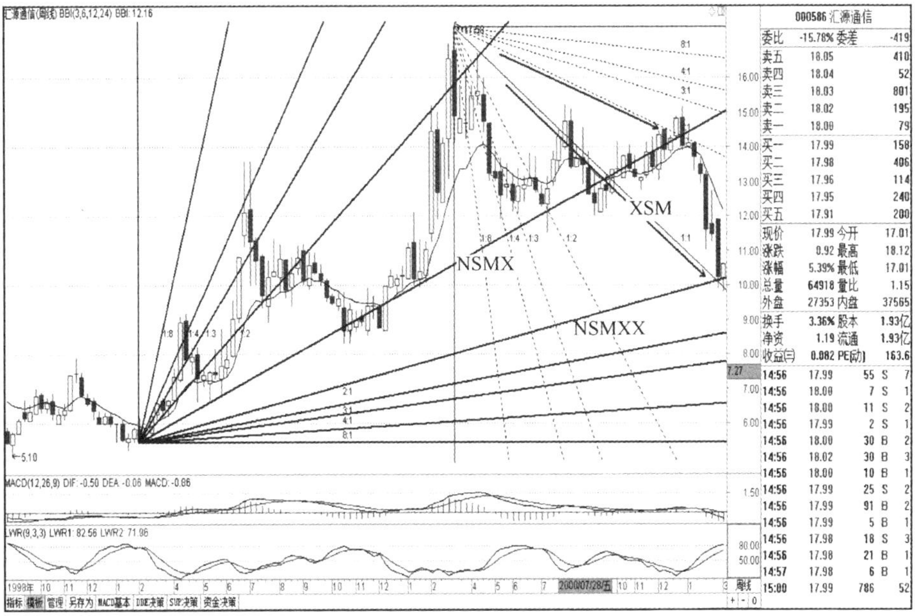

图 22-11　时空平衡的节点

图 22-12　熊市反弹的高度和仓位

四、牛熊未定的焦灼和茫然——艰巨的考验

如图 22-13 所示，图中顶部的回调再次到达 NSMX 线，按照规则，我们于 2001 年 9 月 28 日这一周仅仅可以买入 20%的仓位。

记住：熊市低吸都是赌博，我们唯一实现梦想的机会是主驱动浪。然而不要在本章寻找，本章主要的内容是：如何应对转市时期的焦灼和如何回避未知的巨大风险。

所有操作只是在感知市场的温度，尤其对大资金。

当晚，写出如下的操盘策略：

市场在 NSM 线和 NSMX 线之间形成震荡，虽然上次的上冲没有创出新高，这是牛市的隐忧，但牛市格局下会选一个时空周期后上冲的可能是存在的，将 NSMX 线设为长期保护线，有效跌破必须止损。

关于止损的卖出方法及仓位调节，见前面有关章节。

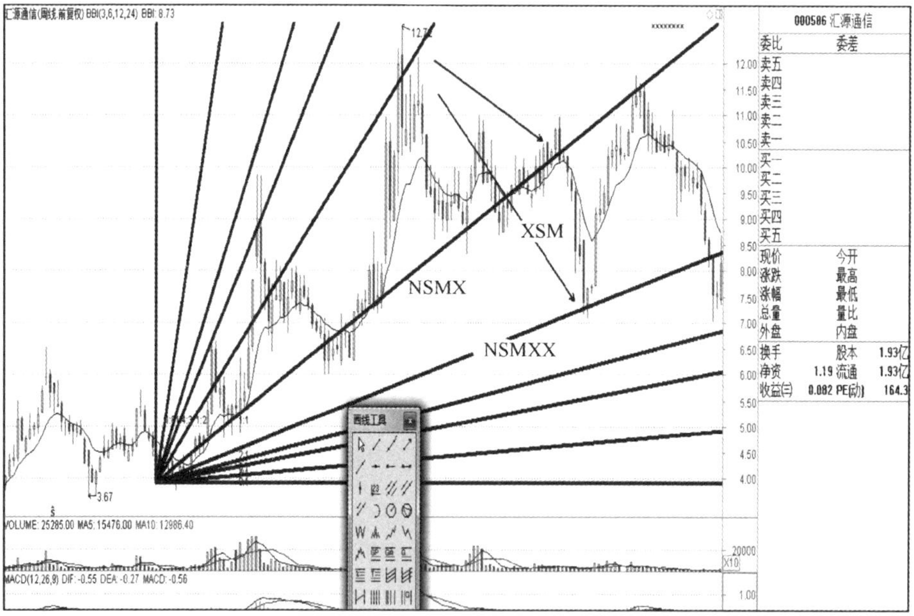

图 22-13　正在走向熊市的低吸

此后的发展显而易见，如图 22-14 所示。如果能坚持 3 周就能有

不错的收益，但是根据我们的规则，这个交易必须止损（数据计算依然按照获利用最小、亏损按最大幅度计算）。

亏损：周收盘价 11.39-10.43=0.96 元。

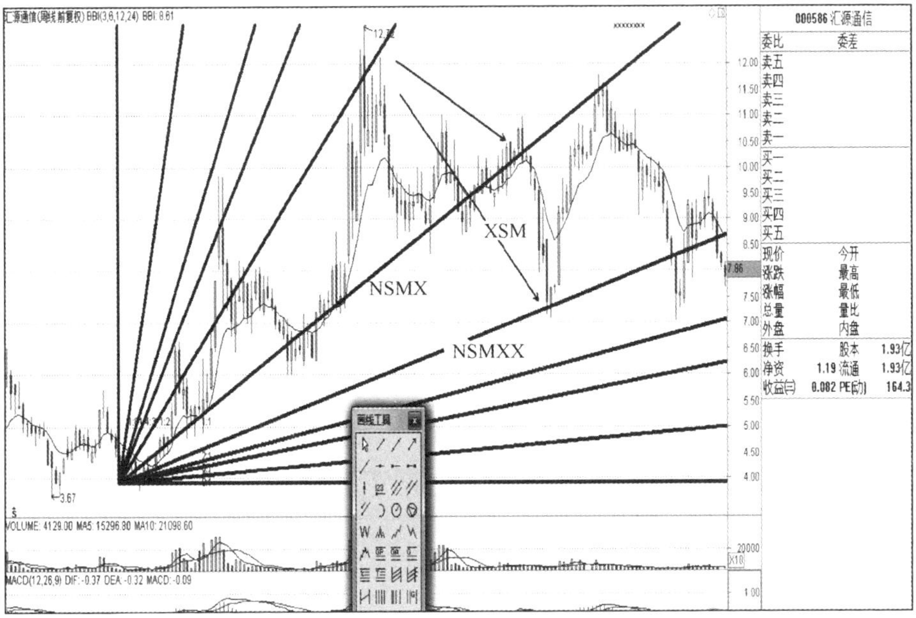

图 22-14　熊市的脚步

大家注意，由于不是主升驱动浪，这里的操作都具有试探性质，只是为寻找巨大的主升驱动浪培养盘感，而没有其他。

这里需要指出的是，不仅没有创出新高，而且跌破 NSMX 线，此后的反弹也柔弱无力，因此，只要你真实的参与了操作，你就会对牛市的感觉已经改变。这种感觉经常让我夜不能寐，次日市场如果跟随了你的担心，那么很可能熊市已经成为事实。

接下来，进入本章的正题，如何在即将到来的未知黑洞中生存。

五、未知的黑洞

2002 年 1 月 11 日这一周，股价回抽在细微级别的 NSMX 线后，再次下跌，并创出新低如图 22-15 所示，我们这时需要做什么？

我们此时该如何评估未来的市场？

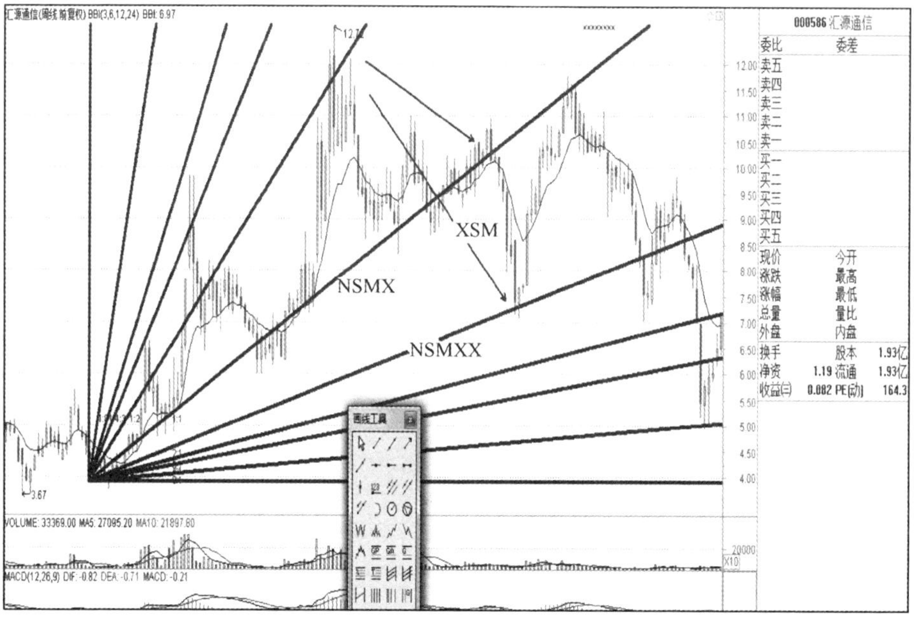

图 22-15　新低后如何评估市场

按照前述规则，你需要冷静下来，换更大级别的 K 线，对大级别的浪型进行评估定性。

这是市场生存最重要的技巧之一，如图 22-16 所示。

在图 22-16 中，月线级别 BBI 已经掉头向下形成压力，尤其是股价已经收到第三个时空区间下线，如果反弹后再次下跌，跌破此线，根据浪的厚度等相关规则，市场将被确认为熊市。

而今，起码我们处于牛熊混沌时期。

根据规则，停止操作，或者微仓(10%以下仓位)寻找感觉。此后的分析将以 XSM 和 NSM 系统同时并重，而不是单纯牛市思维了。

因此，首先建立周线 XSM 系统，用熊市思维观察一下近期的市场。根据规则，由于已经创出新低，回头固化 2001 年 5 月的次高点为 B 浪之尾，换为周线后大家看到的图形，如图 22-17 所示。

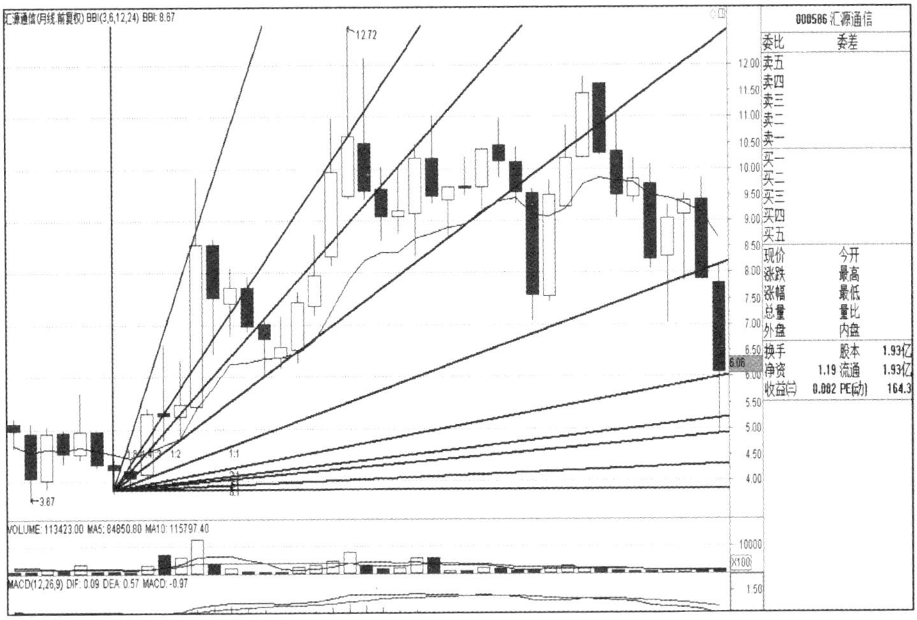

图 22-16　系统对风险回避的提前预知性

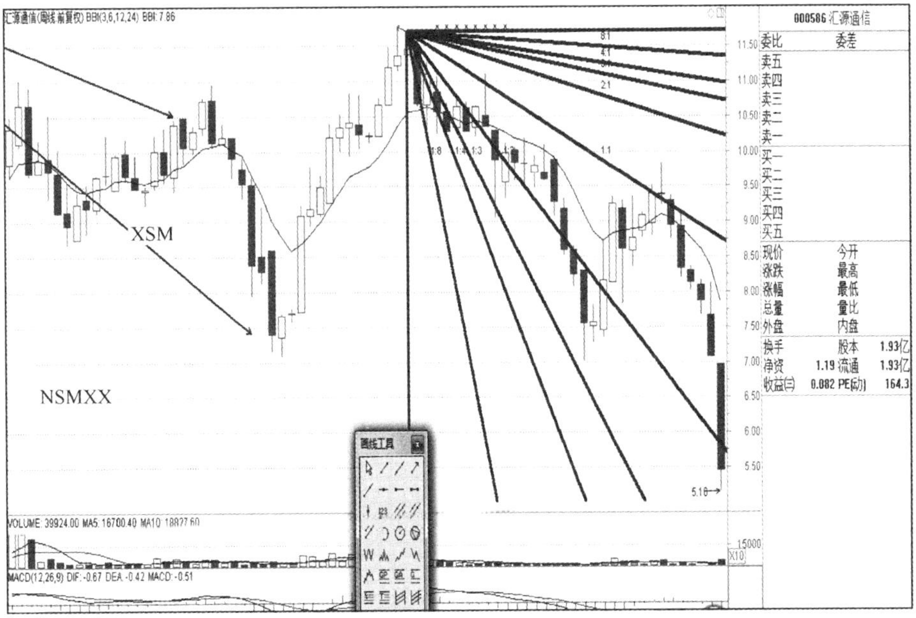

图 22-17　熊市 XSM 系统的完美预知

图 22-17 明显地告诉我们，下跌驱动很流畅，只有到达 XSM 线才止跌而且在这里完美止跌(完美止跌的定义参见姆定理等有关章节，它是指下跌到达、且正好到达一个时空周期止跌)。

至此，熊市思维必须建立。

但是，熊市就不能操作吗?

非也!

为简便起见，我们小仓 10%，用 10 万元的资金，在这个市场继续摸爬滚打，看看这个冬天到底有多寒冷。

根据规则，在 XSM 线处建立小仓。

2002 年 3 月 18 日那一周收盘价，我们开立多头仓位：买入价 8.01 元(如果在可以做空的市场，这里是空头的止盈位)。

根据规则，我们在完美反弹的 XSM 位上止盈，2002 年 3 月 15 日，卖出价 10.12 元，如图 22-18 所示。

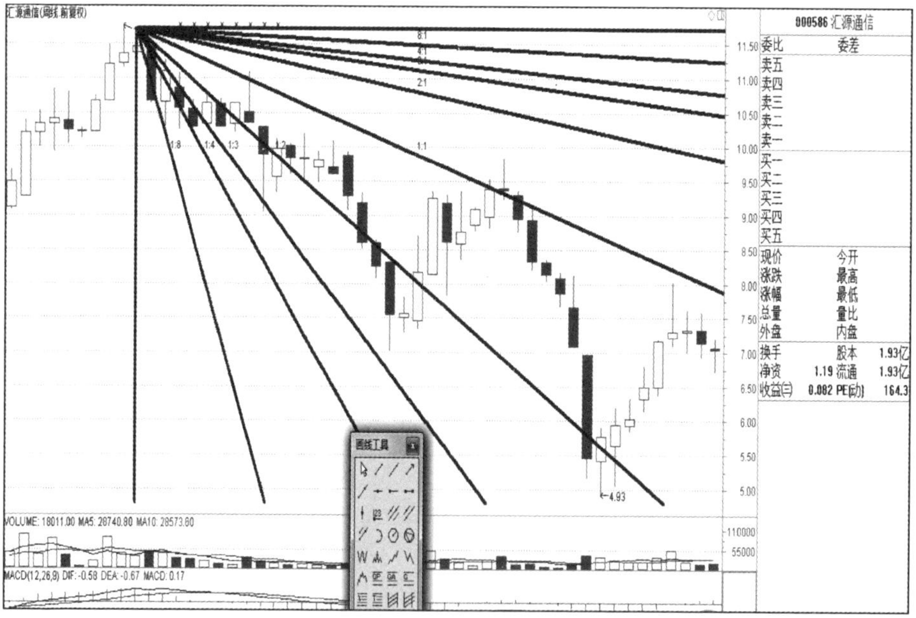

图 22-18　熊市反弹的高度

实际上，卖出后股价简单调整后继续反弹，按照规则，这里卖出后即停止操作，此后只是观察。

观察什么呢？

去观察是否能够出现牛熊转折定理的三个条件。

但此后股价在 XSMS 线的压制下，于 2003 年 8 月 1 日创出新低，如图 22-19 所示。

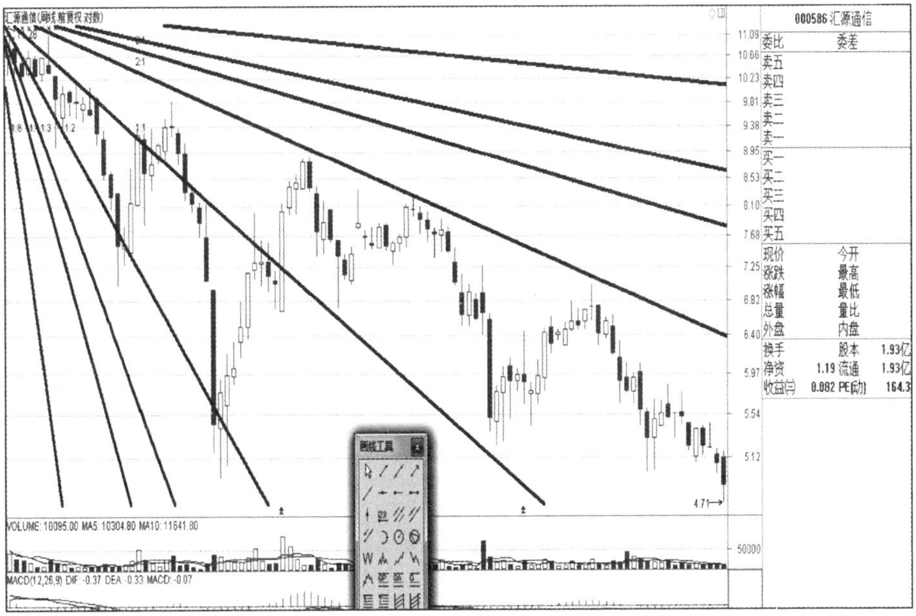

图 22-19　熊市主驱动浪

对牛熊转折定理和对应操盘法则的坚持，让我们度过了漫长的冬天，资金丝毫未损。

与时间作战，你的耐力、定力、信力够吗？

系统再科学，都没有你的定力更重要。

六、冬天已来临

2004 年 4 月 16 日，股价第一次出现了触及 NSM 线的情形。很显然，这是熊市驱动下的第一次反弹，而且仅仅是个完美主下跌浪后的完美反弹(反弹并且仅仅正好反弹一个时空周期)，如图 22-20 所示。

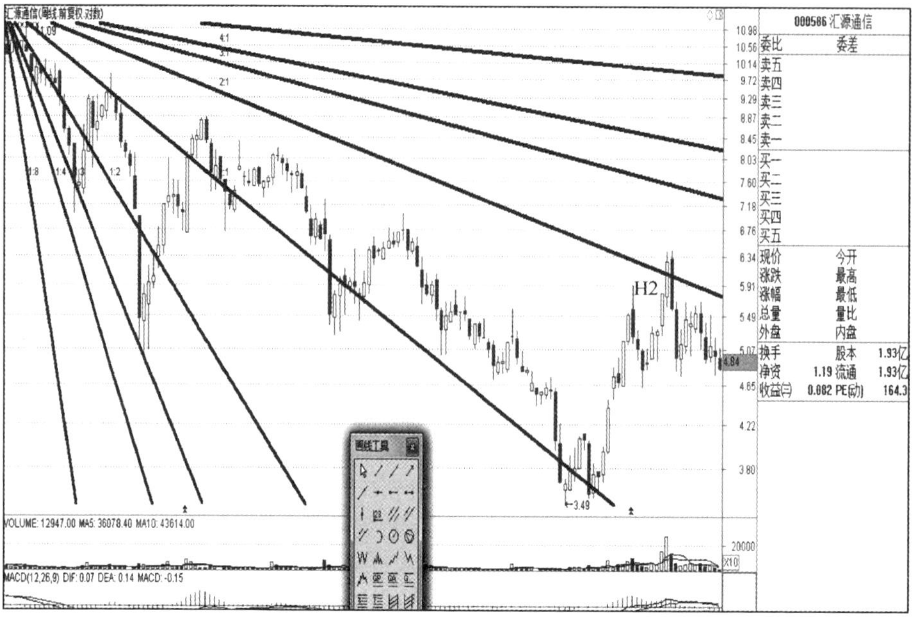

图 22-20 完美反弹时期的对策

我们在这里的对策很简单，就是空仓，空仓，再空仓。

对股价的预期上，按照我们前述给出姆定理及完美驱动定理，你会很自然的写出下面的话。

操盘计划书：股价第一次出现完美反弹，刚刚触及 XSM 后就出现向下的震荡，股价未来无非有两种演化：

第一种可能是，在创出新低前再次反弹，并站上两个时空周期，并逐步去满足牛熊转折定理的三个条件，在这种演化模式下，我们的交易对策很简单，那就是只观察不介入。

第二种可能是，股价弱反弹后创出新低，下行主驱动以完美驱动的模式继续释放它的力量。

交易对策更简单：只观察不介入。

总之，未来很长的时间内，只要是以下两种情况：一是不出现牛熊转折，二是不再创出新低。我们就看都懒得看它一眼，直到前述情况出现变化。

七、黑夜之黑夜

2006 年 3 月 25 日，最坏的情况出现了(图 22-21)，虽然在我们的预期之中，我们也为其中的多头资金感到悲哀，有兔死狐悲之感，市场在 XSM 线压制下再次创出新低。

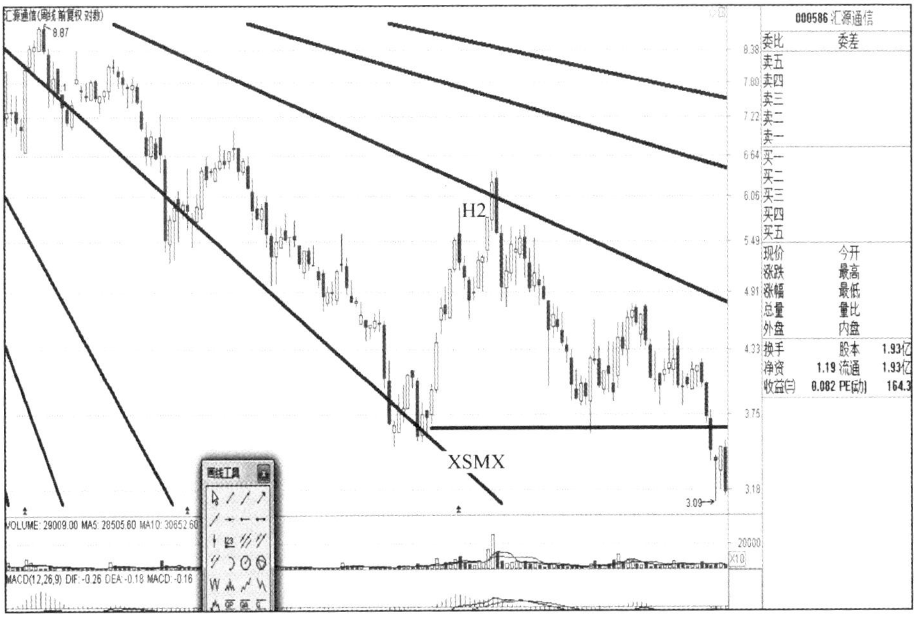

图 22-21　完美反弹后的新低：熊市主驱动浪持续

这个新低非同小可，你知道它还会跌多少才会止跌吗?

答案是：不知道!

但是，我们知道，股价在快速冲击 XSMX 线时会出现反弹或者反动后者翻转。

知道这个就够了，因为你早已看到了更惊悚的未来。

不信？那就看后来的发展，如图 22-22 所示。

5. 56 元到 1. 92 元，这就是卜降主驱动的惊悚。

你会说，能做空多好啊。

呵呵!

因为你能洞见未来，所以惊悚变成了莫名的期待和惊喜。

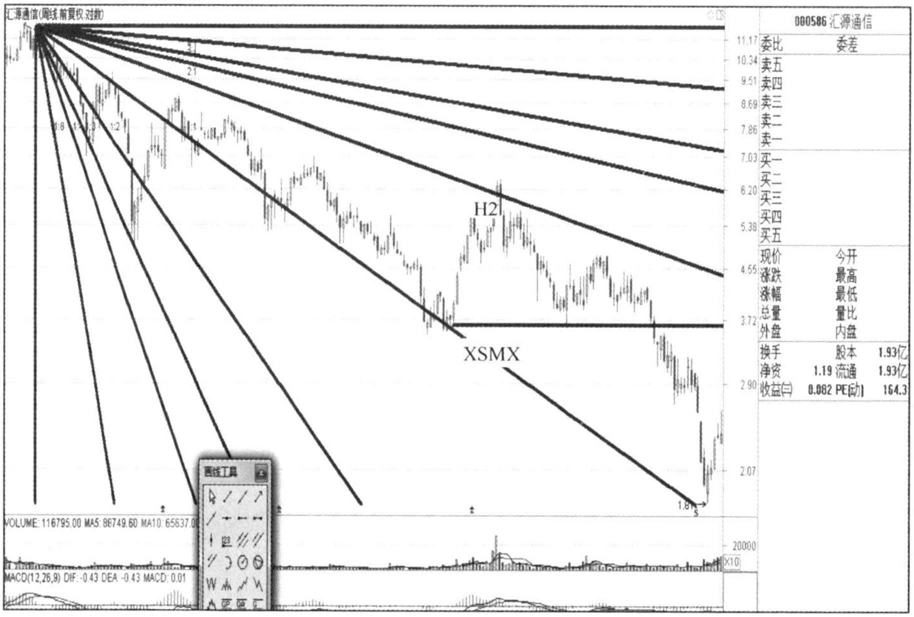

图 22-22　完美主驱动深度的提前规划

让我们共同期待中国股市能够做空的那一天。

2006 年 4 月 28 日：1.92 元，XSMS 位，记住这一天。

操盘策略：停止操作。

八、春天的脚步

以上次触及 XSM 线的 H2 点为第一点，以新低位第二点创建新的 NSM 系统，如图 22-23 及图 22-24 所示。

股价在新的 XSM 线压制下一直运行到 2006 年 6 月 6 日，这一周发生了什么？你看到了什么？

我看到了春天的嫩芽，你看清了吗？

股价第一次在不创新低的前提下，站上了最新级别的 XSM 线。

这是了不起的变化，如同惊蛰的春雷，你需要具备于无声处听惊雷的能力和嗅觉。

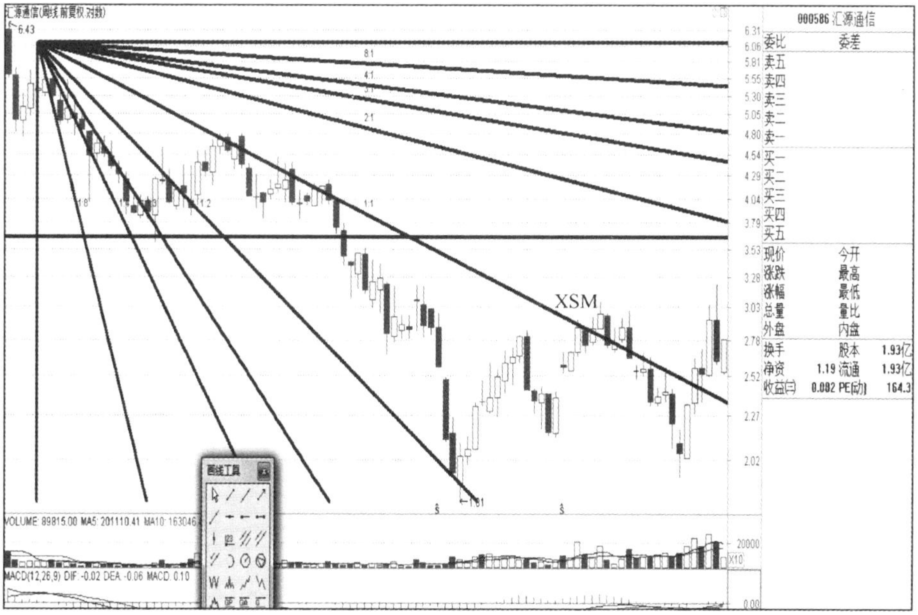

图 22-23　牛熊混沌时期：熊市被革命，牛市尚未到来

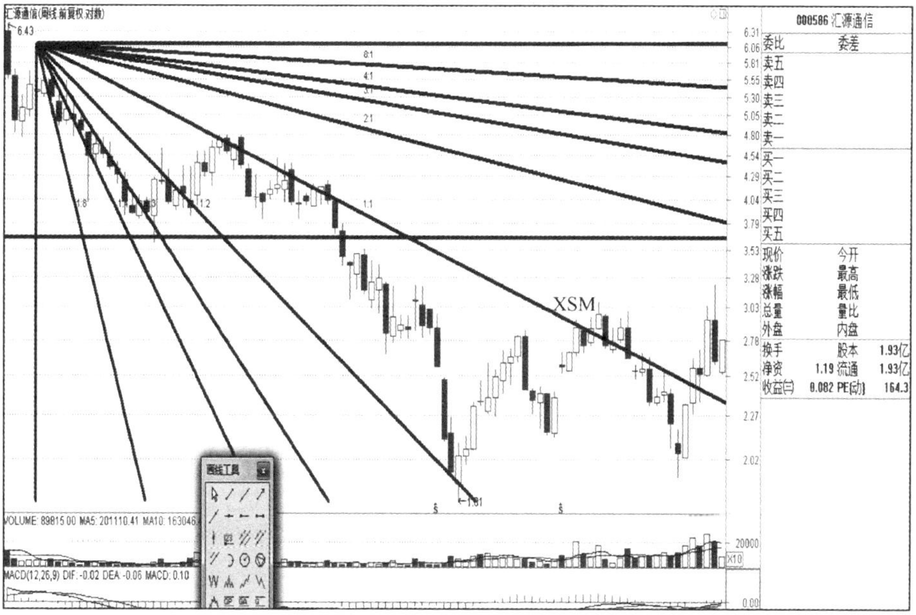

图 22-24　牛熊混沌时期之二：突破一个时空周期

九、见龙在田

2007 年 1 月 26 日那一周，市场发生了什么？如图 22-25 所示。

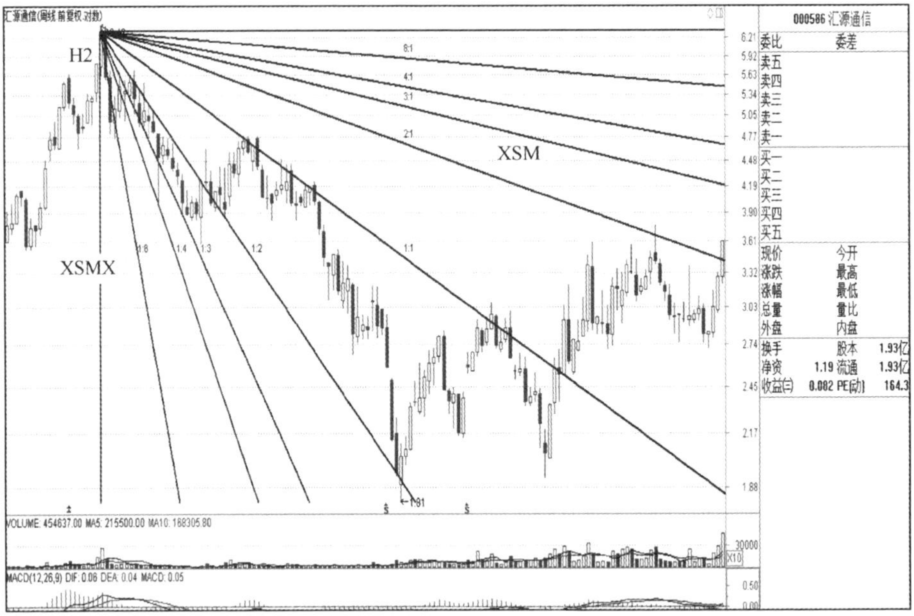

图 22-25　牛熊转折的经典图形再次出现

你把上述图形和牛熊转折定理的图形拿来做一下对照，你有没有感受到惊悚？

经典的牛熊转折位置终于出现了。

原来，所有的股票都在按一个程式在走。

如图 22-26 所示，华联综超，我帮你贴过来。

还有牛熊转折定理那一章的例图，如图 22-27 所示。

与现在股价所处的位置进行对比，你是否很惊讶，原来所有的股票都在按照同样的程式在演化？模样都那么像。

自然的法则，也许就在这种时间的比率之中(参看最后一章)。

这就是我们倾注所有的坚韧，梦寐以求换来的牛市主驱动浪。

熊市的追踪，多少的艰辛，期待的就是这一天。

图 22-26　牛熊转折的经典图形对比之二

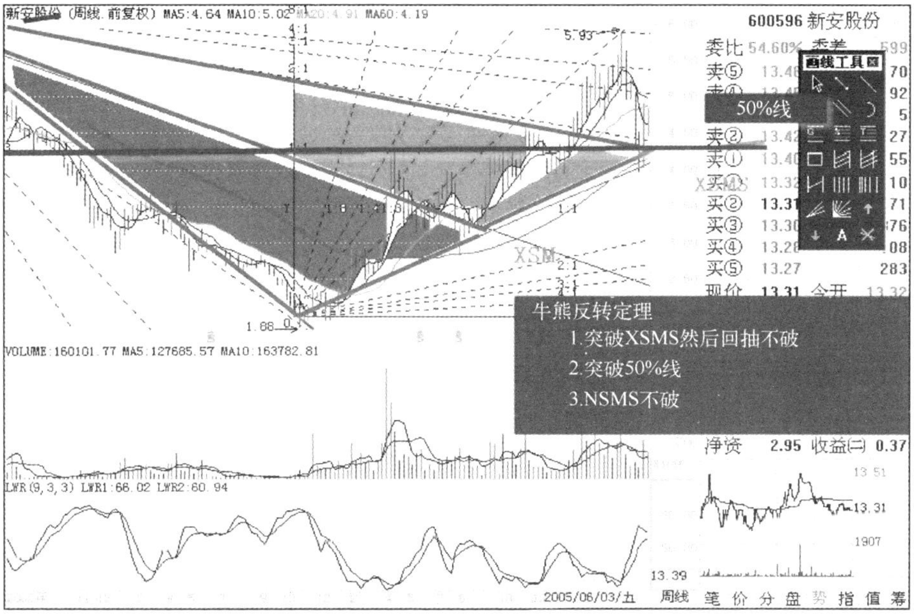

图 22-27　牛熊转折经典图形对比之三

第二十三章

选股与选时的利器：长线股票池的建立和操盘策略

在第二十二章的内容结束之后，我们已经对本书的主要理论体系、实战应用法则给出了较为系统的讲解。但我们依然面临一个实际问题：面对全世界如此多的交易品种、巨量繁杂的数据分析，不可能对每一个品种、每一个时点都进行如此深入而细致的全局推演，那么我们如何化繁为简，迅速找到那些我们认为可能有交易价值的品种呢？

实际上，日常巨量的交易品种，其长线的运行趋势，早已经写在了它的历史数据之中。这一点，通过以上我们的讲解大家已经有了较为系统、全面的了解，并能够通过建立 NSM 系统和 XSM 系统，对其未来做出一些数学性的规划和预期，但是，我们依然需要一些办法将这些繁杂的工作简化，完成选股、选时两项交易的最基础工作。

从本质上讲，我们的选股过程和选时过程是一个有机统一的过程，并不是两个孤立的方面。总体而言，选股一是简略看他的基本面，遵循价值投资和价值投机的基本法则。二是对其宏观时空位置进行分析。在这个过程中，如果我们发现某个品种已经处于有利的宏观时空位置，那么它就进入我们的初选自选股票池。宏观时空分析的过程中，如果发现一个品种所处的宏观位置并不理想，比如处于大熊市主驱动浪下跌浪之中，或者处于浑沌的盘整时空之中，这些漫长的无序波动和无法琢磨的杂波我们是无法把控的。所以也就被从初选池中剔除，当然更不会进入我们的选时交易系统。从这个意义上讲，选股与选时是一个工作的两个方面。

我们所要面对的问题是，如何在较短的时间内从庞杂的交易中选出我们喜欢的那些。本章试图通过在月线级别上，迅速给出一个长线的运行预期和简略的操盘策略，从而可以较为迅速的剔除那些无效的杂波品种 ，来简化工作，提高效率，做到有浪可数方去数。

简而言之，为达成上述目标，如何快速规划一个品种的未来并给出简略的长线操盘策略，就成为选股与选时最重要手段。

本章以此为重点，以洪都航空为例，为广大投资者做简要说明。

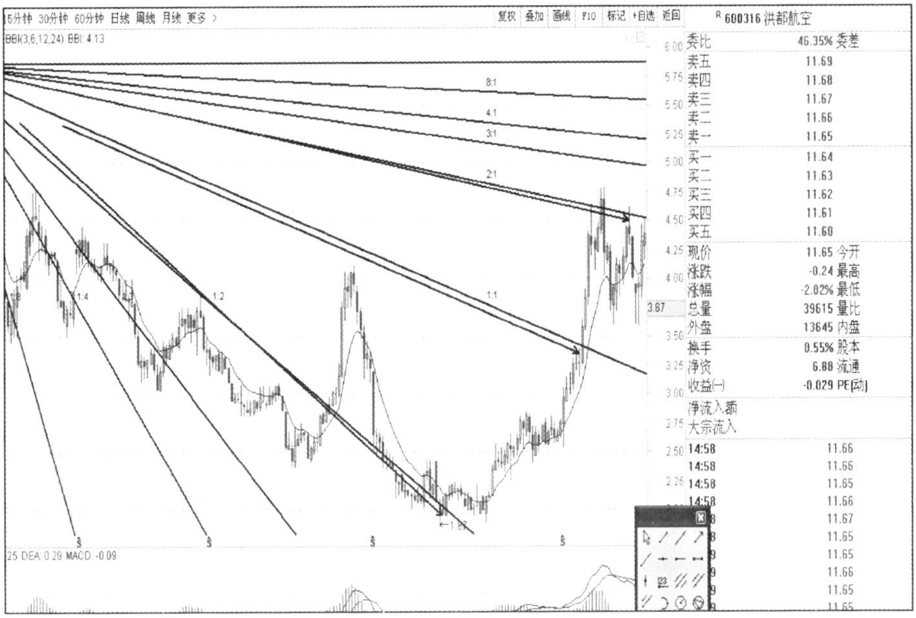

图 23-1 牛熊转折的临界状态

一、不同时点的长线操盘交易策略

1. 转折前后

根据牛熊转折定理，该股票在 2005 年年底，到达长线的时空临界位置，也首次进入了我们的长线视野(图 23-1)，选入了我们的长线初选池。

注意，这个时点在闽发论坛当时是提前给出的，并有记录。

到 2006 年 3 月 31 日，该股股价已经演化到图 23-2 的位置，完成了牛熊转折的所有要求，也就是达成了选股时的目的，成为可以交易的品种。

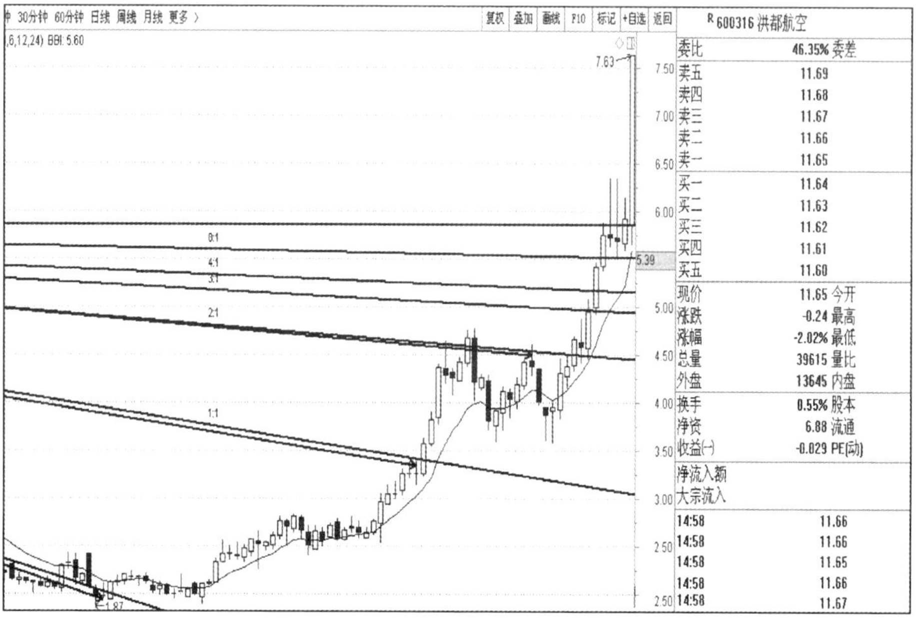

图 23-2　2006 年 3 月 31 日牛熊转折后

在 2006 年 3 月 31 日，我们给出第一个简易交易策略：

(1)2006 年 3 月 31 日，市场确认突破了图中最后的熊市防线(图 23-2 中的下降 2∶1 线)，市场进入长期牛市，在日线级别上寻找回抽 NSM 线的时点分批买入。

(2)将图中标注的 NSM 线和周线 BBI 线作为长线资金保护线，在此线之上坚决持有；破之，坚决清仓离场。

2. 持仓过程

一个月后，2006 年 4 月末，股价运行到图 23-3 中的位置，我们给出这个月的交易策略。

2006 年 4 月 28 日，给出交易策略：

(1)股价按照预期完美上行，坚决持仓。继续将 1∶1 线设为持仓保护线，在此线之上坚决持有，破之坚决出局。

(2)对止盈位进行规划。根据 SQUARE 定理，股价如果上冲到上

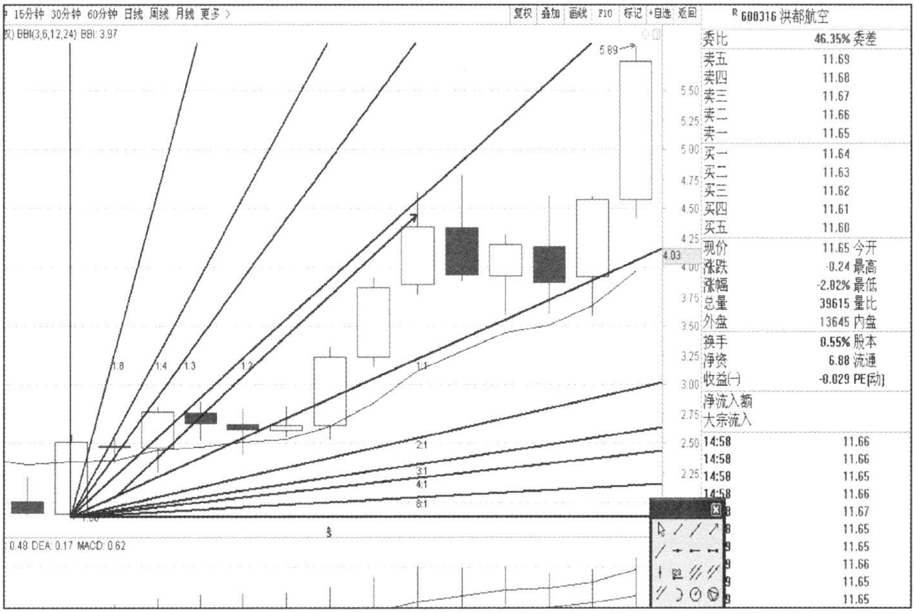

图 23-3　月线级别的持仓

升 1∶2 线(图中加圆圈的线)，股价将形成 SQUARE(正方)，这里卖出 70%的仓位，其余做 T+0 操作；如果股价不上冲此线，则在 BBI 和 1∶1 线支撑下坚决持股；并以此线作为止损线。

以上是持仓跟踪过程。

3. 止盈

在 2006 年 5 月 31 日，股价继续大幅拉升，根据上个月已经做出的高度预期(SUWARE 定理)我们给出交易策略：

股价已经上冲 1∶2 线(图 23-4)并有疯狂翻越迹象，卖出 90%的仓位，市场可能在 1∶2 线面临长期大的顶部，减少操作。剩余仓位以日线级别 BBI 设为止损线，破之坚决出局。

注意：在股价创出新高后，我们就可以提前数月预期到未来拉升的高度(图 23-4)。这是个令人惊惧的，相关研究方法的形成参看附录中的有关内容。

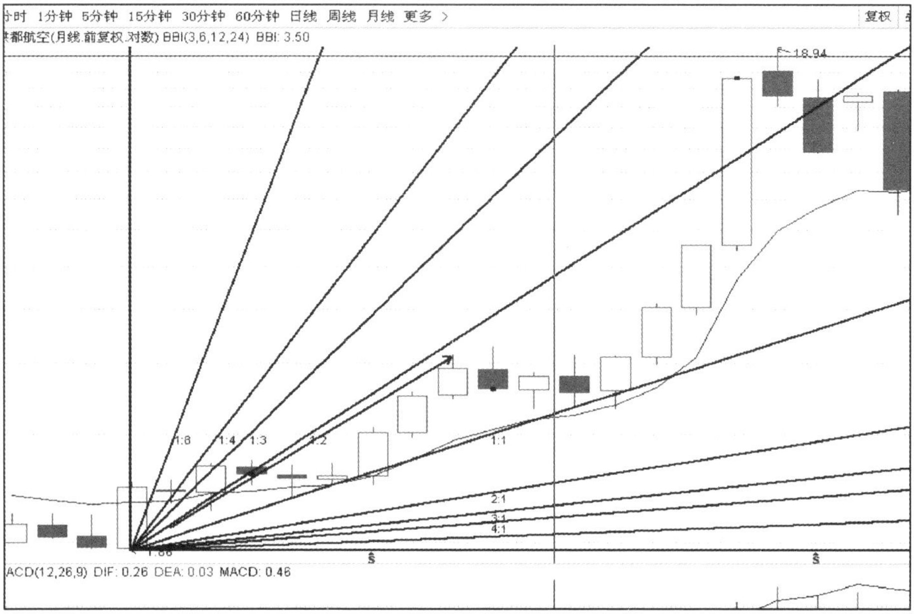

图 23-4　股价翻越 1∶2 线

二、在未知的未来，如何快速给出长线运行预期及简略操盘策略

用以下几张图谱简略描述洪都航空在未来数年里如何提前给出股价运行的预期。

1. 止损位的出现

如图 23-5 所示，止损位一旦出现，我们就把他剔出股票池，减少我们的工作量。

到达 2008 年 3 月后，股价跌破 1∶1 线和 BBI 线的点，长线止损信号出现。该股价后来的发展表明这里的止损是一个非常完美的止损位。

股价一直到 2008 年 11 月才出现了新的底部。

2. 对于长线底部的提前预期

在漫长的下跌过程中我们最想知道的事情是其何时到达底部？底

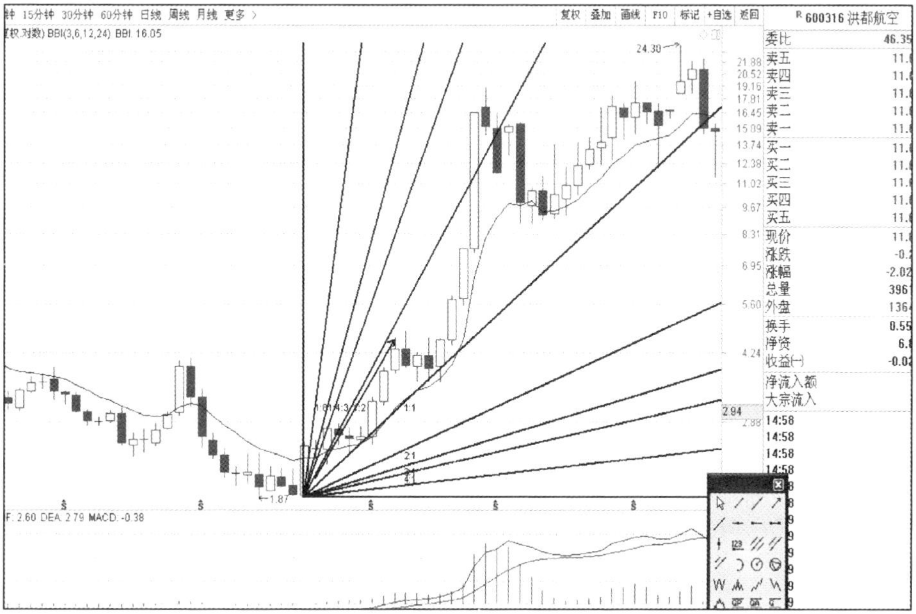

图 23-5　长线止损：剔出股票池

部到达不就是我们加入自选股票池最好的时机吗？

如图 23-6 所示，预期的第一个底部为图中圆圈所标注的那根线。

这个止跌位，只是一个预期价位。

如果不到达这里不会有大的回升行情，有的话也仅仅是杂波。

如果到达这里可以小仓位低吸，但并不代表在这里可以重仓介入。在长达半年多的漫长下跌中，这个图给了我们坚定等待的坚强信心。

三、到达预期后时空再次进入股票池：选股即选时

时空位置到了，我们就将他再次选入。从这个意义讲，我们的系统是通过发掘有利的交易位置，通过时间的缓慢行走，来完成选股工作。在图 23-7 中预期低位到达后股价的表现中规中矩，小仓位（20%）的 T+0 操作又再次开始了。

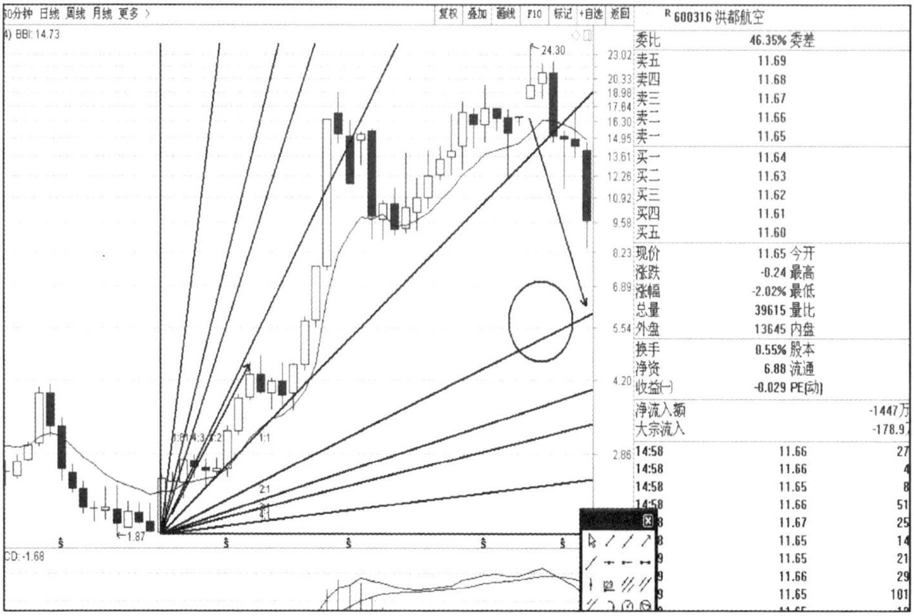

图 23-6 止跌位的预期

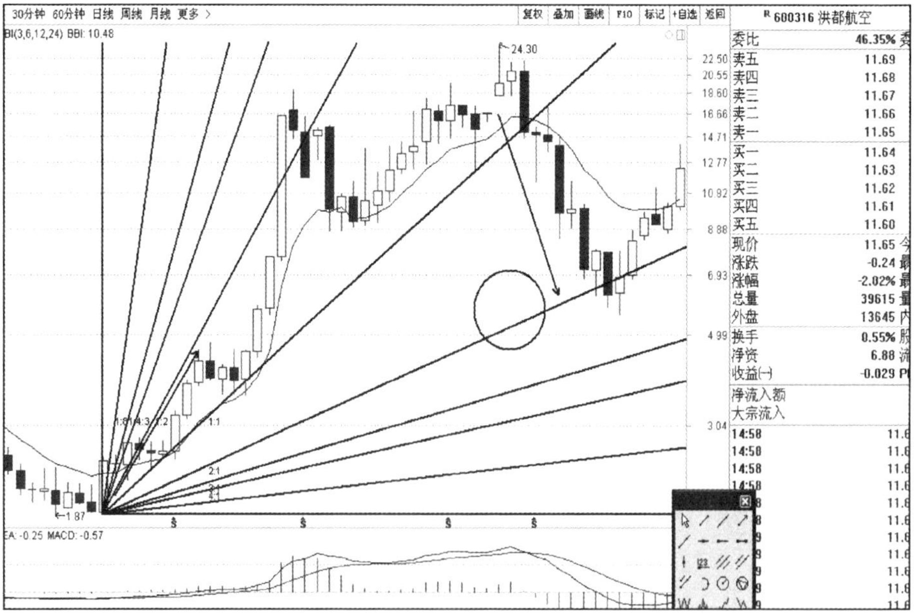

图 23-7 选股即选时

注意：股价略微跌破了图 23-6 中标注圆圈的那根线，所以这个系统在长线上和方向上是比较完美的，但是，并不能做到 100%的数学准确。

但那 100%有什么用呢？因为，这张图唯一的价值只是对宏观位置的估算。对于操作中的选时，我们有更精确的日线级别 NSM 选时系统。

四、持仓过程及拉伸高度的预期

行情启动以后，我们最大的期望，就是能够知道他的高度。

那么，我们对其拉升过程中一个细分 3 浪的高度进行预测（图 23-8），这个高点在很早以前就已经可以预期到，这就是最保密的切分定理的一个应用。

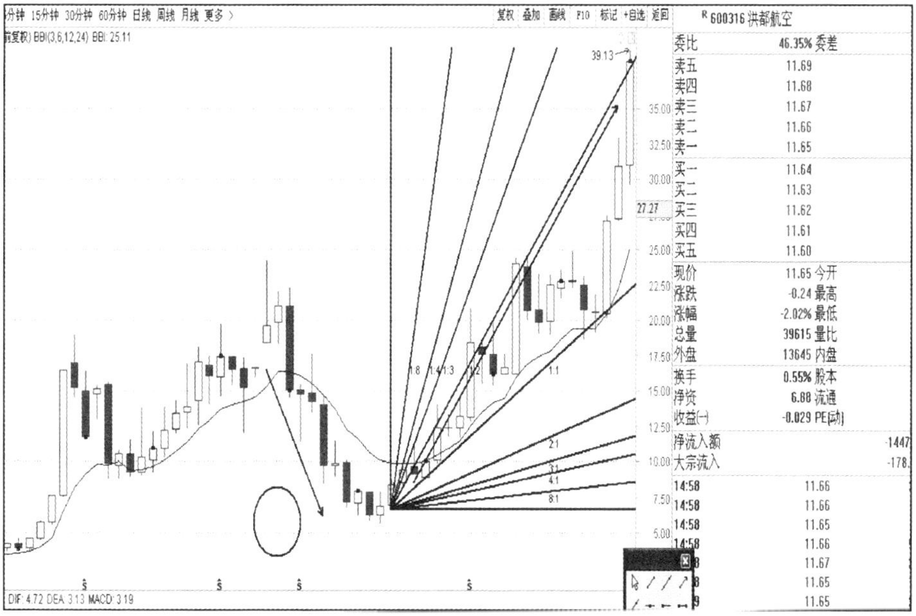

图 23-8　持有

五、洪都航空终身图谱

如图 23-9 所示，该图可以再管 3 年(2015 年绘制)。

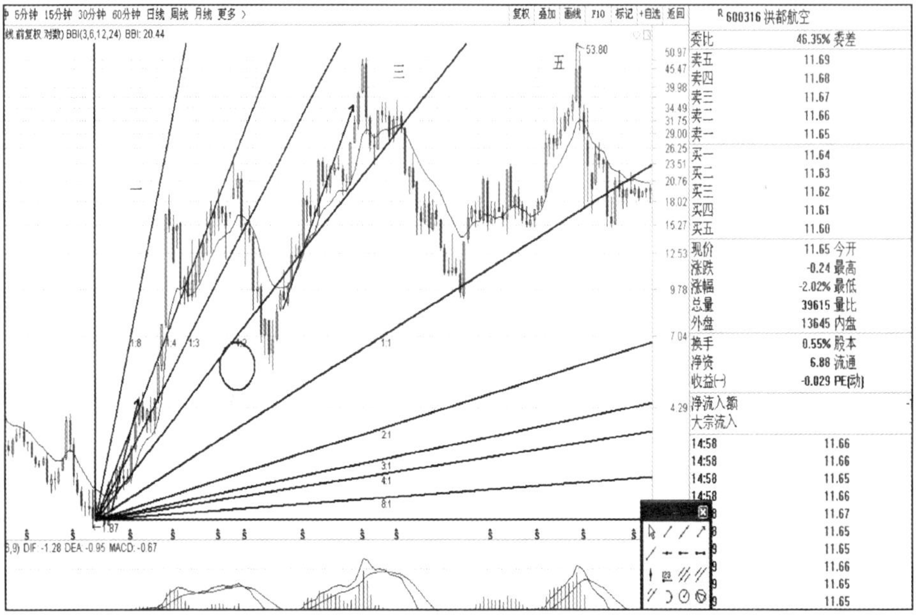

图 23-9　终生浪型的定性和江恩时空线的定位固化

有了可以管 3 年的图谱，你去剔除那些杂波品种的效率就大大加快了，因为有些股票你 3 年都无需再看它一眼。

有的品种，错过便不值得再拥有。

第二十四章

神秘的 0.406 机制

细心的读者还会记得，在第十九章的图 19-3 中，我们曾给出了这样一段话："这里，系统的高低点不变，反弹完美到达且正好到达一个时空周期，此后不再流畅上升。这里，连续的下跌持续了 56 个月，反弹到新高仅持续了 11 个月。这两个数的比例，很神秘，要记住，我们以后会用到"。这个比率有什么神秘呢？

一、完美主驱动中的 0.406 机制

如图 24-1 所示，这是上证指数从 1991 年运行至今的 K 线图。在这张图中采用了对数坐标，45 日 K 线。

图 24-1　上证指数全景图

将上图进行颠倒形成如图 24-2 所示，将图简单化、抽象化，就会是如图 24-3 所示。

图 24-2　颠倒并抽象化

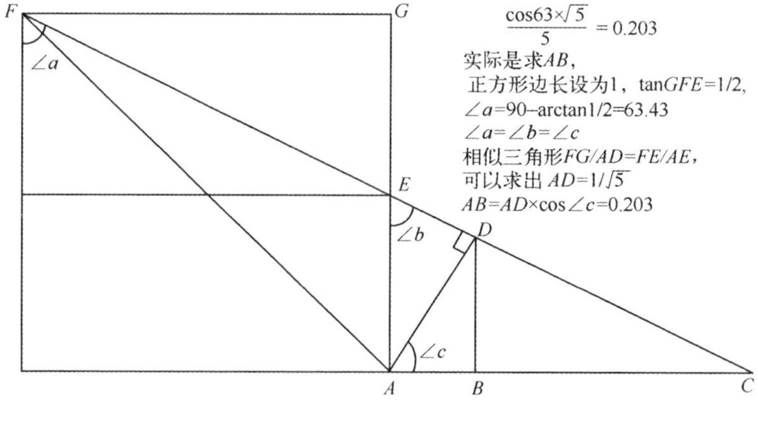

图 24-3　抽象化后，绘制基础江恩角度线

按照江恩角度线最传统的画法，其中，*AB* 段代表反弹的时间，经精确计算：*AB*/*FG*=0.203。

什么意思呢？

在完美驱动中，任何反弹持续且仅持续 0.203 或者 0.406 的时间。在完美驱动中，这个比率处处存在。

在第十九章的图 19-3 中，用 56 个月乘以 0.203 大约等于 11.36。这是什么意思呢？就是说，只要我们确认了 56 个月后下跌已经结束，那么，即将开始的反弹将持续且只能持续 11.36 个月。

这就是神秘的 0.406(0.203)机制。

二、偶然还是必然？

在第十九章中的例子不是偶然的。

如图 24-4 所示，图中的黄金月线上涨了 272×2=544 月。再用 544 个月乘上 0.406 等于 220.86 月，回调实际发生了 221 个周期。误差 1.14 个月，不到 5%。

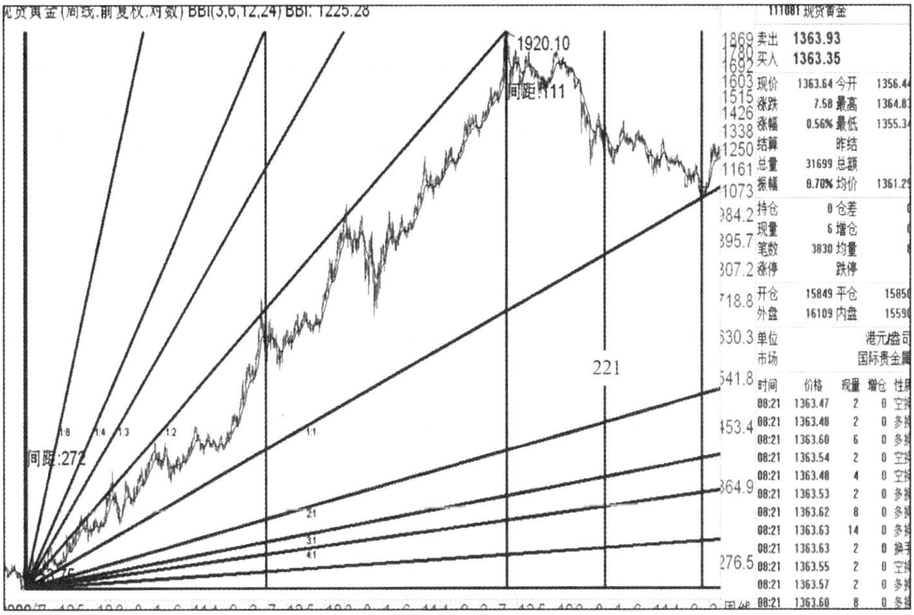

图 24-4　黄金内部的 0.406 机制

如图 24-5 所示，上证指数持续上涨了 57 个周期，按照我们的 0.406 机制，预期的回调时间为 57×0.406=23.14 个周期。实际调整用了 22~24 个周期。误差一个周期，不到 5%。

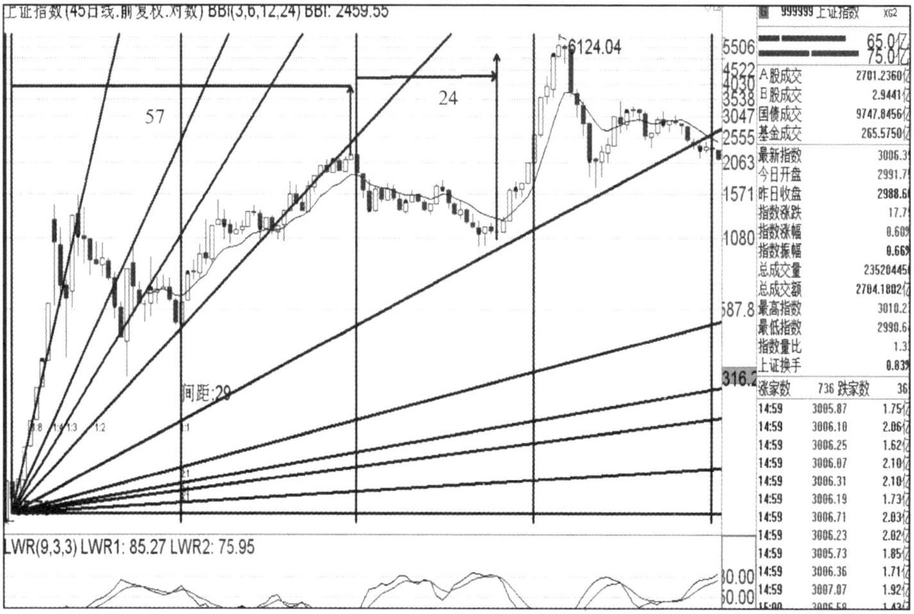

图 24-5　上证指数中的 0.406 机制

道琼斯指数连续上涨了 166 个周期，按照我们的 0.406 机制，未来发生的回调将持续 166×0.203=33.70 个周期。

在图 24-6 中，实际调整用了 34 个周期。

有兴趣的朋友可以自己打开软件验证一下，低点和高点都是历史数据，取点不以人的意志为转移。

是不是有一种惊悚！

一切都在时空隧道中准时前行。

自然法则，什么是自然的法则？

本章只阐述数学和计算，不进行推理。

三、黄金三角与神秘的江恩波动率

有些朋友还念念不忘神秘的江恩波动率，全世界真正能将波动率

图 24-6　道琼斯工业指数中的 0.406 机制

用于实际操作的投资者，尚未见到。

那么，让我们捅破它。

上面那些例子只是神秘的巧合吗？非也。如图 24-7 所示，是由图 24-3 延长演化而来。

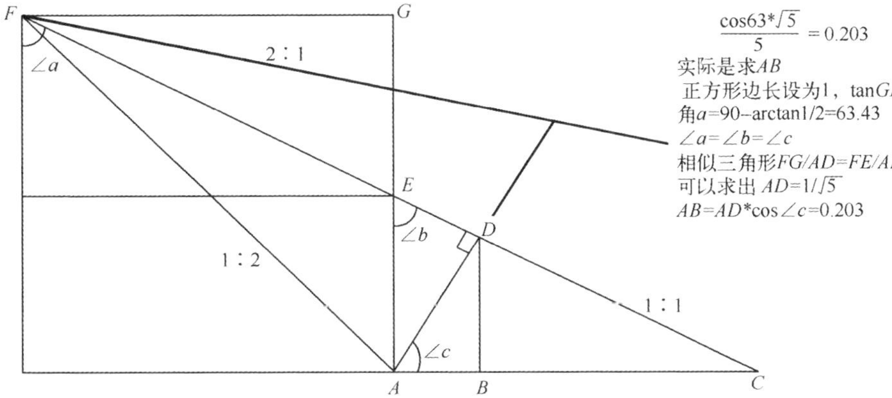

图 24-7　神秘的江恩波动率图谱

将图 24-7 中的 AD 线延长，与 2：1 线交叉于 H 点。

三角形 FAH 中角 AFH 约等于 36°，$FA=FH$，因此三角形 FAH 构成是以 F 为顶角的黄金三角形。

详见江恩角度线中的秘密等章节。

FH 即熊市生命系统中的熊市生面线上线：XSMS。

FD 即熊市生命系统中的熊市生面线中线：XSM。

FA 即熊市生命系统中的熊市生面线下线：XSMX。

这样，XSM 系统中诸多的时间和价格之间，比率都是确定的，一个趋势确定后，未来内部的比率是自然确定好的。

这才是波动率真正的内涵。这就是本书一切理论和操作的自然科学基础。

无论什么品种，无论什么周期下，主驱动内 0. 203 不变。

精确数字是图中的包含 COS63 度那个数式。

江恩波动率即：0. 203。

真正有志于研究并交易者，请关注作者的新书《惊悚之门之自然法则与实战交易》或者关注作者的微信公众号。

四、螺旋生长与耗散结构演化法则

黄金三角形的核心比率是黄金分割即：0. 618。

巧合的是，黄金分割是螺旋生长中最隐秘的法则。第六章中有宇宙星系的螺旋线，如图 24-8 所示。

宇宙按照螺线生长演化运动。6500 万年以前和恐龙一起灭绝的海洋生物菊石属于阿基米德螺旋。

菊石的现代亲戚，生长迅速的鹦鹉螺，其外形就是一种巨大的对数螺旋。

准晶体结构，高分子，太阳系间行星距离，海浪漩涡等，都是黄金螺旋的分形。

生物界中螺旋形状大多为近似的黄金螺旋——如海螺壳，海马的尾巴，植物叶子，花和果实表面排列等。

生命的生长遵循螺旋法则。

图 24-8　星际演化

开放的系统演化遵循螺旋法则。

这就是耗散结构中带给我们的启迪。

股市、外汇、期货作为大的复杂开放系统，会不会确实有其内在的自然法则在冥冥之中起着一定的作用，甚至决定性的作用呢？

未来，我们将沿着这个思路给出本系列丛书的深入研究，敬请关注。

附　录

中央电视台证券资讯频道访谈回放
——破译江恩时空密码

第一部分　理论框架

一、技术分析的历史

主持人：范老师，您好。人们在股市操作中，最常遇见的问题就是，有些指标，包括均线，波浪理论，MACD 等等，许多的技术分析指标和手段，有时候很准，有时候不准，于是学术界和操盘者甚至否定了技术分析的重要性。那么，您认为，股市有规律可循吗？是可以被人类认识的吗？怎样来指导我们的交易呢？

范老师：主持人您好，观众朋友们大家好。

实际上呢，人类对金融市场的研究着重于价值分析，典型的就是巴菲特的价值投资，是一种文科方向的研究，那么对金融市场运行形态的自然科学属性的研究，至今仍处于一个蒙昧阶段，但已经有了几个很好的开始，比如艾略特对于波浪形态的研究已经比较深入，他把证券市场波动归结为五浪上升，三浪下降的基本形态，从而形成包含8浪的完整周期，大家请看图1。

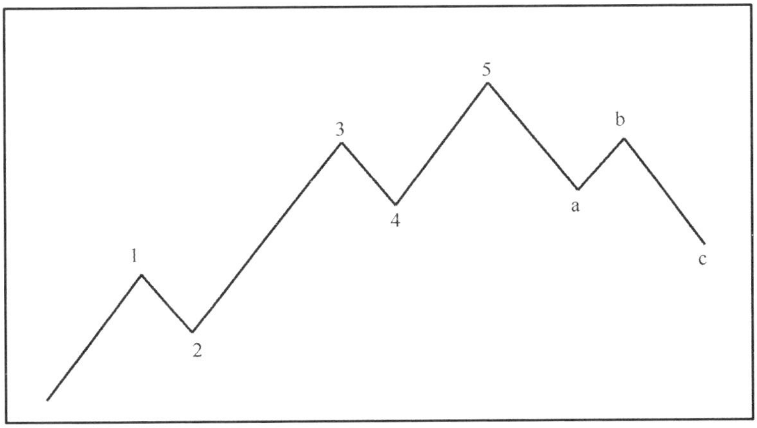

图 1

但是其局限性也很大，也到了许多问题，简单的说，就是波浪理论，千人千面，波浪定性很难，缺乏确定性。所以艾略特本人也加入了许多诸如延伸形态变形的研究，没办法，只能加，否则他概括不了这个市场，这是艾略特的尴尬。

再比如江恩，关于数学比例的研究和个股高度的研究，如图2所示。

比如均线研究，有时会被骗线，金叉一买就套，有人会讲你说的不对，你的均线期限设置太短了，那么我们看一个长期均线，如图3和图4所示。

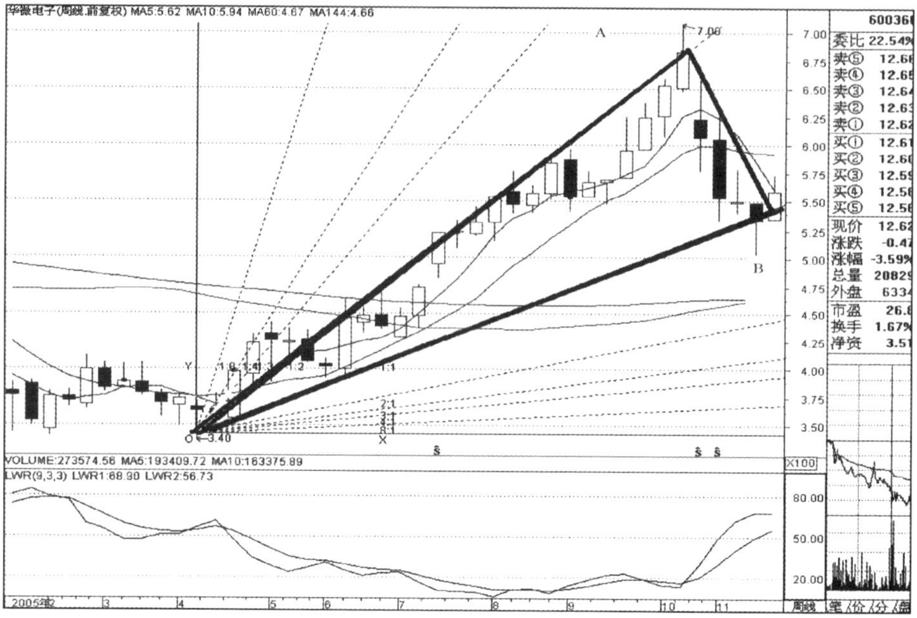
华微电子(周线,前复权) MA5:5.62 MA10:5.94 MA60:4.67 MA144:4.66
A
7.06
B
3.40
VOLUME:273574.56 MA5:193409.72 MA10:163375.89
LWR(9,3,3) LWR1:68.90 LWR2:56.73
委比 22.54%
现价 12.62
涨跌 -0.47
涨幅 -3.59%
市盈 26.6
换手 1.67%
净资 3.51

图 2

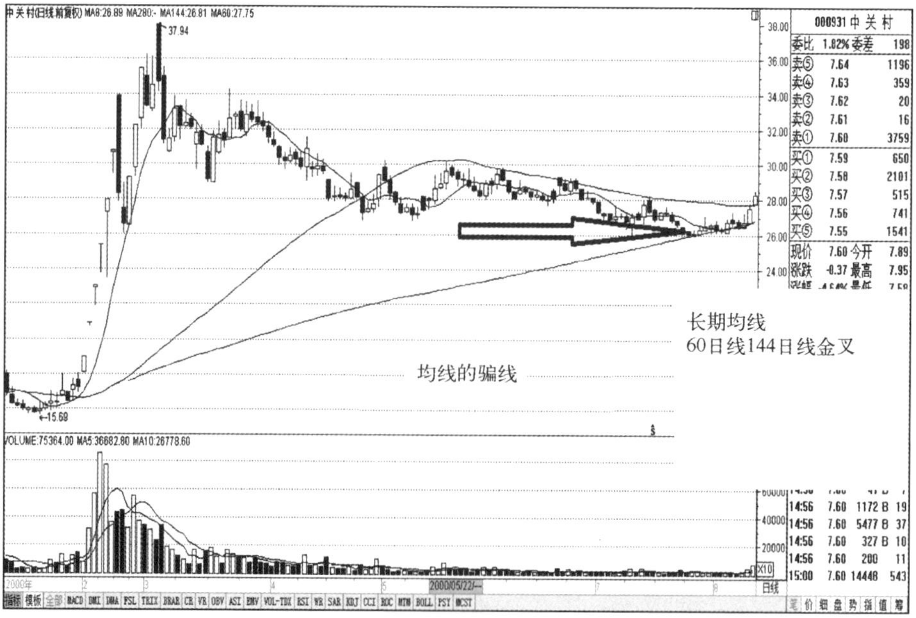
中关村(日线,前复权) MA8:26.89 MA280:- MA144:26.81 MA60:27.75
37.94
15.68
长期均线
60日线144日线金叉
均线的骗线
VOLUME:75364.00 MA5:36682.80 MA10:26778.60
000931 中关村

图 3

图 4

金叉也被骗线了，我不是否定这些理论，而是说有时对有时错，它们都是对市场的某个片面，某个枝节，某个角度的观察和研究和描述，就像盲人摸象，大家都只看到了局部。比如艾略特看到了框架，整体的外表。江恩看到了比例，但是所有这些研究，正在靠近事实的真相。为我们后来者的研究做了基础性工作，也提供了很多的参考和启发。

二、价值时空理论的依据

主持人：为什么说只是靠近呢？

范老师：我们认为，金融市场的波动不是人们认为的那样，是随机的，是测不准的，只是这个自然规律还没有被人们认识，大家只能如此说而已，正如牛顿的力学理论发明以前，人们不知道卫星和月亮的运行是遵循客观规律的，是可以被预测的。

通过多年的研究，我们发现证券市场运动是一个典型的耗散结构，其自然科学属性，或者说数学属性，正在被我们逐步揭开。

主持人：什么是耗散结构呢？为了更好地为下面的数学内容提供

理论性的依据，我们有必要花一点时间来简单介绍一下耗散结构。

范老师：耗散结构，是研究化学的一个人，叫普利高津发现的，云彩在某些情况下会排列成规则的云街，如图 5 所示。

图 5

我们知道，云彩，云雾，是没有生命的，可是他怎么就能够排列这么整齐呢，这个研究深入下去，就建立了耗散结构理论，并获得诺贝尔奖。

什么是耗散结构呢，他说：“在非平衡系统中，在与外界有着物质与能量的交换的情况下，系统内各要素存在复杂的非线性相干效应时才可能产生自组织现象，并且把这种条件下生成的自组织有序态称之为耗散结构”。

通俗说，就是三个要点：

A. 不平衡性。

B. 内部要素相互存在非线性的影响。

C. 就会产生自组织。

这个有序的状态，就叫作耗散结构。我们看，股市中是不是不平衡呢，宏观货币政策，公司内在的价值的不断变动，导致股价总是大涨大落，这就是不平衡。

再看B，每个交易者之间肯定是相互影响的。比如，前期的资金介入股价微涨，就会导致MACD金叉，有些用于MACD交易的朋友就会马上跟进，这就是最简单的相互影响，而这种影响又不是可以数学精确计算的，是非线性的。

那么，就会产生自组织。所以，证券市场运动是一个典型的耗散结构，因此证券市场波动也就必然具备了耗散结构的一些特征：

A. 时空有序；

B. 自组织；

C. 空方和多方的力量的合力理论力学的平行四边形合力法则。

在上述力学和自然法则的决定性影响下，证券交易价格受其内在价值的驱动，当市场在一些关键的分形点（或者叫临界点、特定时点）选择方向后，其波动完全遵循生长的法则，不仅可以被我们所认识，而且可以自然用现代数学、几何学语言来提前描述和规划，甚至可以给出一系列几何学的公理和定理并用于指导我们的实战操作，这就是价值时空实战操作系统的理论基础。

也就是说，价值时空实战操作系统是建立在一系列当代自然科学，特别是耗散理论、理论力学等研究成果的基础之上，并且把证券市场作为一个自然现象来研究的一个科学体系。

所谓科学研究，我们知道，必须符合一些基本的要求，包括：①可重复性。所谓可重复性，就是一个实验任何人在任何地方来做，结果是一样的，可重复的。②公理、定理系统的建立对于不同品种、不同时点、不同周期下都必须适用，等等。

第二部分　江恩角度线的实战发现及黄金三角

一、时空因子的发现

主持人：我们知道，价值时空实战操作系统来源于实战，又被范老师引入理论力学、耗散理论、黄金生长法则等科学研究的理念，将金融运动当作物理现象和力学现象来研究，这个开创性研究不仅在理论研究取得了一些成果，更重要的是他不仅来源于实战，更把研究重点放在了实战的数学应用上，请范老师讲一讲这方面的情况好吗？

范老师：好的。我们的研究都是在实战交易中发现并逐步完善和发展，并为实战交易服务的。那么我们就从每个人都可以看到的错综复杂的 K 线现象来研究，我们来看几个例子。

(1)让我们打开 K 线图，从头浏览，或许你第一个打开的是上证指数的图谱，如图 6 所示，让我们从 1993 年 2 月的最高点 1558 点做下降江恩线，使得 1∶2 线的下点落在 1994 年 7 月 29 日的最低点 325 点上(线 AB)，我们发现，接下来的强反弹完美地在 2∶1 线结束(图中的 AC 线)。

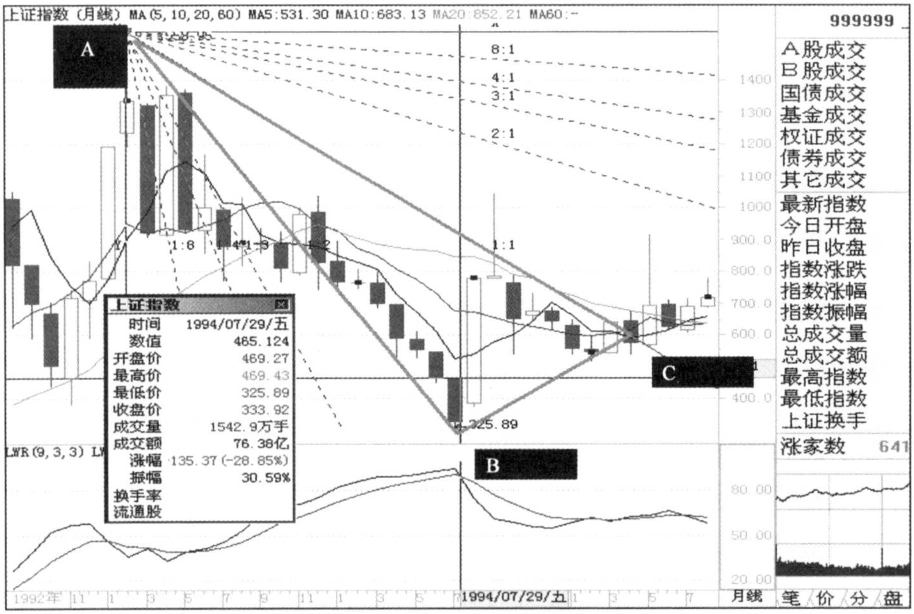

图 6

(2)从 1996 年 1 月的阶段低点 512 点出发，做上升江恩线，让 1∶2 线的上点落在 1997 年 3 月产生的阶段高点的位置。我们发现，1997 年 9 月上证指数在触及 1∶1 线后，沿 1∶1 线(图中的 AC 线)完美上行了 11 个月，如图 7 所示。

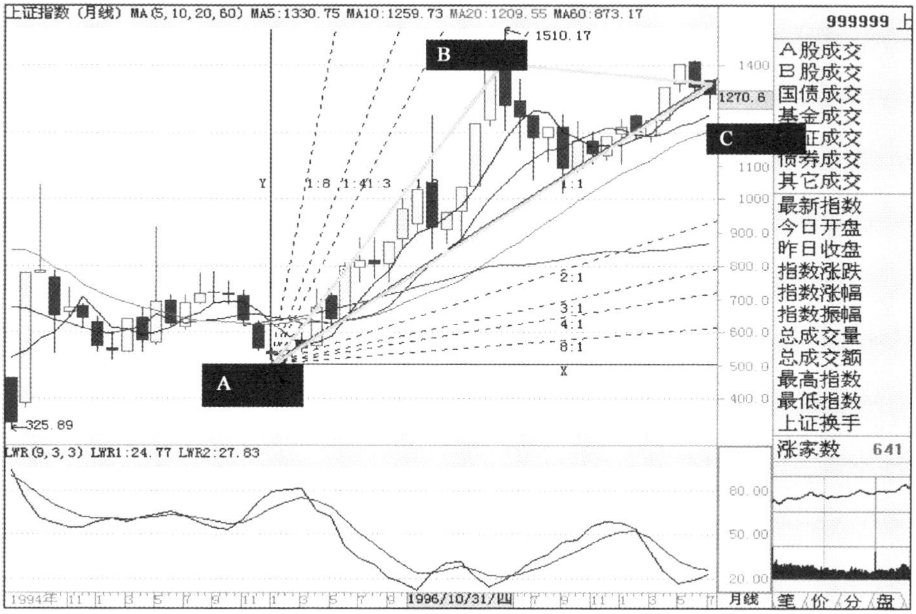

图 7

再随机地抽取一只股作为例子，青岛啤酒从 1994 年 7 月的最低点 A 开始做上升的江恩线，让 1∶1 线落在 1999 年 2 月的最低点上，从图 8 中可以看出，从 B 点开始的上升，直接到达 2∶1 线(AC)，在翻越后大幅震荡并回落到 2∶1 线附近，震荡 22 个月之后重新选择向下，并回到 1∶1 线附近才止跌。

我们要注意：以上这些例子不是个例，它普遍存在于各种证券交易品种之中，其广泛性是无股不在，无时不在。也就是说，从统计学的角度来看，它们具有以下特征：

(1) 每个品种都存在；

(2) 每个时刻都存在；

(3) 没有不存在的品种。

即：是每个品种、每个时期广泛存在，没有不存在的品种。

当你随意地拿到一个 K 线图的形态，你如果有意识地去这样观察一下，这样完美地完成一个时空因子反弹，并完美地结束于这里的反弹或者回抽，比比皆是。

图 8

再看一个汇市的例子：

美元对欧元(图 9)，以 1995 年 4 月的高点 1.435 做下降江恩线，让 1∶1 线的低点落在 1997 年 8 月的阶段低点 1.087 你会发现，在反弹到 2∶1 线后震荡 3 个月后继续下行。

大家可以自己随便拿一个品种，熟悉的不熟悉的，国内的国外的，你会发现，时空因子无所不在！

主持人：是啊，看来这种结构到处存在，那么这个又和耗散结构有什么关系呢？

范老师：为下面的整体研究做好铺垫，从前面这些最朴素的观察，引入我们第一个数学几何定义，定义一：时空因子。

我们把价格在两根江恩角度线之间一涨一落，这么一个具有完美数学高度，完美时间约束的对立力量的一个兴衰 一个浪潮的起伏，叫作一个时空因子；或者说，股价在两根相邻角度线之间所经历的时间和空间，叫作一个时空因子，它构成股价前进的一

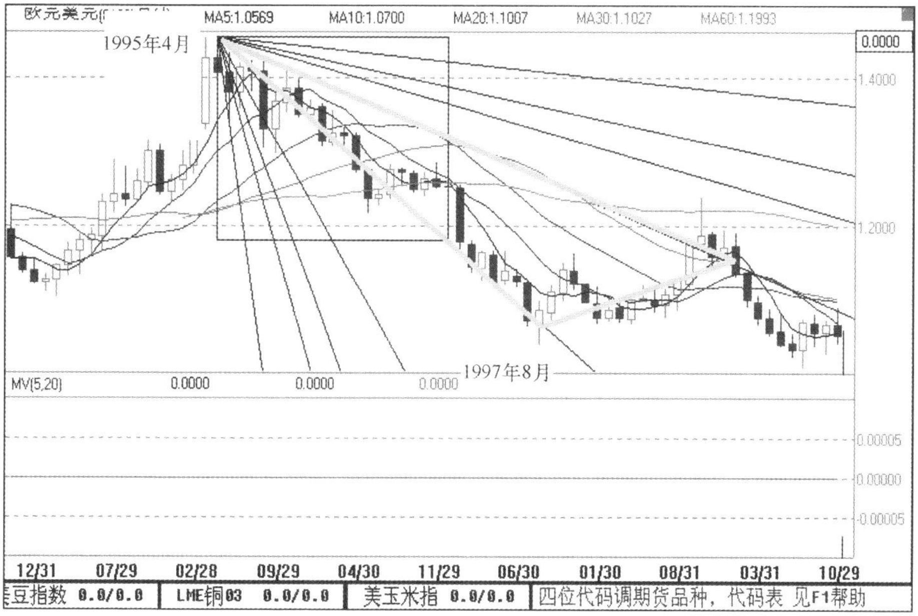

图 9

个时空因子。

二、江恩角度内部的黄金三角形

主持人：打断您以下，可能我们的观众也很惊奇，看了这么多图，为什么股价遇到时空因子的上线就会回落，这背后是不是就隐藏了一些不为人所知的自然法则？

范老师：好的，大家都知道江恩发明了角度线，却舍不得把角度线内部隐含的天大的秘密告诉大家，这是个天大的秘密。由于时间关系，我这里只能把结论简单告诉大家，具体内容看讲座的安排再详细谈。

图 10 中的大长方形是正规江恩角度线的基本画法。其中，ZD = OD，DO 又被 E 平分。

大家都学过几何，大家可以根据 TG 和 SIN 以及反三角函数精确计算一下：

在最宏观的视野下，从开始交易到当前时点，这漫长而杂乱无序的历史，用我们的尺子一量，第一个秘密就暴露在我们面前了。

新资金的引入在形态上必然产生超越平衡的外在表现——时空因子的翻越。

我们根据熊市末期反弹在时间和高度上的积累，必然导致对下降江恩线的翻越，而我们根据翻越时空因子的个数来观测新的反弹力量的大小来对品种进行分类，我们就发现，观察世界所有证券品种包括股票商品期货外汇，等等，其走势无非都是以下几种形态，如图 16 所示。

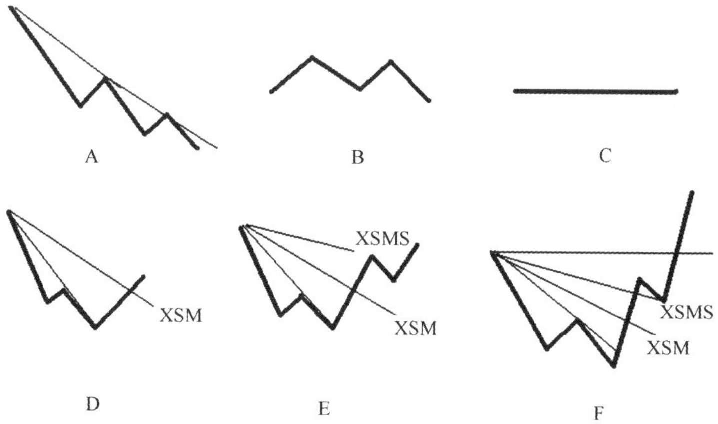

图 16

第一类：微涨落系统。

资金持续流出的品种 A：大跌市：反弹永远不超过一个时空因子，一直在下降通道中。

B：震荡的封闭系统。没有新资金的推动从而形成封闭的震荡系统，基本面没有吸引新资金介入的理由，老资金做震荡（放弃）。

C：直线型（管制的价格）和震荡型。

第二类：巨型涨落系统。

D：下降通道被破坏，反弹超越了一个时空因子，已经出现反动信号的未知系统（观察）。

E：下降通道被破坏，反弹超越了两个时空因子，已经出现反动信号的未知系统(反转观察)。

F：反弹出现新高。

所有商品、期货、外汇、股票都不能逃出这个分类。

这个分类出来后，又一个保险绳出现在我们面前，那就是有浪可数才去数，什么意思呢，就是对于没有上升驱动的 ABC 三类品种，我们就忽略它！而只去观察有上升驱动浪的品种，如今年的棉花、白糖、高铁这些 DEF 类品种。